献给以赛亚、莉娅和莱拉,爱你们

发现、呵护与激发孩子的灵性，
让孩子永远充满内在精神活力！

灵性孩子

让生命充满内在力量的科学育儿观

【美】丽莎·米勒（Lisa Miller, Ph.D.） 著
【美】特丽莎·巴克尔（Teresa Barker） 执笔
王欧娅 译

The Spiritual Child
The New Science on Parenting for Health and Lifelong Thriving

上海社会科学院出版社
SHANGHAI ACADEMY OF SOCIAL SCIENCES PRESS

图书在版编目(CIP)数据

灵性孩子:让生命充满内在力量的科学育儿观/(美)丽莎·米勒著;王欧娅译.—上海:上海社会科学院出版社,2017
书名原文:The spiritual child
ISBN 978-7-5520-1986-5

Ⅰ.①灵… Ⅱ.①丽…②王… Ⅲ.①家庭教育
Ⅳ.①G78

中国版本图书馆 CIP 数据核字(2017)第 108406 号

THE SPIRITUAL CHILD
Text Copyright © 2015 by Lisa Miller
Published by arrangement with St. Martin's Press, LLC. All rights reserved.
上海市版权局著作权合同登记号:图字号 09-2017-280

灵性孩子:让生命充满内在力量的科学育儿观

著　　者:[美]丽莎·米勒
译　　者:王欧娅
责任编辑:周　霈　杜颖颖
特约编辑:邓颖诗
封面设计:主语设计
出版发行:上海社会科学院出版社
　　　　　上海市顺昌路 622 号　邮编 200025
　　　　　电话总机 021-63315900　销售热线 021-53063735
　　　　　http://www.sassp.org.cn　E-mail:sassp@sass.org.cn
印　　刷:河北鹏润印刷有限公司
开　　本:889mm×1194mm　1/32
印　　张:11
字　　数:210 千字
版　　次:2017 年 11 月第 1 版　2017 年 11 月第 1 次印刷

ISBN 978-7-5520-1986-5/G·652　　　　　　　　定价:49.80 元

版权所有　翻印必究

媒体评论

天生的灵性需要栽培，否则将会凋零，就像天生的数学能力不去培养就没法得到发展一样。有爱的家庭能培养孩子的这些能力，尤其是当父母明确谈论灵性时……在这样一个青少年时期容易犯错的时代，我们不能忽视灵性资源——好好培养它，我们能看到好的结果。

——《纽约时报》

保罗·图赫在他2012年的畅销书《性格的力量》中提出了"坚毅"的重要性，当时引起广泛讨论。如今，又有了这样一本书，它提出了一种抽象的个人品质，没有它，孩子们很可能会沉沦。

——《纽约杂志》

给父母提供可靠而富有建设性的灵性教养课堂……灵性教养可以免除孩子沉沦痛苦的世界。

——《柯克斯评论》

这本书提供了深刻建议，去鼓励孩子探索生活的意义和目的……它充满教育的片段、家庭的故事和许多明智的建议。书中内容非常容易理解，独立而敏锐的父母会喜欢上它的。

——《出版者周刊》

丽莎·米勒博士的《灵性孩子》不仅引导你去理解在孩子身上发现的无瑕的天生灵性，还呼吁我们要意识到育儿也是在创造一个安定和幸福的社会。米勒博士非常真诚而直白地揭示了我们当前的窘境和价值观——疯狂地追求物质成功。她怀有恻隐之心，她向我们展示到底如何才能实现自我的精神成长，以确保我们和孩子的终生幸福。

——沙乌尔·马歇尔·普拉沃拉比，全球和平与文明联盟创始人

丽莎·米勒博士的《灵性孩子》来得非常及时，并且极其重要。它允许家长赞美孩子对自己天生的灵性的表达，这意味着孩子能成为完整的人。更重要的是，米勒邀请家长和老师陪伴着孩子进行灵性之旅，帮助我们更好地为体验奇妙的未知作准备。

——约翰·格拉汉姆博士，灵性与健康研究所总裁兼首席执行官

在这本非同寻常的新书里，丽莎·米勒不仅仅是为了调解科学和灵性之间的不稳定关系。家长从中不但能洞察到孩子的灵性发展，还能清楚地看到，那个过于重视理性和逻辑而忽视爱所形成的陷阱。

——巴内特·贝恩，电影制作人，
The Book of Doing and Being 作者

作为教育学者，《灵性孩子》是我这 25 年来读过的最重要的一本书。

——马克·A.卡尔顿博士，德克萨斯州休斯敦长老会教徒学校校长

目 录
contents

前 言 1

第一部分 童年时期

第1章 天生的灵性 21
有意义感的孩子 26
灵性与宗教有关吗？ 29
积极心理学的发现 34
忽略灵性发展的后果：物质滥用与抑郁 36
"让我们进去！"——跟着孩子踏上神圣之旅 44

第2章 灵性与科学 48
研究结果1：
灵性与生俱来，由基因决定 51
研究结果2：
青春期带来灵性增长 61

研究结果3：
超然体验以及人际关系中存在灵性 68
研究结果4：
灵性能帮助心理疗愈与个人成长 69

第3章 灵性的传递 74
苦难是怎样传递给儿童的？ 75
是什么因素减少了抑郁的代际传递？ 78
养育与灵性的共同作用 82
为什么儿童会认为上帝的外貌与父母的相似？ 84
灵性如何补偿缺失了的父母之爱？ 87
灵性互通：在日常生活中传递灵性的火炬 89
灵性社会化：转向外界的灵性联系 91
灵性养育与无条件的爱 93

第4章 灵魂降临——孩子养育整个村子 96
灵性背后的"社会—认知"假设 99
什么是孩子的灵性表现？ 103
孩子们喜欢仪式和祈祷 105
如何培养孩子的正念？ 108
孩子可以成为你的助手、治疗师和服务者 111
超越语言的亲子心灵互通 114
孩子与自然万物的亲密关系 118
孩子的灵性如何给家庭带来新的机遇？ 124

第5章 爱的场域——创造灵性养育的空间 129

爱对家庭的支持、滋养和巩固 132

充满灵性的童年从这里开始 135

依恋理论的拓展：拥有更多资源和爱 137

爱的场域让家庭发挥优势 139

创造爱的场域的五种方式 140

爱的场域为家庭存在缺陷的孩子提供"营养" 148

防患于未然：拓展爱的场域 151

第6章 第一个十年——头脑与心灵的教育 153

孩子是如何学到真诚地投入生活的？ 155

仪式与象征：头脑与心灵的无意识联结 158

最好的教育是通过科学与灵性建造头脑与心灵 161

如何回答孩子热衷的人生大问题？ 164

第7章 灵性六大优势 170

优势一：孩子的灵性罗盘——可信和有益的 171

优势二：儿童天生是维护家庭神圣的守护者 174

优势三：利用精神社区扩大孩子的成长空间 178

优势四：灵性多元化是孩子通向世界文化的护照 181

优势五：赋予孩子创造"爱的文化"的能力 188

优势六：梦、神秘经验和其他特殊觉知帮助孩子

处理日常压力 190

第二部分　青春期和以后

第 8 章　青春期的灵性科学　197
　　青春期的必经之路：个性化和精神个体化　199
　　涌现出的各种"大"问题　201
　　大脑正在改变：神经连接用进废退　204
　　被切断的灵性：生活与精神脱节会发生什么事？　208
　　金钱富足与精神空虚：边缘青少年研究　211
　　药物滥用成因的新发现　214
　　灵性与积极心理学的联系　217

第 9 章　对人生呼召、意义和目的的追寻　220
　　人生的探索：你准备好了吗？　222
　　灵性资产是青少年探索的工具　225
　　探索灵性身份的强烈欲望　227
　　"我是谁"：灵性对自我认同的作用　229
　　传统仪式："超然教育"的模板　232
　　环境是如何影响孩子的灵性追问的？　234
　　访谈：青少年如何看待灵性？　237
　　家长的特权：促进青少年的精神个体化　245
　　"分离—整合"：在精神个体化中深挖个人意义　249
　　过度追求外界激励的后果　250

第10章 发育性抑郁：青少年的流行病 252

　　对青少年抑郁普遍的错误认识 255

　　青少年抑郁一直是医学之谜 256

　　是精神疾病，还是普遍的发展过程？ 259

　　对抑郁不同的理解产生不同的回应 262

　　发育性抑郁症的治疗目标：激发精神韧性 264

　　发育性抑郁的三张面孔 266

　　家长是孩子遇到困境时的灵性大使 271

　　如何帮助孩子：提问、对话、参与 272

第11章 治愈被切断的灵性 278

　　马琳：发掘被埋藏的灵性天赋 279

　　库尔特：耀眼男孩隐秘的一面 285

第12章 灵性觉醒 294

　　灵性养育的朝圣 296

　　为人父母的三个灵性阶段 297

　　孩子唤醒家长：跟我一起成长！ 301

　　青春期和中年共享灵性通道 303

　　"最重要的事情"是什么？ 304

第13章　灵性养育的七个重点　307
　　一、说话：使用灵性语言　309
　　二、分享：灵性经历　310
　　三、联结：顺其自然地　313
　　四、教导：共同参与　317
　　五、培育：与动物和大自然建立联系　318
　　六、维护：照管爱的场域　318
　　七、努力：接受生活的启发　322

致　谢　325
参考文献　328

前 言

科学就像镜头,是一种了解事物的方式,而我们发现,科学也能探索灵性(Spirituality)的奥秘。科学尤其善于分析难以用肉眼感知的事物,使我们发现它们的价值。我们能够找到科学的证据来解释超出感知的关系。

我是哥伦比亚大学教育学院的临床心理学家和临床心理学主任,是目前蓬勃发展的精神与心理健康领域的首席科学家。我的实验室已经对儿童、青少年和家庭的灵性发展进行了多项研究,发表了数十篇论文。每当我在全美各地举行讲座时,常常碰到家长们跟我说起他们的孩子关心兄弟姐妹和祖父母、喜欢和动物交流、祈祷唱歌。他们会说:"孩子们非常有灵性!"有时,当家庭遇到困难、危机,或者亲友去世,孩子们所展示的智慧甚至超过了成年人。透过这些瞬间,我们可以洞察到人类童年的深层现实。作为科学家,我知道童年时期的灵性非常强烈,然而我们的主流文化似乎对此视而不见。这很奇怪,因为"孩子们非常有灵性"是大家有目共睹的,并非罕见的逸闻,这具有坚实的科学基础。

15年前我在从事临床工作时,就开始专注于研究灵性与健康的关系，结果在医学院遇到了许多怀疑和拒绝。日历翻到了千禧年，社会和医学界仍然对灵性和宗教的研究持有相当强烈的偏见，这两者在我看来是两个不同的概念。有人说"灵性不是心理学，你的实验室怎么会得到资金赞助？"或者"灵性就是在公立学校祈祷吗？"（这些说法当然与我的研究内容相差甚远）。偶尔也会遇到有些许兴趣或强烈好奇心的人，这些少有的回应来自于我所敬佩的、这个领域的顶级科学家，他们对我们的数据非常好奇。

虽然最初缺少关于灵性的研究数据，但一些研究已经提供了强有力的证据表明灵性研究是科学领域无法忽视的课题。就这样，我开始了灵性科研的旅程，它已经成为我毕生的工作：研究我们天生的灵性（这是心理健康的基础，在人生最初20年的发展尤其迅速）。我和同事们着手与全美各地的其他几所实验室合作，建立研究灵性、心理健康与发展的新学科，并获得了突破性的成果。我们在大脑科学和神经成像方面的研究，以及对数百名家长及其子女的访谈、案例研究中获得的丰富材料表明：

- 灵性是人类发展、疾病研究，以及健康诊疗方面尚未开发的资源。由于缺乏对儿童的灵性成长的支持，童年和青春期出现情感痛苦和危险行为的概率剧增。灵性发展的知识重新书写了当代科学对抑郁症、物质滥用、成瘾行为等健康问题的认识。

- 灵性的唤醒为青少年创造机会去发展个人的内在需求、自我认同、情感弹性、性格塑造、意义感和健康关系等。灵性是人生第二个十年的精神世界核心的组织法则，它促使青少年成为一个懂得生命目的和意义、健康、觉醒的成年人。
- 早期的灵性发展为青少年（及其父母）做好了战胜可预见的困难、应对青春期迷茫的准备，同时还能保护健康，降低抑郁、物质滥用和高危行为例如缺少感情基础的性行为等的概率。
- 从生物学角度看，我们具有建立灵性联结的功能。灵性发展是人类自出生开始的生理与心理的天然趋势，幼儿内在灵性的协调（与诸如语言或认知等发展不同）很早已就开始，并为青春期的快速发展开启通道。
- 在生命的第一个十年里，孩子通过整合灵性觉知和其他能力（包括认知、生理、社交和情感）来发展进步。这些能力都是他们通过与父母、家庭、同龄人和社群的互动而塑造的，如果缺少这方面的支持，孩子的灵性就会受到侵蚀，在崇尚物质的文化中分解。
- 灵性科学使我们从全新的、更有希望的角度看待青春期：过去人们只知道青少年的各种能力都快速发展，身体和情感走向成熟。现在大家则充分意识到，青春期也是灵性追求增长的阶段，这种现象得到了各种文化的承认，临床和基因研究的证据也说明青春期会出现灵性觉醒。
- 家长和孩子的灵性都需要不断增长，成年人和青少年有其各自的灵性追求的阶段，"意义"和"联结"往往引发灵性的自我发现。这意味着成人和孩子可以在灵性追求中彼此支持，孩子可以成为促进我们灵性成长的动力和引路人，能给我们启示。

有了这些研究结果，我们可以看到，拒绝孩子对灵性的好奇与探索是危险的。然而，社会文化、思想和技术等因素让许多家长不愿或不敢参与孩子的灵性追寻。现在我们的文化已经让空虚的名利成为主流价值观，孩子们比以往任何时候都需要我们支持，让他们过上以精神为基础的生活，从而发现自己的力量。

天生的灵性：既是最古老，也是最新的育儿观念

从 20 世纪到 21 世纪早期的心理学和育儿史，是由一系列重要的观点组成的，这些观点塑造了一种文化：对我们自己以及孩子心理的自我理解。一个新观念往往让父母顿悟——"是的，我总这么觉得，现在我知道真是这样！"或者"我就是认为会发生什么事，现在清楚了。"有时候，他们会说"我不知道。"在科学的支持下，这些观点让父母明白如何轻松借助某种新的方式去鼓励孩子。

这些"重要的观点"由 3 个因素决定：首先，以最新的前沿科学理论为基础，我们过去的直观感受现在得到了科学的验证；其次，经科学证明，它们可能对孩子的身心健康与成功有着显著的影响；第三，为家长提供了帮助和支持孩子发展的具体方法。

过去 20 年，重要观点的其中一位提出者，心理学家兼作家马丁·塞利格曼（Matin Seligman）提出的"积极心理学"的理念，彻底改变了人们对幸福和成功的普遍理解。他展示了这些特质不仅是我们与生俱来的气质的一部分，而且可塑性极强、可以学习。科学证明，乐观情绪不只是与生俱来，也能教给孩子，或者将积极的心理观念传播到家庭、学校和社区。另外一个重要观

点是耶鲁大学校长彼得·沙洛维（Peter Salovey）通过系统的研究得出情绪智力（EQ，情商）的概念。直觉告诉我们有的人处理人际关系的能力更强，而这种特质比高智商更利于一个人的成功。美国国立卫生研究院（National Institutes of Health）的科学家迪恩·哈默（Dean Hamer）关注的是影响人类行为的基因，他证明孩子的某些个性是由基因决定的，如性取向，这是后天无法改变的。最近，卡罗尔·德维克（Carol Dweck）揭示出家长赞扬的孩子的两种方式会导致子女出现截然不同的心态：第一种赞扬是通过鼓励让孩子达到目标；第二种则是奖励他们的表现。后者会让孩子更加焦虑，束缚他们的手脚。这些重要的观点帮助我们更清楚地理解了孩子以及父母的角色，从而帮助孩子最大限度地发展潜力。

我相信，关于人类能力的一个新的科学定义——天生的灵性，将是下一个重要的育儿观点。现在我们可以根据最新的"灵性与人类健康、幸福的关系"的研究数据来理解孩子和养育孩子。我们的研究结果表明，天生的灵性是人的一种能力，就像EQ和IQ一样，与人生的成就和人生满意度明显相关。

我们现在知道，"内在的精神罗盘"是与生俱来的，与情绪智力一样，是我们的生物禀赋的一部分，它具有生物学基础，可以被塑造。我们也拥有确凿的、严谨的科学证据去证实它。

我们的孩子拥有天生的灵性，这是人类应变能力的最大来源。作为父母，我们能够支持孩子的灵性发展。父母在育儿上的选择从根本上影响着孩子人生的最初20年，甚至一生的灵性发展。天生的灵性实际上是影响儿童健康和茁壮成长的一个最显著的因素。

我在这本书中所说的"灵性"是什么意思

如果要了解灵性在孩子生活中的重要性,我们首先需要了解什么叫"灵性"。研究表明,虔诚地信仰某种宗教和个人本身的灵性显然是不同的,后者注重与内心信念里的"高层力量"(这些"高层力量"包括:上帝、自然、精神、宇宙、创造者,或者你认为的终极的爱(至善)、引领生命的力量等)对话。这些描述虽然简单,但花了近20年才被科学界接受。

多年来,学者们力求简明地定义灵性与宗教的不同,因此提出了许多定义。例如对灵性的其中一个定义是:"带来平和、意义感和超脱。"另一个是:"一种意识:我是某种伟大的整体的一部分。"每个定义都有其真实性,但都无法涵盖人类灵性的所有方面,也没有科学情境下的研究支持,所以最终都不了了之。这些研究的局限性是消极的,对此大家心照不宣,因此科学家们选择在更具实操性的层面去做研究。现在看来,定义失败的原因在于没有在各个研究小组之间达成统一的意见。

1997年,一篇里程碑式的文章发表在《美国精神病学杂志》(American Journal of Psychiatry)上,它提供了大量有用的、多维度的,而不是从理论推导出来的实验证据,由此得出灵性的定义:个人与超越自我存在(超然)的力量的关系。

在宗教和心理健康的双生子研究中,遗传性精神病流行病学家肯尼斯·肯德勒(Kenneth Kendler)和他的同事们将近2000名成年双胞胎的"宗教"与"灵性"相比较,其统计显示:根据人们的生活经验,个人的灵性与"遵守宗教,或是宗教派别的选择"是不同的概念。

相反，灵性被证明是每个人对自己与上帝（或自然、宇宙等个人所理解的不同的精神力量）之间关系的领悟，是人类获得生活引导的源泉。个体忠于宗教的程度也显示出一套不同的信念和经验。这并不是说灵性与宗教总是无关，很多人是通过自己对宗教信仰和践行与上帝建立联系的。但对其他人而言，这两套经验是完全不相关的，强大的灵性仍然可以独立于宗教存在。在一般人中，自己的灵性与参加宗教团体只是在一定程度上相关。这意味着一些人会在宗教中发展灵性，而另一些人会在其他方面获得。肯德勒的研究说明，灵性不一定与特定的宗教相关，各种教派都有灵性程度极高的人；也有灵性程度极高但不信教的人。认识了这些区别，就能从科学上界定灵性，并且探索灵性对健康、幸福感、满足感和成功的影响。

针对青少年的实证研究更进一步地说明了什么不是个体灵性。这些研究指出：如果没有个人选择权和自主权，即使严格遵守宗教教义也不能算拥有自己的灵性。我们发表在青少年健康与医学协会的《青少年健康期刊》（*Journal of Adolescent Health*）上的研究论文指出：僵化地严守教义、缺乏人神之间的联系与天生的灵性不同——前者无法防止个体发生比如无保护措施的性滥交之类的高风险活动。此外，我在《美国儿童和青少年精神病学期刊》（*Journal of the American Academy of Child and Adolescent Psychiatry*）上公布的证据说明：虽然信奉宗教能够防止青少年滥用药物，但缺乏神圣的感受，僵化地恪守教条并没有这样的保护作用。

对那些不信奉宗教却能发展出强大的"精神罗盘"的青少年，以及在宗教信仰中获得发展的人而言，灵性都是一种内心觉察，或者有与高层次的力量建立的联系。对于前者，该过程是个人的，更加主动和努力。即使青少年是从宗教的指导中受益，他们仍然需要个人努力去接受深层次的灵性指导，只是背诵信条但不投入努力是不够的。对一些青少年来说，质疑灵性的说法是在宣示自主权，另一些人则会最终通过虔诚祷告等方式发展灵性。无论如何，个人的自主选择赋予了灵性意义。

因此，尽管有组织的宗教活动对灵性发展有重要作用，但驱动灵性的主要动力却是与生俱来的：首先它是一种促使我们与超然力量建立联结的生理机能，其次它是发展深层次的超然联系（与大自然、上帝或者宇宙力量联系）的根本动力。

如何培养灵性？

我们如何才能变得有灵性呢？人的灵性是怎么发生的？每个人都有自己的故事，但是这本书着眼于科学。科学尚未与我们的文化分享的是那些有关灵性形成的伟大故事——它们可以追溯到儿童期和青春期。灵性对儿童和青少年有什么重要性？什么是灵性的发展路径？是否存在灵性发展的关键期——那个力量汇集、快速进步的时机？父母怎样帮助孩子发展强大的灵性，并将它保持至成年？

以上的问题都应该引起家长的关注。数据表明，比起成年后，童年和青少年时期的灵性更容易培养。过去这种意识是美国主流文化的一部分，以致大家习以为常，因此灵性内在发展的过程未被人注意。20世纪早期和中期的调查表明，大多数家庭都在一定程度上信仰宗教。除了个人偏好，文化大环境也承载着一些关于宗教的固有观念，它们与我们日常生活中的社区文化和历史互相交织，这意味着即使父母没有意识向孩子表达灵性，孩子们也可以通过文化中的意识形态觉知灵性。

但如今的调查显示，在我们的文化中，宗教无可争议的地位很大程度上已不复当年。现在许多父母（年龄在 25 岁到 50 岁之间）是在没有灵性参与或指引的家庭中长大的——这意味着他们的生长环境没有灵性构建、灵性社群、灵性对话或教导，通常也没有灵性的实践。总而言之，灵性发展的关键部分在现实中找不到了，无论是对造物主的信仰，还是对精神原则的选择能力。可以说，这是因为 20 世纪 60 年代和 70 年代传统宗教的地位下降了，以致一整代人对灵性的益处茫然无知。今天，超过 1/3 的年轻人（18 到 24 岁）表示他们"没有宗教信仰"，2/3 的美国人（无论是否信教）认为宗教正在失去影响力。曾经主导社会文化的、有组织的宗教现在不再有话语权，人们的灵性发展因此受到挑战。然而，挑战也可被视为更大的机会。

首先，从挑战的角度来看，有些家长认为自己的孩子会自行发展灵性（如果他们生来有此倾向的话），所以这些父母既不支持也不反对，他们根本不觉得自己也应该参与。另一些父母，除了在宗教场所，他们不会讨论灵性，对他们来说，这件事情只会在节假日或成年礼的背景下讨论。还有一些家长认为灵性不存在或不重要：有的是无神论者或不可知论者，他们只是简单地把自己的看法告诉孩子。也有一些虔信宗教的父母，致力于提高孩子的灵性，但他们希望获得科学的帮助。总而言之，大多数父母关心孩子的精神生活，却觉得自己没有资格帮助孩子，认为自己的成长经历缺乏灵性体验，因此在协助孩子发展灵性方面一筹莫展。这些父母担心：他们从来没有自己解决过什么灵性的大问题，所以不应该用自己模棱两可的看法误导孩子。每逢与他们讨论这些话题，家长们总是给出自己的理由：

◇ "我不想分享我对灵性的看法，因为我不敢肯定它们是否正确，我可能导致孩子选择错误的方向。"
◇ "我不相信任何东西，真的，但我相信人类的善良。虽然我希望自己确实相信有更多的其他什么，可我不敢对孩子保证有这回事。"
◇ "我不希望用我的偏见误导孩子的信念，我宁愿让他们长大后自己选择。"
◇ "我只是不知道该如何描述它，除了宗教，没有别的东西可以帮助父母和孩子讨论灵性，但我不信教，不喜欢宗教的教导方式。"

因为有这些感觉，父母们可能会推迟或不愿意（主动或被动）与孩子交流、思考、感受灵性的话题，他们会给出很普遍、浅显，或有误导性的理由去回避。在这一刻，我们的回避看似只是稍稍改变了讨论的方向，但实际上我们的孩子将错过了重要的发展阶段。父母的回避可能会让孩子觉得灵性的发展并不重要，不值得追求，甚至不是真的。研究表明，父母对灵性的态度有可能决定了孩子终生看待灵性的态度。在青少年灵性发展的研究中发现，对灵性关注的父母（我们将在后文看到）决定了青少年的灵性发展，并影响他们一生的身心健康。

其次，文化的转变让我们开始注意儿童的灵性基础。童年时期的竞争日趋激烈，从幼儿园和课外兴趣班到大学录取，在提高孩子竞争力方面，家长们感受到了巨大的压力。结果养育的关注点变成了几乎完全专注于成绩，认为通过选择那些"对的"、号称可以养育一个更好的孩子的婴儿床铃、玩具、视频、电脑游戏或软件等等物质条件就可以培养出更聪明、更健康、更有前途的宝宝。当孩子长大一些，学校社团、旅游计划、体育项目、课外学习等等日程又开始接管孩子以及我们的生活。教育根本的目的："培养孩子的技能和知识，帮助孩子实现个人价值，获得深层次的喜乐、满足感和成就感"已经开始改变了。

第三，严重的经济衰退在财政上摧毁了许多家庭。我们现在清晰地知道"赢在起跑线"——所有的竞争策略、物质条件和成就——都无法保证成功、安全和真正的满足感。更重要的是，我们生活在一个充斥着自然灾害、气候变暖、战争和暴力、高失业率、不可信的政治、宗教冲突的世界，所以毫不奇怪，2010年费兹研究所（Fetzer Institute）的调查发现，91%的美国人认为世界正变得越来越可怕和暴力。

既然物质上的成功和稳定都变得更难实现，父母需要做什么才能提高孩子的适应能力和正面的价值观呢？有的家长开始重新考虑他们的选择，重新接受"生活的满足在于意义和目的"这种想法以及与灵性的联系，而不是更好的电脑、汽车、最新的手机或更多的钱。可是，他们不知道该如何将这些想法传达给他们的孩子。

最近我听到很多不信教的人说："虽然我不信教，但我很有灵性。"的确，整体看来，随着年龄的增长，美国人会变得更加有灵性。2010年，费兹研究所发现，60%的成人说他们比5年前更有灵性。同时还发现，75%的美国成年人认为灵性能够帮助解决误会。盖洛普在一项对宗教和社会趋势的民意调查中显示：超过90%的美国人相信造物主存在，并会祈祷。然而，正是这些明白灵性的重要性的成年人却没有意识到孩子的灵性开始萌芽，也往往不知道怎样帮助孩子与灵性联结。我在工作中发现，许多成年人根本不知道如何与他们的孩子谈论灵性。尽管如此，我相信，这本书将让读者明白，家长们绝对需要在这方面进行尝试，他们需要参与孩子的灵性发展。

挑战中也有转机。因为缺少相关知识和可靠的科学指导，家长们说感到困惑。虽然可以找到许多育儿的书籍、博客等网络资源和其他媒介资源，但关于灵性的信息却少之又少。为了给他们提供必要的和更易理解的知识，我基于学术期刊已经发表的和经过同行评议的文献，写作了这本书。

我确信好的父母能迅速从自己的知识和个人灵性中寻找到工具，以自己的方式参与孩子的灵性发展。这本书的目的是引导读者思考孩子对精神的表达和觉察，帮助你通过积极地参与，支持和鼓励孩子的灵性发展。

除了是科学家和研究生院的教授，我还是3个了不起的孩子（分别是11、13和14岁）的妈妈，我每天都生活在两个世界——大学和家庭。虽然坚持灵性养育，但我也必须为我的孩子设定其他更传统的、有上进心的目标，就像大多数父母对自己的孩子一样。是的，我在帮助孩子取得学业的成功方面做得很好。丈夫和我每天开车3小时，让我们的孩子参加各种严格的学校课程，送他们坐上通向成功的列车，希望带他们顺利进入成年。我很清楚，如果孩子缺少了内在的"精神罗盘"，这列火车哪里都去不了。我最大的恐惧并非孩子赶不上成功的列车，而是他们到达了目的地，却不知道要做什么。

如果你是一位怀疑灵性的家长，但你为了孩子愿意尝试新的东西，我建议你不要错过这本书，它不仅仅写给希望发展灵性的读者，也写给怀疑论者和反对者。

再次强调，本书的一切都植根于科学。我不传教，我的目的是揭示真相。我想让家长们知道最优质的科学信息，从而帮助家庭获得健康、发展和成功。每当我在学校讲座或私人谈话时展示这些想法，父母们总会对其中的科学道理产生着迷，因为这关乎孩子和他们自己的福祉。当我到全美各地与家长、教育工作者、寻求个人成长的成年人，以及科学和临床治疗领域的同行座谈时，人们纷纷与我分享他们或其子女的经历。正如一位家长所说的那样："我总觉得它是真实的，孩子是有灵性的，我们必须鼓励他们发展天生的灵性。现在我明白了，它的科学性给了我信心。"

我发现，科学界也对灵性有了信心，多年来屡有灵性方面的突破性研究。在德克萨斯州的一次讲座结束时，一位带领某个大型城市教会的牧师含着眼泪对我说："现在，这一切都说得通了，我的心和科学，它们终于可以合而为一了。"

媒体经常说我是"灵性科学专家"。在一个电视采访中，有人问我对孩子灵性的存在是否或许有"其他见解"。虽然我一直乐于听取不同意见，但科学并没有说孩子没有灵性，数百篇严谨的科学文献指出，灵性是人生前20年的幸福与健康的源泉。

许多重要的报纸和媒体、网络博客报道了我的一些科学发现。在成千上万的公众评论中，也有少数人坚持认为所谓的科学是"科学家拿着数字去支持他们想要支持的任何观点"，但情况真的并非如此。科学论文需要经过同行评议，接受其他科学家的严格检验和挑战，力求找出文章中的每一处逻辑或系统性的漏洞。科学界是个知识分子的社群，我们携手合作，尽力确保我们的工作没有纰漏。然而，那些评论倒是说对了一点：科学的关键在于提问。只是，当问题被提出之时，答案或许是可以预见的，或许是遥不可及的。

基于科学与灵性交集的育儿方式

经过15年的研究，我的实验室以及其他跨领域的实验室现在可以郑重宣告，人类具有天生的灵性：这是一种生理功能，其生物基础是对超然力量的觉知、与它的关系和其中的体验。你不一定要完全理解灵性发展才能帮助你的孩子，只需要鼓励他们提出问题，与你交流。事实上，你可能对灵性没有感觉，但你的孩子不一定如此。研究表明，父母和孩子并不总是拥有相同程度的灵性，尤其是当父母不重视灵性的时候。父母要考虑的重要问题是：我可以给我的孩子提供什么有益于灵性发展的帮助？即使我对它不熟悉。即使我们不懂音乐，也可以送孩子参加音乐班；我们还希望他们在学业上的成就超过我们。所以，对一些家长而言，帮助孩子发展灵性亦同此理。父母的态度决定一切，正如我们会因为孩子取得了我们前所未及的成功而高兴那样，持怀疑态度的家长也许会因为子女灵性的进步而受到触动。一位父亲对我说："我从来不认为我有灵性，但当看到研究数据后，我绝对不希望阻碍女儿的灵性发展。"

我们每天都会在生活中窥见孩子内在灵性的影子，感受他们带来的惊奇和欢乐,发现他们在生命早期与大自然之间爱与信任的纽带。有的父母希望抓住机会,通过交流或体验,让孩子的灵性进一步发展,去唤醒孩子灵性的基础。他们问我:"当我看到这些机会的时候,我该怎么做?"他们想要了解孩子的体验,寻找时机深化孩子的精神层面。他们知道这很重要,但却没有太多资源和专业的建议,所以我写了这本书。

作为一个科学家和女性、母亲,我已经把自己的工作成果深入应用到孩子们的精神生活中。而作为父母,我在日常生活中发现,临床科学的信息缺失会造成非常大的危害。这是因为目前科学发现灵性对儿童和青少年发展具有重要的影响,它尤其能发展出心理韧性和健康的身心,减缓或对抗心理疾病的形成。

灵性与科学交集的这一新兴领域科学的文献越来越多,它们从史无前例的视角去看待儿童和青少年强大而独特的精神潜力。我和其他研究者发现,健康的灵性发展可以保护青少年免受大多数严重的心理疾病侵扰,例如高风险行为、抑郁症、物质滥用和严重情感障碍。灵性也与正面的内心价值观密切相关,如生活的意义和目的、乐观等。我们的社会迫切需要看到灵性的巨大力量是如何抵挡那些导致15—24岁青少年死亡的源头,其中包括意外(大多数是车祸)、自杀、谋杀和药物滥用等。因此,我们需要发起全国性的讨论,以重建我们的传统观念与文化的影响力,以及个体精神性对人的发展的重要作用。

我写这本书的目的有4个:

首先,介绍新的科学发现。灵性发展对儿童和青少年的整体健康的奠定是多么关键。也许还能让你觉得惊讶的是,灵性是减少抑郁症、物质滥用和高风险行为的显著因素。

其次，让大家听到孩子的心声，理解他们灵性的表达方式、好奇心、关注所有生命、恐惧、疑问和非凡的精神体验。

第三，给家长提供鼓励和积极的引导，包括如何在家庭中营造精神交流的氛围。

最后，为了唤醒家长对灵性的好奇心和开放性，使他们可以更舒适地陪伴孩子踏上发现灵性发展的旅程。也许在这个过程中，家长还能一同发掘自己的灵性。

作为父母，我们应该如何发掘和帮助孩子发展天生的灵性？在我们的帮助和支持下，孩子如何与众不同地茁壮成长并获得成功？这本书正是为了回答这些问题而写的，它植根于科学和生活。请记住：灵性是我们的本性。随着年龄的增长，我们可能学习到了一些描述灵性的特定语言，基于不同的文化背景，如基督教、犹太教、伊斯兰教、印度教等宗教信仰的视角看待灵性，也有人认为灵性不存在，以上这些都是关于灵性的语言和观点。对灵性进行科学的理解有助于我们认识人类的天性，与世界各地的人产生精神的共鸣，使用多元化的灵性语言进行交流。

科学、机会和心灵的开启

正如我在开头所说的，灵性的科学已经在过去的15年里发展蓬勃，最近5年更是有了突破性的飞跃，吸引了更多的人，甚至连怀疑论者和持中立态度的人都承认灵性的作用。当第一次进入灵性研究的领域时，我发现很多人都怀疑它的可行性。我能坚持下来，是因为研究数据是明确、强有力和真实的。遇到有少数激进派因为抗拒而突然离开我的讲座，我会将其视为仍然需要澄清人们对灵性的误解的标志,这项研究需要我用一生的力量来完成。

科学是一个奇妙的旅程,充满曲折,有时震撼,有时惊喜。15年来,我通过科学的镜头见证灵性,不仅为了证明它的存在,也为了更好地了解它的表现形式。

今天,心理学领域的灵性研究正在快速成长,不再有人贸然离开我的讲座,而是邀请我给全美和世界各地的团体、学校和组织进行灵性心理讲座。我们在哥伦比亚大学教育学院开设了灵性心理学专业,敞开大门欢迎临床医生、研究人员、教育工作者、青年指导专家和其他精神卫生专业人员的加入,以扩大和深化他们在儿童和青少年领域的工作,并最终使所有年龄段的人受益。我们也欢迎新一代的学生通过科学和灵性的镜头来研究我们人类的整个旅程。我们的文化已经准备好去学习和帮助孩子。关于灵性的工作不只是未来的任务,也是目前主流心理学的一部分。我们已经启程。

我写这本书是为了阐明前沿科学的成果,传播给最广泛的群体,例如家长、教育工作者、医务人员、神职人员、青年领袖、科学家、决策者和其他关心儿童的健康、教育和福祉的人。对科学感兴趣的读者可以在我的著作《牛津心理学与灵性手册》(The Oxford Handbook of Psychology and Spirituality)中了解更多知识,也可查阅本书结尾列出的其他文献。

毫无疑问,养育之旅会损耗家长的自我,尽管被家务缠住、记忆力下降、筋疲力尽,但在陪伴孩子追寻与发展的过程中,我们反而收获了更多。如果我们多关注和反思,就能透过孩子灵性的视角看到更多伟大的东西。

我们不妨将养育之旅视为灵性的旅程,相当于僧侣的孤独静修，朝圣者前往麦加、耶路撒冷，或者攀登珠穆朗玛峰。

我是以科学家、临床工作者和家长的身份开始这项工作的，我认为每项科学发现都是我的旅程中的亮点。我会在本书中分享这些研究，有时也会把这些亮点连接起来进行总结，把我听到的那些孩子与家长的心声分享给读者，通过科学地讲述研究、对话和访谈中听到的故事，传达他们的情感和生活。除了我自己的孩子的名字，我改动了受访者的真实姓名，在某些情况下，我会结合几个故事来说明一个比较重要的观点。许多儿童、青少年和成年人都向我们分享了他们的经历和想法，包括超然体验。我注重实用性，因此用例子和建议贯穿全书，让科学和理论为父母服务，并提供了最直接可行的方法，让家长在日常生活中与孩子互动。

希望这些论述能给你们的生活带来科学的指引，在自己的旅程中进行探索，使你们感受到灵性和科学的存在和力量。致力于培养孩子的灵性，用科学以及我们天性中的爱为基础，这样才能真正改变我们的文化。我们将了解自己的本性，与内心对话，这是发现自我的机会。

PART I
CHILDHOOD

第一部分
童年时期

第1章

天生的灵性

我们六七位家长站在自己的车旁闲聊,大家都是来看自己正在上四年级的孩子练习足球的。见到彼此我们都很高兴,这些父母都是些了不起的人:友善、对孩子全心付出,同时慷慨地奉献自己的时间和精力为社区服务。我们的话题无非是各自繁忙的日程安排——以孩子的生活为中心,甚至连年纪最小的孩子都要上学前班、参加小朋友的聚会、上辅导课学习外语、舞蹈、小提琴或钢琴等。这些父母决心让自己的孩子掌握学习和生活中的所有竞争优势。我们都希望自己的孩子充分发挥潜力。我们通过观察找出他们的天资和特长,这样我们或许就可以给他们的发展提供支持。

我们是好父母、慈爱的父母,我们怀有最高尚的意图和最无私的投入。我们的谈话往往把重点放在如何帮助孩子在学校和球队取得成功,如何获得学业成就。我们关心他们的社交生活,包括玩伴和舞伴;我们每天都满怀希望,教给他们如何交友、如何与同龄人相处，在大家需要领导的时候挺身而出、做正确的事情；我们想让他们成为勇敢坚强的人，知道什么是幸福，以及如何泰然面对挫折，学会怎样处理诸如愤怒和失望等难以应付的情绪。如果他们没有得到自己想要的东西，我们希望他们能够成功制定新的计划，调整自己，重新开始，取得成功。

从孩子上学前班，一直到高中、大学，我们会因为他们参加某些名校或教育项目的招生或分班考试而焦虑。我们也知道压力太大的孩子往往会不堪重负，我们希望他们的童年是一段充满欢乐、探索和无忧无虑的时光。孩子的发展就是我们的一切，我们去看书学习，听取老师的建议；我们知道青少年在成长期需要抓住机会，所以我们严格要求孩子。

与所有家长一样，我们对孩子都怀着希望。从孩子出生，我们就开始想象他们未来的样子。我们对他们的期望——长大后成为怎样的人，决定了我们作为父母的感受、想法和行为。孩子扔出一只海绵球，我们就梦想他将来加入达拉斯牛仔队；孩子在游戏时有所发现，我们就希望他成为发明家或者企业家；孩子喜欢书，我们希望他成为学者或作家。我们把未来的孩子想象成有所成就、慷慨激昂的成年人，在学习、运动或舞台上有所建树，并以此作为获得机会、爱与被爱、拥有了不起的朋友、享受优质生活和职业生涯的途径。我们满怀爱意注视着牙牙学语的婴儿或爱好探险的幼儿，脑海中挥之不去的还有对20年后他们美好人生的展望。

我们并非纸上谈兵做白日梦，而是以最好的愿望为出发点，制定各种计划并付诸行动。然而家长们所有的探讨、精心安排的课外活动和高度的期望经常忽略了最关键的因素，也是科学唯一证明的能够使人成功和身心健康的因素——孩子的灵性发展。

这里有必要花时间解释一下"灵性"在本书中的定义，因为它属于科学的一个重要层面：

> 灵性是人与来自更高层次的、关于爱与引领力量的内在关系。这种高层次力量可以指代上帝、生命、精神、宇宙、造物主或其他神圣存在。重点在于，灵性包括我们与这个高层次力量的关系和对话。

作为科学家，我在这本书中将灵性发展定义为：人与生俱来的精神成长与进步。灵性是我们的众多感知功能（包括味觉、触觉和批判性思维能力等）之一。灵性的发展反映了精神这一人类自然财富随着时间的推移而变化的过程，即新的语汇、解释模式和理念（无论是来自神学、科学，还是家人的），允许我们感受到（或感觉不到）某种更宏大的存在通过指引、最伟大的爱，以及宇宙万物与我们互动的双向关系。

超然力量的化身——灵性对话的彼端——具有多种形式和许多个名字。例如，它可以化为精神、自然界、上帝或天人合一等形式，我们是它的一部分。这种双向的灵性对话可能包含（也可能不包含）宗教成分，我们与它的联结可能发生在冥想、瑜伽的过程中，又或者与简单如孩子、宠物、后院的野生动植物、心爱的树木之间的联系中。天生的灵性是指能够倾听生命、与可见或不可见的世界融合，并且在这个过程中感到开放、悠然自得。儿童的精神超越了语言、文化和宗教，就像孩子对蝴蝶或星空等事物迷恋一样。作为父母，我们在孩子的灵性发展中有着强大的作用,如同我们在孩子其他方面的发展中扮演的角色一样。

如今的科学告诉我们,这种灵性功能是天生的,是人类生理和心理的基础与核心。灵性联结大脑、心灵和身体。我们在后文中会很快提到,针对双胞胎的流行病学研究表明,感受自我与"最伟大的爱"存在的能力,是我们与生俱来的本性和遗传的一部分:具有生物学基础,是可识别、可量化、可观察的人类发展指标,和语言、认知、体能、社交和情感等功能的发展极为相似。与这些发展相比,儿童天生便具有全面的、非语言的灵性。孩子需要时间来培养认知、语言和抽象思维,但不需要学习"如何"运用灵性或者知道灵性"是什么"。鸟和花、水洼和微风、雪花或花园里的小虫:是大自然对他们说话,他们很自然地回应。一个微笑、一次抚摸,孩子与父母之间奇妙的联系都是科学无法充分解释的,这些事物对他们有着深刻的影响。而灵性就是这些时刻的表达,是滋养身心的联结带来的超然体验。灵性是孩子与生俱来的权利,就像我们与孩子一起读书、谈话、唱歌和玩耍,喂养他们,给他们洗澡和鼓励他们,以此支持他们的发展。科学证明,父母支持孩子的灵性发展,对孩子日后拥有充足的精神力量起着非常关键的作用。我们这些来看孩子踢球的父母,来自不同的国家和文化背景,构成了多元化的集合:印度、英国、墨西哥、阿根廷、韩国、中国和全美各地。我们在灵性方面也是多元化的:基督教、印度教、犹太教、穆斯林、佛教,还有相信灵性但无宗教信仰的。所以,当灵性或宗教的话题出现在我们的讨论中,大家的意见具有广泛的代表性,例如不同家庭的宗教仪式与惯例(圣诞节、斋月、逾越节、排灯节)将几代人的大家庭聚集在一起,围坐在餐桌旁或者进行特殊的祷告仪式。有些家庭中的人还有不同的宗教传统，大家都互相尊重；有些人则以世俗的方式庆祝。

在这种多样化的环境中，令我们惊讶的是，孩子们需要经历奇妙而矛盾的人生体验。无论其宗教或精神取向，父母们会立刻辨识出我所说的、他们孩子身上的灵性品质，并以开放、好奇和爱的方式本能地、快速地由内心反映出来。孩子与小婴儿、长辈交流，或是跟宠物和在大自然遇到的动物互动，和朋友擦出创意的火花，又或者他们表现出友善和慷慨的时候往往让我们感到惊讶不已：

◇ "当我辛苦了一天回到家，我的儿子会微笑着迎上来，给我一个'能量拥抱'。"
◇ "我的孩子知道我们家的狗什么时候害怕，他会坐在它身边安慰它——太温馨了。"
◇ "我父亲的脾气很暴躁，连我也实在受不了，但当他和我的孩子们在一起时，孩子们似乎并不在意，他们甚至告诉我：'爷爷就是这样的，没关系。'"

过去15年的科学研究探索了这些普遍存在的灵性品质，结果发现，儿童和青少年的灵性发展与他们其他方面的发展的生物钟是一致的。足球场上我们的谈话，以及在各自家庭中的发现，是研究人员在世界各地的儿童及其家庭研究时得出的结论的缩影：灵性是天生的，与儿童和青少年生长发育的生物钟同步出现，和孩子的身体、认知、社交和情感等方面的发展一样，灵性的功能也会在你的关注和支持下茁壮成长。

有意义感的孩子

灵性是一种有助于我们理解人类发展、疾病、健康和治愈的巨大的未开发资源。医学和心理学研究认为，灵性充沛的人生病少、更快乐、更不容易孤独，即使患上疾病，他们康复的效果也更好、更容易痊愈。在之后的章节中，我们将深入探讨这些发现。简而言之，实验的证据表明，我们天生就拥有灵性，这与宗教或文化无关。灵性与情绪、气质和身体的感觉一样，属于基本功能。天生的灵性有着巨大的益处，而且是显著和可测的。此外，研究表明：灵性的发展如果在儿童期得到支持，将有利于孩子在青少年时期的发展；如果在青少年期得到支持，会得到深化，成为成年后保持健康和疗愈疾病的关键。

我们是如何得出以上结论的呢？作为科学家，我们从多方面寻找确凿的证据。例如，通过严格的专门研究，我们找到了生理方面的证据：借助神经成像扫描，我们发现了人在进行灵性修炼或沉思练习的时候与之同步的脑区。灵性的发展也早已发现与被科学界理解的生理、心理、情感的发展进程相似。

遗传流行病学家肯尼斯·肯德勒从弗吉尼亚州双胞胎登记处召集了近2000名双胞胎志愿者，进行了经典的双生子研究（目的是区分先天因素与后天因素），他发现灵性受基因影响。这个结论在许多双胞胎身上得到了证实。安德鲁·纽伯格（Andrew Newberg）和马里奥·博勒加德（Mario Beauregard）等神经科学家发表了大量经过同行评议的科学论文，指出了神经与有意义的灵性体验、祷告、对高层力量的感知、神秘体验、善恶象征等经验存在相关，这些结论是基于功能性磁共振成像（fMRI）测量脑区血流监控大脑活动进行神经成像而做出的。通过血流监控，这些科学家们绘制出大脑的神经影像学图谱，揭示了人类灵性体验的神经学原理。

就发展进程而言，灵性发展的时间与其他发展是相当一致的，而且存在关联；它与第二性征、抽象认知能力的发展，如元认知和意义建构、生育能力的发展等是同步出现的。这也是我的实验室中突破性研究的重点：跟踪研究天生的灵性发展及其在童年、青春期、成年阶段的保护作用。

证据的一致性是显而易见的。从生物学的观点来看，我们天生就具有灵性。灵性的发展从出生开始就对生理和心理发展有着非常重要的影响。孩子天生的灵性协调系统不同于其他方面的发展，它从一开始就是成熟的，并且能完全地表现出来。随着孩子的成长，先天灵性与认知、社交、情绪和道德的发展融合，加上身体的变化，构成更为复杂的超然体验和灵性的功能。如果这些方面的发展能维持和融合，灵性将最终能够支持孩子应对青春期的各种成长挑战。

这在现实生活中意味着什么呢？

让我们回到足球场进行快速的比对。假设你的孩子天生擅长体育，精细动作和大运动能力发达，在他还是婴儿的时候，我们可能就会发现他会晃动双腿，把袜子蹬掉，或者灵巧地用拇指和食指拿起木莓，把它捏碎，之后他学会了爬、走、跑、跳，然后成了足球运动员（或者从事体操、芭蕾或跆拳道等活动）。他的肌肉组织、力量和耐力一直增长，他学会了如何在场地上自如地移动、与队友配合、理解教练意图、知道回应教练的指导和队友的要求所需要的技巧和语言，他培养出敢于提问的自信。伴随着思考和对比赛、练习的参与,他的体验也加深了。他锻炼自己的技能,包括识别许多无形的、无法言语的、关于足球方面的问题,以及运动员的直觉判断力等,最后,他不仅意识到什么是足球领域的最佳技能,而且看到了更复杂的宏观图景:我应该熬夜和朋友们看电视吗?但我需要充足的睡眠,这样才能在明天的比赛中有最好的发挥,不让球队失望。这种充分的"觉知"不仅保证了他的运动技巧,还提升了他的社交和情感能力,让他正确看待该如何比赛以及如何为球队做贡献,如何看待他生活中的这一切。这些都是由他的内心对话,并且与所有人:教练、队友、家人、同龄人的互动中塑造出来的。

我们孩子的灵性也会在支持与鼓励之下发展壮大,并与其他方面的成长发展融合。融合的过程由他的内心对话,与父母、家人、伙伴和社群的互动塑造,这可能就发生在他们与我们探讨生活中的各种大小问题(如意义和目的、做善良的人、如何对待他人、体谅和同情的意义、我们为什么需要关爱地球和环境等)的过程中。

作为父母,我们可以将这些理念融入日常生活,向他们展示我们每天是如何与他人、动物、自然互动,用自己和生活中的智慧和想法去表达灵性的价值。我们可以带孩子探索神圣的场所和空间,例如教堂、医院、山区里的庇护所,并且由我们鼓励(或示范)孩子表达爱心和善意。这种探索可以培养灵性觉知和协调系统(一种总是存在的精神层面的意识,它深刻而崇高),在其支持下,孩子通过不断与我们、与内心对话,便能逐渐了解何为灵性,从而找到适合自己的精神道路。

如果在灵性开发中缺少支持和鼓励,孩子的灵性就会在不断出现的外部评价和压力下变弱,他们也会学到以这种方式评价他人。我们的文化并不一定欢迎灵性和相关的问题。在这个物质占主导的世界,整天充斥着各种媒体的宣传——这不是适合反思和内省的环境。迫于压力,我们即使在休息的时候也要从事各种活动,无法静心思考,这就是我们的生活,也是我们为孩子做出的榜样。

灵性与宗教有关吗?

某天上午,我到一所学校参观。学校邀请我做一个关于灵性的科学演讲。在演讲前我来到走廊,看看是否有最后赶来的听众。一位母亲站在走廊离我不远的地方,我问她是不是来听演讲,她微笑了一下,做了自我介绍,但在迈进演讲厅的时候却明显地表现出迟疑,她说她刚把孩子送到学校,突然想起自己看到过这次演讲的传单。

"你知道,我本来不打算来,"她略带歉意地说,"很高兴见到你,请不要介意,我不信宗教,我非常有灵性,但不信宗教。"

我见过许多同样态度犹疑并向我这么解释的家长,这表明美国人的宗教和精神生活正经历广泛的转变。全国性的调查显示,不信奉宗教的美国人的数量近年来持续增加,到2012年,1/5的人口(其中的1/3是30岁以下的成年人)没有宗教信仰,这是这项研究开始以来调查过的三代人中的最低水平。同时,调查报告称,宣称自己"有灵性,但不信仰宗教"或认为自己并不信仰某种具体宗教,但相信有上帝或某种普世精神存在的成年人口有显著增长。2010年,费兹研究所一项调查发现,60%的成年人表示,他们现在比5年前更具有灵性。

最近的盖洛普民意调查显示，超过90%的美国人会祷告，并且相信存在一位至高无上的造物主。信仰网（Beliefnet）2007年为《父母》（Parents）杂志所做的一项民意调查显示，90%的父母"与孩子聊上帝或一些未知的力量"，2/3的父母饭前祷告，60%的父母在一天的某些时刻祷告，半数的父母在睡前和孩子一起祷告。加州文图拉的巴纳研究小组（Barna Research Group）的民意调查显示，85%的父母认为自己有责任培养孩子的灵性。

然而，与这种明显的精神生活相比，同样由《父母》杂志发起的民意调查却发现，灵性育儿也面临挑战，33%的父母认为"社会对此缺少支持"，25%的人认为"灵修与日常生活冲突"，24%的人表示"太忙，没有时间"。谈到父母双方对灵性育儿的看法是否一致时，50%的家长感觉"一致"，25%的家长表示"一致，但也有矛盾"，25%的人觉得他们有分歧，会产生争执或者索性结束话题。巴纳的调查报告也显示，在接受调查的前一周，大部分父母没有与他们的孩子（13岁以下）坦率或直接地讨论灵性话题。

我认为，这些民意调查的结果表明：父母自己的灵性生活往往很充实，也从爱的意图出发，希望提高孩子的灵性，然而，我们的文化却对灵性在儿童和青少年发展方面缺乏清晰的认识。

在近20年不断与父母们围绕灵性发展的对话中（无论是孩子还是他们自己），我发现无论父母们是否信仰宗教，或者具有灵性但不信仰宗教，又或者不确定自己的灵性水平，他们都不知道孩子的灵性是与生俱来的。许多人不知道如何帮助孩子发展灵性，矛盾的心理根深蒂固，其问题的原因互相交错：父母不确定自己对灵性的感觉；年轻时对宗教有负面的体验，不希望孩子也有类似经历；或者因为宗教的原因导致配偶间或家庭的关系紧张。

"这取决于你如何定义灵性，以及灵性究竟是什么。"玛茜，一个叫艾登的3岁孩子的妈妈说："有种'万事皆可'的感觉，但灵性与物质这些实实在在的东西不同。"玛茜思考的灵性问题包括她儿子"只是精子和卵子的偶然结合产生的，还是有生命、灵魂或精神进入了她的身体？我还没有想通这个问题，这属于我一直在思考的存在主义问题。"

对于大部分家长而言，为人父母可并不需要思考存在主义问题——当然这完全取决于个人。一个5岁女孩的母亲告诉我："我不太确定我该如何理解生活里的那些灵性问题，但我确实希望上帝和天堂存在，因为我不愿意我的女儿受苦或受伤。所以，为人父母并没有给我带来信仰，但让我更关心哲学上一些关于存在和现实的问题。"

另一些家长描述了一系列经验和感受，他们的信念、怀疑和好奇，以及对孩子的愿望——希望或不希望影响他们走上某条特定的灵性道路。配偶之间或家长与其他人之间也会在灵性育儿方面产生分歧和矛盾。2009年，皮尤研究中心（Pew Research Center）的"宗教与公众生活论坛"的一份报告称，超过1/4（27%）的美国人与配偶或同居伴侣信仰不同的宗教。如果把新教派的家庭也包括在内的话，例如卫理公会教徒和路德派教徒的婚姻，则有近四成（37%）的配偶信仰不同宗教。调查还发现，不信仰某一特定宗教的人，最有可能（65%）与来自不同宗教背景的配偶或伴侣结合。这些父母们往往是来自宗教信仰传统各异或者缺失的家庭。根据2010年由娜奥米·舍费尔·莱利（Naomi

Schaefer Riley）委托的调查（YouGov），2000年到2010年结婚的配偶中，有45%是拥有不同信仰或来自不同教派的，这比20世纪60年代的20%高出一倍。

所以，家庭的分歧和紧张也比以往任何时期严峻，父母们都在努力挣扎。我听到的问题正显示出家长对孩子灵性发展的关心，但也反映了他们自身的困惑：如何诚实、负责任和充满爱意地处理这些问题？

◇ "为她选择某种信仰似乎是错误的，但我们怎么知道哪些信仰来自主日学校，哪些是我们灌输给她的？"
◇ "他过去是跟着朋友们上教堂，现在他主动这样做。他希望坚持上教堂！但我们的信仰和他非常不同。"
◇ "我小时候对有组织的宗教形式有消极的体验，我不希望我的孩子经历这些，但也不想他没有信仰。"
◇ "我不相信上帝，但我的儿子会问起上帝的事。"

即使确信灵性存在的父母也在某种程度上不确定如何才是将灵性传递给孩子的最佳方式。"我希望他们不仅具有良好的道德，还想他们知道存在一个更高层次的力量去应答他，而不只是我。"一位3个孩子年龄分别是7岁、10岁和14岁的母亲说，"我希望他们知道妈妈不了解的事情，有人可以为他们解答。"

一位孩子年龄分别是1岁和4岁的母亲不知道该怎样把"无条件的爱"的宗教理想与养育幼儿的日常生活结合起来。

"耶稣基督无条件地爱我们，原谅我们的罪，所以，如果祂能做到，难道我就不能帮助我的儿子认识到这一点吗？如果我能做到无条件地爱的话，就不应该因为他打翻牛奶弄脏桌子而抱怨。为人父母确实会让你更多地表现出灵性，但'说'和'做'往往是两码事。所以，你知道吗，我会有挣扎。"

即使父亲或母亲不明确自己的立场，他们也知道，成为父母这件事影响了他们与灵性的关系，让他们更深刻地思考、渴望和爱。"我不像自己希望的那么具有灵性，但我绝对感觉到了它的存在，"一位准妈妈告诉我，"我无法用语言表达，因为我不是那么具有灵性。如果我的灵性再强一些，或许我能更好地解释它，但它绝对大于我本身，我只能这样说。"

在运用灵性或宗教理念时，尽管是出于好意去表达看法，也可能会使情况变得复杂，特别是当父母对宗教持有不同观点时。"对我和我的家庭而言，接受洗礼是非常重要的事，"茱莉娅的母亲达芙妮说，"但我丈夫是无神论者，他不相信上帝或宗教，所以出现了一点紧张的局面。我想，做母亲之后我变得更具有灵性了，也许不那么有宗教性。"她补充，自从当了母亲，她现在似乎更确定"在某处"有一位神的存在。

达芙妮和丈夫的宗教分歧也使她特别敏感，认为需要尊重每个人通向灵性所走的道路，尤其是孩子的——"你如何做到呢？如何在这方面指引一个孩子？你怎么能把你自己的世界观强加给他？"

在这个问题上，许多父母都有疑惑，或是不知道该怎么做，我们都希望孩子是自由的，在各个方面都能够听从内心。为人父母并非易事，如果你摸不到窍门，灵性对你来说会是个艰难的育儿课题，可以参考的资源也很少。许多家长认为，问题的解决刻不容缓：我应该做什么？以何种方式去做？如同上文提到的艾登的妈妈说的那样，在成为母亲之前，她"不确定"自己的灵性状态，有孩子之后，这种不确定的感觉更强烈了。"以前，我有这样那样的疑问，"她说，"而现在灵性变得愈发真实。"

积极心理学的发现

让我们回想一下你的孩子还是婴儿的时候，你对他有什么期望？孩子在你眼中或许是一颗闪亮的明星，你期望他成为企业家、医生、律师、首席执行官（CEO）、社会活动家、体育或电影明星、领导者等等。在这些成功人生的设想中，你恐怕不会考虑到孩子可能要和焦虑、药物滥用做斗争。当你想象孩子成年后的样子时，一般不会想到阴暗和痛苦、悲剧性的损失或不可逾越的障碍。我们做父母的是如此想要孩子获得内心的宁静和幸福，以至于把自己的期望都加给了孩子。我们把孩子的人生想象成充满成就、喜悦和目标，以为只需要一些基本的自我认识就足以保证他们过上快乐而充实的生活，虽然颠簸坎坷不可避免，但总体来说他们的人生会充满了爱和与他人的联系。

请读者展望一下孩子的未来，他快乐和满足感的核心是由什么组成的？你可能会想到这些答案：来自家庭的深切的爱和支持、良好的道德、好奇、健康舒适的生活环境、乐于学习。然而，近20年的科学研究表明，应该还加上"与充满爱与指引的更高层次的力量建立密切持久的双向关系，从而开启丰富的精神世界"。无论你称其为高层力量之灵、宇宙、自然或其他名称，这种关系，在儿童和青少年在遇到人生的挑战或机遇时，都可以为他们寻求解释或指引。在孩子的发展过程中，这种动态的双向关系组成了他们精神生活的基石。

不管我们如何设想孩子的将来，如果没有灵性和精神的发展，未来的蓝图就缺少一个维度，不管是抽象到信仰，还是生物学甚至细胞层面，都是这样的。近年来，科学研究在这方面取得了越来越多令人兴奋的发现，给我们带来很多超乎想象的灵性方面的启示。

现在，基于脑成像技术的研究证据显示了灵性对大脑、心灵和身体的影响。通过扫描和数据分析，我们看到了依照灵性指引生活的人与灵性不强的人的大脑结构和功能的差异。例如，在灵性强的人身上，我们发现其大脑的某些脑区发达、健康、比较厚，而抑郁症患者相同的脑区却比较薄。此外，面对压力事件，较强的灵性能够调节皮质醇水平。皮质醇是一种应激激素，如果这种激素失调或一直保持较高水平，就会损伤大脑和身体，减慢孩子的成长。

这恰好与各种研究的结论一致：灵性对我们的身心健康有着明显的影响。从身心健康的角度来看，显著低水平的灵性与抑郁症、滥用药物、高风险行为，包括进行有风险的性行为从而接触到性传播疾病、寻求刺激、开快车、危险动作等不无关系，尤其是男孩。除了灵性，没有其他科学包括医学能对这些关乎身心健康的日常决策有着如此广泛而有效的影响。

还有的研究比较了冥想中的僧侣和自称崇尚灵修的人的脑电波模式，结果发现崇尚灵修的人在闭目养神时大脑释放的能量与僧侣冥想时释放的脑波波长是相同的，这种大脑的内部静息状态将他们带入到美好安宁的超然境界。

积极心理学领域的相关研究显示，灵性发展与积极的情绪和健康的生活品质（如归属感、乐观主义、个人提升以及与赋予人生目的和意义的"某种强大的事物"建立联系等）有关联。除此之外，就科学所知，没有其他因素可以与孩子的健康和成功有着如此深刻联系。

忽略灵性发展的后果：物质滥用与抑郁

许多实验室和研究人员已经证明，灵性是与生俱来的，如果加以关注，灵性会增长；如果忽略，则会发育不良。缺少灵性，孩子强大的发展潜力会被削弱。灵性是无可替代的，就像阅读有关骑自行车的文章无法替代骑自行车的体验，足球技术再高超也无助于你的孩子通过数学考试一样，没有什么可以替代灵性发展，但我们有许多不同的方式来支持和鼓励它。

前沿的研究还绘制了个人灵性发展弧线，它清楚地显示出人生第一个十年和第二个十年之间的差异，同时揭示出灵性对儿童或青少年的发展之路具有特殊的意义。我们将会在后面的章节充分讨论这些阶段。总而言之，我们认为人生第一个十年是天生灵性知觉的形成期，是灵性发展路线的起点——无论从神经科学、心理学方面来说都是如此，而且体现于日常生活之中。

青少年时期是灵性渐强、发展突飞猛进的阶段，就像青春期十几岁的孩子在身体、认知、社交和情绪方面出现大变化一样。最初的内心环境为灵性的成长和觉悟，以及作为灵性个体的体验给予磨炼。由于青春期给孩子带来了自我实现的全新的动力，他可能会重温童年的灵性路径，并且开始更有意义的探索。例如，童年时期的经验，如亲近大自然或动物会让青少年仔细去考虑与自然的关系，开启内心与自然的灵性对话，也许还会将探索自然作为毕生的工作。

从大的方面来看，我们看到孩子经历着一段从第一个十年对先天基础灵性的觉察，到第二个十年家庭、社区和文化等外部世界互动的旅程。伴随着这趟旅程的挑战是：新的体验水平、信息、领悟与"某种巨大存在"的天然联结融合。所有的这一切，与语言、认知、情感水平、生理能力、听觉和感官发展同时发生，并随着儿童与外界互动而持续发展、契合、成型。

我们都会支持孩子发展他们的阅读、写作、数学、运动和批判思维能力，这些能力是他们的日常思想和活动的基础，然而，我们会同样地支持孩子的灵性发展吗？我们经常退缩，甚至阻止他们塑造自己的灵性和避免他们寻根究底。我把父母最常见的、阻碍孩子灵性发展的七种方式称为"七种逃避"，也是灵性培养的"七忌"：

1. 忽略孩子的灵性觉醒、疑问和体验。孩子非常重视你的意见，如果孩子从未听到家长谈论某个话题，孩子就会认为它不重要。
2. 否认孩子实际的灵性经历。家长对孩子的灵性体验进行明确负面的说法会阻止孩子的探索，因为它给孩子发出的信号是：他的灵性体验不是亲子关系的一部分。
3. 阻碍孩子发现灵性。对孩子的灵性探索做出消极反应会让你失去一个支持孩子幼小的灵性萌芽的机会。其实，你不一定要同意孩子的观点，你只需要表示好奇和兴趣，鼓励孩子探索即可。

4. 压制提问。孩子的提问是成长的驱动力。回答"我不知道",或者"我不知道,别人也不会知道"往往会终止讨论,让孩子觉得灵性不值得追求,在日常生活也不重要。
5. 根据好恶或行为规范判断价值的做法,与"无条件的爱、接纳和爱的指导"的灵性价值观相违背。
6. 忽略孩子在社群对灵性支持的需求。在社群中,孩子能够发现灵性的自我并被欣赏和接受。
7. 不对一些惩罚性的或过时的价值观作反思,武断地用教条扭曲灵性的价值。

关闭灵性的发展会导致差距,就像我们会看到有的孩子在三年级时在数学和科学方面水平高于同龄人,但基本的社会情感技能却远远落后一样。通常情况下,当看到一个孩子在发展差距之中挣扎时,我们会尽力帮助:给他找老师辅导阅读或数学,或者改进社交情感技巧,学习分辨同学的表情、身体语言、语调或声音等。我们帮助他学会理解自己的感觉,从而更好地处理压力下的反应。但学校或社会在鼓励儿童和青少年的灵性发展方面并未形成广泛的理解和重视——倾向于将孩子的挣扎或失足视为需要纠正的瑕疵或错误。然而,如果我们将其视为孩子天生的灵性所带来的挑战,就会做出完全不同,并且也许更加有效的反应。以下我分享两个例子:

药物和酒精:通向超然的死胡同

青春期是孩子个性固定下来的关键时期,他需要以能够带来自我完整、意义和指引的方式来确定"哪些是我",或"哪些不是我"。心理学家埃里克·埃里克森(Eric Erikson)强调,青少年对内心意识的同一性追求是其实现目标的原动力。

个体化对踏入成人之路,尤其对思维和感觉的习惯的形成至关重要。我们在青春期形成的习惯往往会持续到成年——包括健身、药物和酒精的摄入以及灵性等。在青春期这个短暂的发展阶段,我们内心探索世界核心的灵性罗盘开始成型。

关于"我"或"非我"的大部分问题都牵涉到各种意义和目的,它们是最深层的自我本质,是我们处理工作和人际关系的指南,甚至是我们对终极问题的理解,这些都是深刻而重要的问题。在此基础上,青少年开始建立他的个体灵性:是非观、在世界上的位置、人生的意义和目的。因为这个工作是如此重要,所以精神的个体化是所有其他形式的个体化的核心。

精神个体化有一个悖论:其过程虽然艰苦,但非常令人满足、振奋,能够开启视野。因为道路有时艰难,还可能十分黑暗,所以青少年常会自然选择所谓通往灵性的"捷径",如药物和酒精的使用来获得暂时的超脱体验,这种体验与生物学上的精神个体化有些相似:让孩子觉得通透平静,有大爱,与其他青少年产生联结和共鸣。

如果形成习惯,这些捷径可能会导致大问题,使孩子以为对灵性觉知、与其他人和普世价值的联系,以及对超然的渴望都能通过药物或酒精得到快速的(虚幻的)满足。

被抓到喝酒的青少年可能会辩驳:"这是无害的,喝酒让大家觉得我们是一个快乐的群体。"或者"我只是想发泄来自学校的压力和焦虑。"

如果缺少灵性发展的眼光，家长可能会如此回应："你就不能找其他方式发泄吗？比如运动。"或者"你在想什么呢？如果你因为喝酒被捕了，就可能没法上大学！"

假如家长能够以灵性的耳朵去辨识孩子的语言，就会发现不同。请重新思考一下孩子的话，因为青少年有灵性需求，他这样做可能是想通过酒精得到精神上的虚假满足："快乐的群体"听起来似乎说明孩子希望与人有联系，逃避孤独；释放"压力和焦虑"听上去似乎说明孩子想进入平和宁静的状态或体验神圣感。

发表在《美国儿童与青少年精神病学期刊》（Journal of the American Academy of Child and Adolescent Psychiatry）的一项研究中显示，与上帝建立良好的关系（比如宣称"当遇到困难时，我向上帝求助"，或"当我需要做决定，就会问上帝该怎么办"）的人，更不容易对酒精或药物上瘾。

我们已公布的研究结果显示，与高层次的力量建立牢固关系的青少年，与那些没有内在灵性来源的青少年相比，大量使用或滥用药物的可能性降低了70%—80%。然而，只是遵循家庭里的宗教传统则对药物和酒精滥用倾向没有抵御。实际上，只有当孩子在青春期独立地确定了自己的信仰，并且与上帝建立起属于自己的关系之后，宗教才能有所帮助。

我们知道，许多成年人都是在多年的药物滥用之后才开始有计划地戒除，自青春期开始的药物滥用会导致持续数十年的痛苦折磨，青春期是可能持续一生的风险（滥用酒精或药物）侵入的窗口，这往往是因为灵性需求得不到满足而引起。

青少年话语中描述的逃避和联结，需要理解为一种灵性追求，本质上是好的、重要的。作为父母，我们要帮助他们看到，精神上的饥饿不能借由酒精和药物来满足。药物带来的虚幻快感无法持续，只是对生理机能的刺激，没有维持下去的原动力。真正的灵性需要反思以及培养内在状态，例如通过祷告、冥想或善举，结合我们的认知、道德和情感等一般能力去发展灵性以回归超然。

我们可以说："我喜欢和别人联结所带来的温暖的感觉，我知道参与身边每一件事的感受非常棒，这听起来像灵性的体验。但现在酒精产生的温暖光芒已经消失了，你能不喝酒就进入这种体验吗？如果不能，就说明这感觉不是真的，只是大脑的虚幻感受。我们还有其他方法超越日常的挣扎，找到联结的体验。"

请勿将女孩们情感的深度及其洞察力的发展视为做作

青少年，尤其是女孩，经常被描述为"极端情绪化"或者"做作"。一位愤怒的母亲将她青春期的女儿形容为：完全受情绪驱动，非常感情用事，每逢经期，就变得像一只过度敏感和充满眼泪的皮球。

然而，灵性发展的研究表明，女孩在获得生育能力，特别是经期开始后，灵性能力的增长随之启动。许多古老的传统为女性青春期设置了专门的仪式来表示对生育和女性灵性的尊重。现在，科学已经认识到女孩的性发育和灵性发展是统一的。

我和同事米拉夫·戈尔（Merav Gur）在《美国儿童与青少年精神病学期刊》上发表了一个关于个人灵性是如何保护初潮前后的女孩对抗抑郁的调查结果，我们从"青春期调查"中选取了3356名少女的问卷，这些样本主要是由北卡罗来纳大学提供的。

随着身体其他方面的成熟，如身体曲线的出现和乳房的发育，我们发现，初潮会加强女孩与上帝的联系，这样能够在很大程度上保护女孩不受抑郁的侵扰。与青春期前相比，当女孩初潮来临时，其个人与高层次的力量的关系所产生的、抵御抑郁的能力甚至还会提高50%，而任何家庭风俗或宗教都不具有如此的保护性。这种灵性与生殖系统的同时发生来自女孩的身体内部，使其进入身体和情感的青春期。研究表明，灵性的联系会直接提升孩子的开放性、敏感性和洞察力。这意味着，随着初潮的到来，各种情感都会渐趋丰富和强烈，而眼泪就是其中的一个标志。

父母不应该说："我认为这是一种过度反应"或"这又不是世界末日"，甚至"你要控制自己"，要将孩子这些情绪反应视为其感知能力大幅提升的表现，这其中包括灵性感知的能力。尊重孩子的回应是这样的：

◇ "你有一颗善良的心，还拥有敏感度，能意识到发生了什么事。"
◇ "有时候会难过，但说到底你是幸运的——女孩们到了十几岁，就会更有灵性，这意味着你对事物的感受更深。"
◇ "因为你的感受是如此强烈，你能充分了解生活的滋味，并从中体会深意。"

无论孩子失足或困惑的根源何在，支持她追寻灵性自我永远不会错，并且有百利而无一害。我在学校讲座中与各年龄段的孩子（从学前班、高中到大学）交流过，我告诉他们，新的科学成果能帮助我们"看到"灵性，而且灵性有不同程度的复杂性。我给他们解释了对人类灵性多层次进行分析而得到的结论：人类灵性的活动是可以通过科学手段观测到的,包括使用磁共振成像（MRI）和脑电图扫描,我们能够看到大脑的相关功能和大脑的发展。他们能理解我说的话,然后孩子们会和我展开热烈的讨论,话题从金鱼到上帝,再到胶子（gluon）[①],无所不有。如果像法国耶稣会教士、哲学家德日进（P. Teilhard de Chardin）所写的"难处不在于解决问题,而在表达问题"那样,那么孩子们以其灵性境界就足以做我们的老师,他们自然而然地提出很多大问题,毫不犹豫地挑战根深蒂固的假设,不断渴望探索、体验和表达。

我在美国西部的一所高中开讲座,在发言后的即席讨论中,高三学生摩根讲述了一年前她和同学、学校辅导员徒步旅行时的某段经历。当时她刚度过了一个艰难的学期,经受学业和情感的双重考验。他们一行人艰苦跋涉,登上一座冰川时期的高山。下山时,她的脚磨出的水泡像火烧一样疼。这时他们来到一个湖边,湖面有许多浮冰,摩根说当时她清晰地体验到了超然的感觉:

> "我看到水面上的光芒,是那么的明亮和美丽,我似乎就是那种美的一部分。那感觉真的很难形容,但非常真切、神圣。从那之后,每当压力太大或者感到沮丧时,我都会想到那座山,我仿佛能把自己带回那座山上,那种感觉一直都在。"

这就是超然,它描述了灵性的觉醒,是我们最深层次的内在

[①] 在粒子物理学中,理论上负责在两个夸克（quark）传递强作用力的基本粒子。——编者注

智慧的直接觉醒。那是升华的时刻，她一直带着这种感觉走到现在。她的体验已经成为她的灵性基础——不仅对某个地方留下了美好的回忆，而且与之伴随的是一种超然的体验，她可以不断重温，并据此建立世界观。这正是我们希望帮助孩子寻求并找到的体验与认知。

"让我们进去！"——跟着孩子踏上神圣之旅

孩子先天的灵性功能是永存和可以理解的，在跟我们探讨日常的困惑与成就中体现。他们会问："我能参加合唱团吗？"或者"我能和拉比（rabbi）[①]一起唱歌吗？"他们也许希望在教堂中点蜡烛、做安息日的面包或者游览圣地。小孩子可能会："奶奶的灵魂附在另一个人身上吗？她现在就在这里吗？奶奶在看着我吗？即使她已经去世了，也会照顾我吗？"他们会问："上帝会惩罚坏人，还是原谅所有坏人，就算是希特勒？"大一点的儿童或青少年可能想知道：在宇宙大爆炸之前，那里有什么？或者，我们怎么证明战争的合理性？问题随着年龄的增长而演变，与孩子其他方面的发展一样，我们要根据孩子的发展阶段调整自己的反应。无论他们问什么，其实他们并非想从我们这里找到具体的答案，而是想满足探寻与发现之旅的需要。无论你觉得自己准备得多好或多糟，我们都能够满足孩子旅途中的要求。

一天上午我在喝咖啡的时候，我的同事弗兰告诉我，她和丈夫尼克刻意避免女儿玛雅一出生就从属某个宗教。弗兰的父母来

[①] 拉比（rabbi），是指担任犹太人社团或犹太教教会精神领袖，又或在犹太经学院中传授犹太教教义的人。——编者注

自非常虔诚的宗教家庭，但他们反感刻板的教条。他们以极大的爱心和生活热情将弗兰和她妹妹养大，让她们知道批判性思维的重要性，告诉她们要对"有组织的宗教"保持警惕。她父亲明确表示蔑视宗教，谴责历史上和现在某些宗教人士利用宗教机构和宗教教义鼓吹许多偏见和掩饰错误行为。

"他们看出了宗教的伪善，也不愿意给我们的精神寻求替代物。"弗兰说。

> 我父亲说："当你们到了一定年龄，你们可以自己选择，做出自己的决定。"但他无形中已经为我们做出了一些决定，比如他会说："这不适合我……我对它不感兴趣……我觉得它蠢……我认为这是胡说。"很久之后我才认识到，当我的孩子问我一个问题，我说"我不知道"的时候，我实际上是终止了谈话。这正是我父亲做过的事，当然他不是故意的。父母教给我们道德和伦理，他们爱我们，但这些都没有让人意识到我们可以呼唤上帝或者一个更大的"存在"，或是成为某个更巨大的精神社群的一部分。这种对"某种更大的存在"的认知好比一个婴儿，我们把它连同宗教这盆洗澡水一起给泼掉了。

尼克来自一个类似的家庭，跟弗兰一样，他不想让女儿玛雅受到宗教的影响。弗兰有时会思索怎样一个"宗教替代物"适合玛雅，但他几乎没想到答案。因此，玛雅在家从没有接触到宗教知识或情景。全家人会以非宗教的形式庆祝许多节日，所以玛雅特别重视和期盼圣诞节、光明节、复活节、逾越节的家庭聚会。

"我们不会在家里谈论上帝。"弗兰这样描述玛雅 4 岁之前的情况。

到 5 岁时,玛雅已经长成了一个光彩夺目的孩子:善良、勇敢、好奇、热爱生活。一天早晨,一家人从马路对面的咖啡店出来,路过离家几个街区的那座高耸的大教堂。弗兰经常在忙碌的时候到这家店买咖啡,他们曾多次经过教堂,但从来没进去过,这天早晨却出现了新情况。

"妈妈,我们进去吧!我们进去吧!"玛雅兴奋地说。

我和弗兰讨论过家长迫切需要支持孩子发展天生的灵性的需要,她一直琢磨这个问题。她了解到科学已经提供了这方面的确凿证据,但难倒她的是:灵性发展是孩子的基本需要之一,她只能注意和顺应玛雅的想法,尊重女儿的观察和提问,和她一起探索,至于怎么指导孩子,或者给出"正确"的答案是没有必要的。她所要做的就是加入孩子,让孩子成为向导,欢迎各种内容的话题,让谈话保持开放,而不是闪躲或中止。

"当她说'我们进去吧!我们进去吧!'的时候,我其实想赶快去买杂货,这样就能回家做午饭,完成需要做的事,"弗兰告诉我,"然而我却咬咬牙,深吸一口气,说'好的,亲爱的。'如果她想进去,我应该表示鼓励。"

进了教堂,玛雅一直观察和提问。弗兰发现了新的体验:透过女儿清澈的眼睛看世界。她欢迎玛雅的提问,而且没有感到必须给出明确答案的压力,她可以自在、好奇地问玛雅的想法。弗兰后来说,这是一种美好的体验。

家长们经常会认为,孩子提出灵性问题,只是想得到答案或者知识,而他们没有做好回答的准备。这是一个误解,或者说反映了我们"务必要把事情做对"的焦虑。我们担心自己不知道正确答案,不想把一个大问题搞砸,或者怕说错话。也可能是灵性在我们的生活中并不重要,或者我们近期没有花时间探索灵性世界,所以,大家很有可能重复父母对自己小时候的回答:"噢,我们不会那么做。"但你要认清摆在自己面前的宝贵机会,你的孩子实际上期待你说:"嘿,跟我来。"你不需要知道自己去哪儿或怎么去,你只是被孩子要求跟着他去。孩子依靠我们,但并不指望我们提供答案,而是期待我们展示给他们看。我们需要展示,但并不需要知道所有的答案。

如同人类的其他潜能一样,灵性的发展和成长是我们与生俱来的一部分。佛教僧侣佩玛·丘卓(Pema Chödrön)写道:"这好比每个人生来就具有相同的权利,在培养仁善的心灵和澄明的头脑方面,人人都拥有巨大的潜力。"不仅孩子如此,父母也是一样。从我们为人父母的那一刻开始,孩子的灵性发展——对仁善心灵和澄明头脑的培养,对超然的追求,就已经成为亲子旅途中的基本任务,以及我们身为父母的固有权利。而且,跟从孩子的灵性之旅,可能会改变你的整个家庭。

你现在有机会与孩子一起踏上这段旅程,并且通过孩子的旅程继续自己的道路。不妨现在就开始,看看能走多远。

第 2 章

灵性与科学

纵观整个 20 世纪，关于灵性的话题——信念或信仰、灵魂或精神的不可言喻、坚不可摧与不可知，一直没有得到科学的检验。如果你非常相信灵性或是虔信宗教，可能并不需要科学依据。但对于许多怀有疑问的人，科学证据的缺乏阻碍了其对灵性的探究。如果没有证据，我为什么要"相信"。我应该信仰什么？每个宗教都有不同的故事，每个人都觉得自己信奉的神才是真的。还有人以宗教之名做糟糕的事。我根本不相信这些！科学界本身也忽略了对灵性主题的研究，因为灵性听起来似乎不属于数据研究的范畴。然而，早在 15 年前，情况就有所改变，如今，我们更要感谢那些坚定的研究者，借助科学技术的发展，他们取得了不容忽视的成果，让我们得以看到、研究和谈论灵性的大脑。

根据实证研究，我们现在知道，灵性确实是我们的天赋的一部分，与视觉、嗅觉和思考等能力一样，灵性具有生物学的基础，是与生俱来的。自出生起，我们就做好了用灵性生活的准备。科学也表明，我们天生具有灵性，如果父母重视，那么孩子的灵性能力就可以持续；如果父母忽视，那么孩子的灵性就得不到培养。过去的20年里，我们的实验室和全国各地的同行们进行了开创性的科学研究，目的是找到灵性发展的方法，弄清楚父母如何才能支持孩子的灵性发展，以及灵性从儿童一直到成年期对身心健康发展方面的益处。

在后面的章节中，我们将全面探索灵性背后的科学，简而言之，我们可以学习到以下内容：

1. 人类天生具有灵性，灵性有基因的基础。这部分是先天灵性。
2. 灵性的基因表达与其他功能，如性成熟和认知能力的发展等一样，在青春期发展得很快，而且发展个人灵性是防止青春期痛苦的最有效的方法。
3. 天生的灵性与人际关系联系密切，二者结合形成关系灵性，人与人之间可进行超然的灵性交流，人与高层力量、与自己都可进行灵性交流。
4. 临床观察弥补了理论研究的不足，提出精神觉醒和心灵明觉（heart knowing）的概念，通过深刻的内在智慧、超然觉知和身体（身体的经历更为常见）感知神圣。

总而言之，科学现在已经提供了强有力的证据，在生物学、神经科学和心理学方面表明，灵性是人类天性的一部分，是人生繁盛发展的基石。这些日益增多的证据对科学家而言无疑是重大的突破，也对父母、教育工作者、神职人员和咨询人员具有重要的意义。这本书的重要目的是向读者展示了育儿和爱的关系的培育需要灵性的指引。如何育儿才能帮助孩子走上灵性发展之路，顺利度过青春期，走向成年，或者关闭孩子的灵性大门。

谈到育儿，科学和灵性同样重要，两者都有助于我们认识和理解世界。作为父母，我们热切希望与大家分享我们的重要发现，为所有家长和孩子提供支持。作为育儿科学的研究者，我会把科研生涯中获得的最好的成果拿出来帮助所有孩子，包括前沿的关于灵性的重要发现，以及如何育儿才能帮助孩子营造积极的精神生活。

现在，流行文化和媒体已经充分认识到灵性对健康的益处，科学期刊不断登载各种灵性研究的新发现，如灵修有助于减少饮酒和吸烟行为、改善免疫力，甚至帮助人们防止癌症等疾病的复发等。这些广为人知的研究结果往往让人们提出新的问题：**我们该怎样发展自己的灵性呢？**

在十多年前的科学文献中就能找到这个问题的答案，然而直到最近它才得到更广泛的理解和认可。同样重要的是，科学在人类灵性的能力及其发展方面已经得出重要结论，我们可以依据相关的科学理论在日常生活中加以应用，使家庭和社区受益。尽管灵性科学尚未进入主流文化，但灵性科学的大量研究文献已经发表于顶级的科学期刊，得到了同行的认可。

让我们从一个简单的核心定义谈起：人类灵性的能力是什么？

灵性的核心是**超然联系**，即与高层次的力量或神圣存在的动态联结。要实现超然感知，必须突破物理或常规自我的限制，与更宏大的宇宙建立联系。高层次力量的名称或身份也许因人们的理解或传统的不同而不同，但无论如何，超然联系都会使我们与神圣世界建立联结,在人生的意义和目的上得到指引。不妨将超然联系视为个体与上帝的对话,或者是"天人合一"(东方文化中经常提到)的体验,或者通过多种生物和自然的形式(例如宏伟的山脉与盘旋的雄鹰)与宇宙建立关系的感觉。超然的存在可以成为我们与他人或自然建立关系的指引。人类的灵性来自何方?除了自然和生物方面等物质因素,还来自我们对生活、关系和可见与不可见的自然世界中的终极存在的感知。灵性是我们对超然的感知,它既存在于我们自身,围绕在我们周围,通过自我表现出来,也超越我们。

作为父母,这本书的重点在于阐述儿童从出生至青春期的灵性发展、灵性对他们的终生影响、父母与子女同行的灵性旅程。科学是基础。在研究灵性这门迅速发展的边缘学科的过程中,我借鉴了自己和同事的许多临床见解。以下四项主要的研究结果具有充分的科学依据,是我们研究工作的概括,也是了解灵性大脑科学与儿童灵性发展的敲门砖。

研究结果1:
灵性与生俱来,由基因决定

我们生来就具备超然感知的能力,即天生的灵性。灵性的基础是生物性的,与宗教不同,它从出生开始就是人类的内在组成部分,属于一种感知和探测类型的生物机能——与感觉、智慧、情绪和意识相似。宗教是这种内在灵性功能的外延。对某些人来说,灵性和宗教是并存的,有些人则不然。

世界可以被我们感知，感觉（视觉、听觉、嗅觉等）与生俱来，是人类生理天赋的一部分。同样的道理，我们也天生具有通过生理感知超然的能力。因为这种能力具有生物学基础，在某种程度上携带和编码了我们的基因特性，正如基因赋予我们味蕾，从而使我们通过味觉感知世界一样，基因也赋予我们大脑和心智，使我们在精神层面感知世界。

我们如何知道这是基因的作用呢？判断人类基因倾向的常见方法是双生子研究。研究人员常会选择同卵双胞胎，考察他们的生活，研究他们的身体和精神健康情况、习惯、个人选择、信仰和口味。因为双胞胎的基因完全一致，所以让他们回答特定的问题，就可以分析出哪些答案受到了基因的影响，哪些受到的是环境的影响。

双生子研究甚至被用来探讨与生俱来的人格特质，如责任心、适应能力和反应能力等。然而，直到1997年，才出现侧重内在精神与超然联系、具有里程碑意义的双生子研究（早期的双生子研究只考察了人们的宗教倾向与态度，并未将灵性作为单独的研究对象来考察）。通过双生子研究，来自弗吉尼亚联邦大学的遗传流行病学家肯尼斯·肯德勒考察了研究对象的个人内在灵性、宗教派别和宗教习惯。肯德勒及其团队选择的是弗吉尼亚州双胞胎登记表上的1902名女性，当时她们30岁左右。研究发现，无论是基因影响，还是环境塑造，许多人的灵性与宗教是重叠的，但情况并非完全一致，例如，有人的灵性很强，却从未踏足教堂或寺庙。

肯德勒的研究表明，超然不仅是性格或气质的一部分，还是人性自身的独立组成要素，这是他的研究的两大重要发现之一。

第二大发现是超然与个人的宗教选择（是否通过宗教实现超然联结）之间的关系。

肯德勒确信个体的宗教倾向或参与宗教的方式是通过环境习得的：父母、社区教导或是自己选择的这些宗教倾向，包括是否赞同《圣经》的字面意义，是否相信上帝会赏善罚恶。肯德勒将个体对宗教观念的忠诚称为"个人保守主义"，以此衡量个体对传统信仰的忠诚度，我则称其为个人宗教信仰。

肯德勒选择的研究对象大都来自犹太教和基督教，他将只专注于超然的精神部分称为"个体虔敬"（personal devotion）。在研究中，灵修是由内心与高层次力量的互动决定的，包括寻求精神慰藉、令人满意的精神体验、宗教或灵性的重要性、对宗教目的的觉知、私密祷告的频率等。随后的研究表明，超然的体验广泛存在于不同民族、文化和传统。对某些人来说，它是一种通过内心感知的双向对话，对另一些人而言，则是身体对天人合一的觉知，或者与大自然的神圣联结。

个体虔敬（即对超然的追求）与个人宗教信仰（对宗教的解读）的区别十分重要，然而常被忽略。个体虔敬是人类生活与发展的要素之一，人类追求超然的能力与生俱来，无论我们是否培养或加强这种能力，它都属于我们自己，至于我们是否通过宗教行为来培养这种能力，则是另一码事。因为宗教取向并非天生的，它取决于个人选择或是家庭、社区对个体产生的社会化影响的结果。即是说，尽管个体虔敬和个人宗教信仰是不同的概念，但对许多人而言仍然具有内在联系：天生达到超然的能力可以通过宗教信仰风俗加以塑造。对其他人而言，则可以通过静思、冥想、自然、美好的事物或服务他人培养：

◇ "冥想是我感知天人合一的方式。"
◇ "对我而言,为人类服务是一种祷告的方式,让我成为至善的一部分,使我感觉到'大爱',产生与更高层次联通的体验。"
◇ "在大自然中散步时,我觉得自己是所有生命的一部分,而所有生命都具有相同的能量。"
◇ "我整天和上帝说话,我能感觉到来自自我之外的指引。有时候它似乎眨着眼睛来到我面前——上帝的爱充满了幽默与快乐。"

个体虔敬和个人宗教信仰对超然的理解差异在育儿、社会集体、政治和道德文化上体现得尤其明显,人们却经常把它们与人类的发展及其潜质混为一谈。个体或文化之间或许因为彼此的宗教信仰不同而做出苛刻的评价,但其实灵性的本质却出乎意料地有着许多共通点。

肯德勒惊人的发现是,如果灵性能够遗传,那么个体虔敬极有可能是全人类的基本特质。天生的灵性并非建立在宗教或文化这些外部影响之上的社会化结果,而是如同呼吸和进食一样地与生俱来。尽管社会化会对天生灵性的外在表现、思维和语言发展产生影响,但灵性本身是天生的,是天赋的一部分。

除了肯德勒,其他科学家也研究过超然的生物学基础。其中,C·罗伯特·克罗尼格(C. Robert Cloninger)的早期研究就产生了许多有意义的探索,他的贡献是设计出《自我超然量表》(*Self Transcendence Scale*)。

超然,尤其是可以被克罗尼格的《自我超然量表》测量的那些特征，已经被多个研究团队找到了相关的生物学标记。例如在大脑的枕叶和顶叶中，都发现产生和调节神经递质多巴胺（dopamine）和 5- 羟色胺（serotionin）水平增长所对应的基因。这些基因包括多巴胺第四类受体（DRD4）和对 5- 羟色胺有调节作用 5- 羟色胺转运体基因（5-HTTLPR）。这些基因都是超然的生物学基础的组成部分。

肯德勒划时代的贡献是：尽管文化和社会决定了对宗教教义的遵从，但感受灵性联结以及超然联系深度的能力却在极大程度上取决于基因或遗传。通过比较同卵和异卵双胞胎，肯德勒证明，个人敬虔有 29% 取决于基因，24% 取决于家庭环境，47% 取决于个人所处的独特环境。相比之下，我们参与宗教的方式则不受基因影响：大约 50% 取决于家庭环境，另一半取决于个人所处的独特环境——我们对宗教信条的依附并非与生俱来。

两年后，肯德勒发表文章回应了外界的批评，详细阐述了他的工作。他指出，强烈的个人敬虔与较高的乐观情绪、教育水平、收入水平、较低的神经敏感度这些因素有关。我们将在后面讨论个人敬虔对抗各种问题的保护作用，现在读者需要了解的是，肯德勒证明，遗传而来的个人敬虔能够降低 20% 罹患抑郁症或滥用药物的风险。需要澄清的是，肯德勒的意思并非是人的灵魂有大小差异。数据表明，我们赖以体验和寻求超然的生物基体是多样化的。我们的灵性"天线"有 30% 是由基因情况决定的。

肯德勒从弗吉尼亚双胞胎登记表中选择的研究对象大都来自犹太教和基督教背景，其个人敬虔（**超然对话**）可能更多地表现在超然联系中。在东方传统文化和宗教中，超然关系可能指与宇宙合而为一，在本书中，我称其为**超然合一**。在土著的传统中，超然关系还可通过他人、自然、动物、自然的力量和宇宙来获得，即神圣宇宙的各种表现方式，我称其为**超然他者**。

这三种超然联系的形式：超然对话、超然合一、超然他者，首先是由灵性哲学家肯·威尔伯（Ken Wilber）加以描述的，它们代表了宇宙超然联系的不同概念化形式。这个看法得到了事实的检验，促使人们在研究世界主要宗教传统的过程中加以应用。例如，通过道教或佛教，我们可能体验到自己是宇宙的一部分（*超然合一*），向神圣意识和"众生"献上最大的敬意，包括鸟儿、蜻蜓、棕榈树、杨柳等大自然的一切，以及其他人类（*超然他者*）。基督教或犹太教往往强调与上帝的直接关系（*超然对话*）以及与他人关系（*超然他者*）的神圣性。在某些美国土著传统中，超然他者包括"我们所有的关系"，如人与动物、地球和元素的关系等。

不过，这些跨文化的各种形式的超然联系像肯德勒对基督教—犹太教的研究结论那样，是基于人类的基因吗？是否存在一种核心的宇宙超然官能，允许我们参与和体验一个统一的世界？对于这一点，我们还需要探讨人的心理构成、体验和运作。

天生的灵性心理

如果天生的灵性普遍存在，那么它应该不会受到宗教和文化的影响。在我看来，从肯德勒的研究中可推导出一条深刻的结论：人类拥有先天的、普遍的灵性。尽管存在命名和概念（例如：合一、他者或对话）的不同，但超然联系确实具有本质的同一性。就像世界各地关于球和棍棒的运动尽管存在形式的不同，但本质趋于同一，只是不同形式的弯腰和摆动，如棒球、板球、马球、槌球，甚至长曲棍球和爱尔兰式曲棍球。既然全世界的人都有同样的腿和胳膊，用相似的球棒击球，那么，精神和超然机能的本质也如此：人在超然联系方面并没有太大的不同，这是人类基本的心理构造。

接下来的问题是，我们能否看到由世界各地、来自各个种族、文化和宗教信仰或世界观的人所表现出来普遍存在的超然机能？

肯德勒进行双生子研究的时候，我在多伦多的美国心理学会会议上遇见罗耀拉大学（Loyola University）的同行拉尔夫·皮德蒙特（Ralph Piedmont），他是灵性与心理协会的主席和美国心理学会期刊的主编，他一直研究人类天生的灵性机能，并称其为"灵性超然"。

在他的研究里，皮德蒙特邀请来自不同宗教背景的女性和男性谈论他们在信仰与生活中所理解与体验到的灵性核心元素，他还与许多传统宗教信仰之外的人进行了访谈。最后，他运用问卷的形式系统地调查了不同信仰的数千人的超然经历。经过数轮的实证研究，皮德蒙特总结出3个核心的超然元素，它们适用于各种文化，你听起来也可能觉得熟悉。第一条是"普遍性"，我们能感觉到生命的整体性，我们都是某个整体的一部分（"存在一个意识或灵性的更高平面，它将所有人都结合在一起"）。其次，我们可以通过各种形式的对话或祷告与"超然的存在"保持深刻而持续的关系（"通过祷告或冥想，我体会到深刻的满足感和幸福"），也能与他人建立深刻的联系（"虽然我的某些亲人已经去世，但他们的形象依然在影响我的生活"）。第三，通过广泛的数据收集，他发现超然联系实际上就是灵性的核心。

皮德蒙特预计，接下来的科学问题是证明精神的超然机能是人类本能的核心；它的存在是否与人的个性相关，即是说，形容一个人"有灵性"并不只是为了肯定他的善良或者乐观。在心理学上，目前人格概念与评估的黄金标准是"大五人格模型"，包括外倾性、责任心、宜人性、情绪稳定性和经验开放性。研究表明，我们在这5个方面的倾向程度主要由基因决定，双生子研究表明，这些特性30%—50%来自遗传——与肯德勒发现的超然机能与遗传的关系类似，属于同一数量级范围。

如果能够证明精神超然与以上5个因素无关，便可凭经验判断它是一种独立于人格之外的机能。为此，皮德蒙特进行了一次人格测验（大五人格测试），调查对象是735名大学生，同时请他们分享自己对精神超然的看法。为了保证调查结果不受实验对象的文化动机的影响，皮德蒙特让其中的279名学生请一位朋友运用人格和超然评估的术语来描述他们，结果发现，精神超然与5大因素没有重叠。实际上，灵性与人格的唯一共同点就是，它们都是独立存在的。1999年，皮德蒙特将其里程碑式的研究发现发表在《人格期刊》（*Journal of Personality*）上。

好人是不是更有灵性？是的，尽管灵性导致善良，然而善良和灵性是不一样的天生特质。虽然精神超然和人格并非一回事，但二者之间存在间接的联系，这尤其反映在宜人性（比如和善友好）、经验开放性（比如艺术家或音乐家的思维开放性）等方面。所以，我们的直觉是正确的——好人和思想开放的人，往往更有灵性——但人格与灵性并非一回事，实现精神的超然还需要更多的能力。

虽然我们都具有超然的能力，但每个人天生对它的感受性、体验方式和表达方式都不同。

最后，皮德蒙特说明，虽然超然能力人人具备，但表达方式不尽相同：有人祈祷，有人冥想，有人两样都做；有人与大家一起，有人独自体验，有人两种方式都不排斥。世界上有几百种宗教和土著文化，灵性表现的方式各有不同。研究再次证实，很多人通过宗教经历超然的体验，宗教是通往超然的路径之一，虽然它不会直接带来超然体验，但能激发我们与生俱来的超然机能。这与信仰无关（或者在不存在信仰的情况下），只要渴望和追求精神上的超然，人们就更倾向于认为这样的人自我实现程度较高，能达到情感平衡并以快乐的心态生活。他们的生活由目标驱动，乐于帮助他人，物质观念淡薄（无论是否富有），并且感到满足。

现在，我们将肯德勒的双生子研究（超然与遗传有关）与皮德蒙特的研究（灵性独立于人格、与宗教有关，但不等同于宗教）的结果综合起来，做一个预测：由于人类营造超然联系的能力是与生俱来的，所以它有可能是普遍存在的。世界各地的人是否都曾体验过超然联系呢？

2002年，皮德蒙特与马克·里奇（Mark Leach）一起在《美国行为科学》(*American Behavioral Scientist*)发表了针对369名印度大学生的研究成果，学生中包括基督徒、穆斯林和印度教徒。与上次针对美国大学生的实验一样，研究证明，宗教是实现精神超然的途径，但不等于超然。灵性也与人格无关，它能够催生亲社会行为，带来人生的繁荣与满足。但也有人批评说，他的研究对象都是讲英语的，于是，皮德蒙特将实验内容翻译成塔加路语（菲律宾的土著语），其词汇系统在文化与历史方面皆与英语存在差异。同样地，他发现，在菲律宾人中，内在精神超然与追求宗教生活有关，但灵性与宗教不能等同，而且，灵性依然能够催生积极的特质与人际关系。

超然不是通过教育或是社会化得来的，它不像大部分文化知识那样可以通过背诵总统的名字或乘法表等方法习得，也并非人类自创，但我们可以培养、利用和支持它的发展。超然的能力是天生的，所有人类都具备，通过这种能力我们体验超然联系，这是我们与生俱来的权利，尽管不同文化、宗教会用不同的词语来称呼它。

近年来人们一直在研究普遍的灵性，将其视为一种能够受到家长、宗教和社区影响的内在能力。尽管工作艰巨，科学家还是找到了证明灵性的重要性的强有力证据，而家长们通过传统的育儿教育渠道是不会了解这一重要性的，人们对此事的集体沉默以及相关研究结果都是你需要了解的内容。因为你会发现，我们呈现的数据证明，孩子的灵性发展至关重要，家长在其灵性发展过程中扮演的角色也相当关键。本书将这些数据提供给了读者，而在此之前，你很可能并未从孩子的医生、护士、老师、辅导员，甚至宗教或灵性顾问那里听说过这些内容，你也许一直不知道灵性是否真实存在，是否重要，你的孩子是否需要灵性。实际上，至少15年前就出现了明显的证据，说明灵性是真实的、非常重要的，而且我们知道孩子需要怎样的灵性，以及何时需要。灵性是每个孩子的组成部分和与生俱来的权利，属于天生的生理机能。

研究结果 2：
青春期带来灵性增长

随着青春期到来，天生灵性的生理机能蓬勃发展。青少年就像上了发条一样渴求超然的感觉，寻觅终极的意义和目的，渴望统一与联结。青春期是个身心统一的发展过程，灵性的发展与身体的发育并行，如性、认知、社交与情感等。

在我看来，肯德勒对成年人的灵性描述的背后，是个体虔敬与个人宗教信仰的发展，假定这个过程可回溯到童年与青春期这二者的不同起源。个体虔敬主要来自遗传，个人宗教观来自社会化，因而我们可将其视为在青年时代两个独立的实体。但青年与成年的区别之一也许在于，可能无法从刚进入青春期的人身上分辨宗教虔诚与天生的灵性的异同。我决定通过科学的方式验证这一假设。

青少年个体化是测试与质疑从父母、学校或社区所了解到的那个世界的过程。孩子凭内心的感觉做出判断，这是一种将现实与内心虚构互为比照的实时检测，西方心理学视其为青春期发展的核心。鉴于对成年人灵性的发现，以及灵性是一种因人而异的生理机能，我推断，天生的灵性也许拥有其独特的个性化过程，就像青少年各自拥有独特的社会化、道德与身体发育过程一样。

我的资深同行罗恩·凯斯勒（Ron Kessler）慷慨地与我分享了他对来自美国各地的 676 名青少年（13—19 岁）的调查结果，我们从中寻找以个体虔敬和个人宗教信仰为代表的精神个体化发展过程的实验证据,结果从我已掌握的全国性样本中发现了第一个青春期灵性发展的证据。虽然肯德勒指出,个体虔敬与个人宗教信仰在成年时代几乎并不相关,但我们发现,青春期早期,两者的关系更密切。这意味着,对某些青少年而言,两者几乎是同等的。随着个体从青春期早期来到青春期后期,个体虔敬与个人宗教信仰的相关性减少了50%,从青春期后期到成年,该相关性将再次减少50%。所以,到了成年期,与童年相比,我们就不太可能察觉灵性与宗教的重叠状态。

换句话说,对孩子而言,内在灵性与他们在宗教课上学到的东西常被认为是同样的事情(即便孩子一直拥有灵性经验,但不一定放在家庭宗教活动中讨论),他们不会将自己的内在的精神生活从认知上与他人的灵性教导分开。随着孩子进入青春期,他对灵性的看法(与对音乐、政治和宵禁的看法一样)开始与成人和社会教导他的宗教观念分离,其精神开始个体化。当孩子进入成年,他会意识到个人的灵修与宗教信仰是两码事,此前两者或有交织,而现在他会加以区分。

对青少年来说,这意味着怎样的体验呢?在历时5年的定性研究中,我的实验室从青少年参与者中收集到如下信息:

◇ 我常常清晨醒来做晨祷——我妈妈在这方面的要求很严格。当我长大一点之后,我意识到我不是为了上帝或我自己祷告,而是为我妈妈祷告。妈妈在逼我,我认为这样不对。你应该为了自己祷告,而不是为了别人。所以我和妈妈谈了,她觉得无法接受,很长时间没和我说话。(约瑟夫,15岁)
◇ 现在我长大了一点,开始迷上这件事。以前小时候,我

觉得很无所谓，现在当我去教堂时，我能感到圣灵，我觉得上帝的灵在我身体里面。（托马斯，16岁）

灵性的个体化需要情感和大量的心智投入。为什么青少年愿意投入这么多的精力实现灵性个性化？作为父母，我们知道，我们无法强迫青少年投入他们不感兴趣的事情，那么，是什么让他们愿意投入去实现灵性个体化呢？我们发现，答案是：内驱力。所有发展都有其成长与加速的契机：一年级的孩子语言认知能力快速增长，青少年时期的身体发育则突飞猛进。这表明，发育生物钟的运转会解锁一系列个体潜在的能力。生理的快速成长会解锁你的孩子在青春期的灵性发展。

在青春期，超然的觉醒如巨浪般汹涌而至，带来个体对超然关系的渴求以及相应的体验能力。青少年盼望与他人建立超然联系，拥有成为宇宙的一部分的感受。这种来自内部的驱动力（惊讶、好奇——有时缺少指导），是一种倒置的超然体验，它让青少年蠢蠢欲动。肯德勒发现的具有遗传性的灵性特质在青春期迅速发育成熟，而那些似乎让你的孩子一夜之间乳房发育或胡须生长的生理发育，也带给他们持续增长的觉知能力，让他们渴望明白自己的内在灵性。

下面是关于生理的另一个研究。在科罗拉多大学博尔德分校（University of Colorado at Boulder），谭雅·巴顿（Tanya Button）研究了2478名青少年双胞胎，评估内在灵性随时间推移，遗传力的变化情况。研究小组就超然关系向这些青少年提问，例如："你信仰上帝吗？""你是否把宗教信仰作为每天的生活指南？""你遇到问题时会祈祷吗？"

研究团队通过这些14岁左右的双胞胎样本发现，内在灵性的变异性（即是人与人之间灵性差异程度）有29%是由基因引起，44%是由家庭环境引起，27%是由个人接触的环境所造成的。到了青春期后期（只是5年以后，被试到了大概19岁的时候），遗传力的作用增加到了41%，而家庭环境和个人接触的环境的作用则分别降到37%和22%。换而言之，在14岁的时候，家庭环境对青少年灵性的影响最大，而到了19岁，灵性则主要是由生理塑造的。

科罗拉多大学的研究小组为了更深入了解灵性激增，他们根据内在灵性的强度变化，与青春期相对应的阶段，研究了人体内部生物钟与环境这两者对超然联系的影响各自有多少。在这项研究中，他们发现家庭环境因素与灵性激增无关。相反，灵性激增的原因有52%是来自于遗传，而青少年根据经验而选择的外部因素（例如参加青年活动小组、选择祈祷场所或与朋友一起冥想等）则占48%。

青春期的内在精神驱动是与其他生理能力并行发展的，超然与灵性是与社交态度、个体智商、抑郁与焦虑的风险共同出现的。

青春期的灵性激增何时停止？劳拉·科尼格（Laura Koenig）及其明尼苏达大学的同事研究了这个问题。他们选取明尼苏达州的双胞胎家庭作为研究对象。为了跟踪这一发展过程，研究小组选取了4—5年青春期发展时段，考察了遗传与环境对青少年宗教观念与宗教体验的影响。通过追踪青春期的发展过程，小组希望看到这些发展是如何在进入成年后发生变化或停止的。在研究期间，641名14岁的青少年双胞胎长到了18岁，573名20岁的双胞胎进入了成年（25岁）。科尼格的发现显著地表明：遗传对青少年灵性的影响大大超过了环境的影响。这种影响是变化发展的，在青春期初期（14岁左右），遗传对灵性的影响只有2%，然而 18 岁便激增至 21%，20 岁时为 27%，25 岁达到了 46%。这也显示出灵性激增会从青春期延续到成年。与此同时，家庭环境的影响从 14 岁时的 74%，到 18 岁时迅速降至 55%，20 岁减少到 49%，25 岁则降到 30%。

根据以上和许多其他的研究，可以肯定地说，青春期开始后的 10 年是灵性由内而外激增的主要阶段。从青春期早期到成年初期，我们会经历激烈的灵性增长与内在觉醒，这要投入巨大的心智工作。个体化的目的在于建立有意义的生活，在研究访谈中，我们听到青少年们如是说：

◇ 我一直在感谢上帝。在假日，我们会参加公益活动，感谢上帝赐给我们饮食和一切。有天晚上，我和两个朋友遇到了惊险的情况但没有受伤，于是我们坐在车里感谢上帝，那一刻我觉得上帝在看着我，照顾我，我知道祂一直在我身边。（贝瑟尼，17 岁）

◇ 我觉得这些事情（灵性的体验和价值观）在很小的时候就会发生，并且成为你的一部分，甚至在我还没意识到的时候，它们（灵性）就在发展，也许是在十一二岁，你会产生更复杂的想法。当你更小的时候，可能更多地听别人说而没有自己的看法，所以，我认为我是在十一二岁的时候开始考虑它的，我是说非常认真的考虑，不管它是什么……（克里斯托弗，18 岁）

遗传对天生灵性的影响说明，无论哪个国家的青少年都会出现灵性激增。正如皮德蒙特对成人超然能力的跨文化研究，以及明尼苏达瑟奇学院（Search Institute in Minnesota）的彼得·本森（Peter Benson）及其同事也针对8个国家的6725名青少年和年轻的成年人进行了研究，考察青春期的普遍灵性发展。他们请来自泰国、喀麦隆、英国、加拿大、美国、印度、澳大利亚和乌克兰的青少年谈论自己的精神和宗教生活，发现青少年参与灵性相关的活动的愿望会大幅增长，这不受民族、有无宗教的限制。而且，他们发现，灵性的核心总离不开与更高层次的力量建立联系、灵性实践、深刻的超然经历、付诸行动等要素。更引人注目的是，当被要求思考灵性的意义时，所有这些国家的研究对象都表示，灵性的意义就是与上帝（无论在他们的文化背景中如何称呼上帝）建立关系、相信人生有意义，无论哪个国家，总有不到10%的研究对象认为灵性与宗教倾向等同。所有国家的青少年都有过深刻的灵性体验。

我们知道，超然体验能力在青春期出现激增，这种激增是全世界青少年灵性发展的必要步骤。我的实验室与世界各地的实验室都确定人类具备灵性发展的内在能力。我希望知道青少年经历这种由内而外的发展时有何感受，从而有效地回答这个问题：**如何支持和鼓励人们发展天生的灵性？**我很想深入了解灵性发展过程中的恐惧与焦虑，弄清如何支持一段成功的天然灵性的发展。

因此，近10年来，我与实验室一起，倾听了来自美国各地的数百位青少年的声音，请他们回答一些开放式的问题，例如"内在灵性激增是什么感觉？"我们坐下来和青少年群体讨论，也进行个别访谈。我们走访了不同宗教和非宗教取向的青年团体，从东海岸到西海岸；从基督教青年会、旧金山和大苏尔附近海滩的华德福学校，到伊利诺伊州和佛罗里达州的基督徒夏令营；从芝加哥和纽约的郊区犹太青年群体，到哈莱姆区的嘻哈教堂和曼哈顿的巴哈教寺庙。我的实验室采访了非教派基督徒青年、保守派西非穆斯林青年和泰国与西藏的佛教徒青年。我们的发现是明确的：青少年具有深刻的灵性，他们正在经历奇妙而重大的灵性进程，然而，**没有人跟他们谈论这方面的体验**，这是令他们措手不及的地方。请注意，是"没有人"，包括他们最爱的人，从未询问或评论过他们的感受，或者与他们讨论灵性发展的问题，鼓励他们描述自己内心的变化。

人类在青春期的灵性发展已经通过多个文化在历史上得到了证实，例如美洲土著文化里青少年跳的拉科塔太阳舞、切诺基青年玩曲棍球庆祝青春期男孩身心成长的传统等，这无不交织着灵性发展的轨迹。基督徒坚信礼和犹太成人礼宣告青少年在灵性与宗教方面的提升。许多社区的高中橄榄球队甚至在开赛前拥抱祈求上帝赐予力量和保护。无论传统的新旧，这些仪式都承认灵性的觉醒，是与青少年身体成熟、做好迈向成年生活的准备同步出现的。

如果在青春期不给予灵性觉醒的支持和引导，任其自生自灭，我们会付出沉重的代价。正如我们在肯德勒的研究中所看到的，灵性所发展的个体虔敬有15%到20%的概率防止成年人患抑郁症或物质滥用。在对全国青少年的抽样调查中，我们发现灵性有30%到40%的概率降低物质滥用和抑郁的风险，其效果是成年时期的2倍。灵性对预防青少年抑郁和物质滥用的益处至今已多次被不同的研究团队证实。

临床科学家所知的终身潜在疾病（导致抑郁或物质滥用）窗口期出现在青春期灵性觉醒的阶段，我们将在后文深入叙述青少年的这一阶段。问题的关键是，灵性的发展是青少年发展的基础，如果不给予支持，他们很可能失去方向、联结、超然体验与内心的平静感，转而通过物质滥用、危险的方式和不检点的性行为来满足。

研究结果 3：
超然体验以及人际关系中存在灵性

> 超然和超然联系（我们与更高层次力量的关系）把爱带进人与人的关系。换言之，超然联系中产生的爱承载了人际关系之爱，这在亲子之爱中尤其重要。现在，我们先进行概括性的讨论。

乔治·范伦特（George Vaillant）是哈佛医学院的医生和终生研究员，他以研究人类适应性与兴盛发展等问题闻名。在他的书《灵性嬗变》（Spiritual Evolution）中，范伦特断言，超然的必然结果就是人与人之间的爱、关怀和服务。范伦特写道："人类灵性深深植根于关系。"

被强烈感知的灵性是超然的自然流露。范伦特指出，宗教人物、神秘主义者和许多宗教的灵性导师一贯重视人际关系与服务的灵性。提到十字架的圣约翰、佛陀、甘地与特丽莎嬷嬷，范伦特敦促我们"关注他们的神秘冥想所产生的爱的行为"。他认为，超然的存在是显而易见的，对他而言甚至是最真实的，尤其从我们彼此传达的积极情感中可以体会，例如同情、宽恕、希望和喜悦等。他强调，同情是一种灵性情感，并认为文明的发展有助于促进这种人际间灵性交往的形式。

范伦特引用了佛陀的话：佛陀对他的60名大弟子说："向前去，僧侣们，为了众生与世界的幸福，为了神与人的福祉。"甘地则说："我在政治领域拥有的这种力量来源于我的灵性经历。"

弗吉尼亚大学精神科学教授布鲁斯·格雷松（Bruce Greyson）的研究着眼于灵性觉醒的飞跃，如濒死经验和顿悟。他的研究表明，经历这类型事件后，人们常会开启更深层次的交往，服务他人。超然自然地使我们感到与人互动的神圣与奇妙，我们对人类的爱会大幅增加，我们天生的灵性与人的联系密切结合，催生关系灵性，即通过人际关系、与高层力量的互动以及与自我的互动体会到的超然经历。正如我们将要看到的，超然的爱尤其存在于亲子关系之中。

研究结果4：
灵性能帮助心理疗愈与个人成长

灵性覆盖了3种形式的关系：（1）人与上帝或高层力量（Higher Power）的超然联系；（2）人与他人基于无条件的爱、宽容、快乐与同情的灵性关系；（3）人对超然自我或高层自我的觉知和洞察。在所有这些关系的背后，就是我所谓的"心灵明觉"，或通过内在智慧、直觉或身体感受到的灵性觉知。

在这本书中，就像在我教学和临床工作中一样，强调的是通过三种关系培养灵性觉知的重要性：超然联系、与他人的关系和与高层自我的关系。在所有这些形式中，有一种类型的觉知是对爱的洞察，即超然之爱。灵性觉知并非抽象的知识，而是直观智慧外加对爱的感受，我称其为"心底了解与熟通"或"心灵明觉"。我从临床上观察到，患有精神病的青少年和成年人缺少心灵的明觉，它被来自外部的声音淹没：这不是真的，你的内心智慧"不科学"。但这样的说法是错误的。科学明确指出，人类天生具有灵性，心灵明觉是我们的灵性觉察。这项结论是通过临床观察得出的，也经过了杨百翰大学（Brigham Young University）司各特·理查兹（Scott Richards）领导的心理研究小组的讨论和证实。也有新兴的科学研究表明，心是神经觉知的生理器官，尤其与直觉相关。

在过去的十年间，越来越多的心理治疗都采取了唤醒心灵觉知或灵性觉知的方法，如祈祷、沉思、想象、瑜伽或冥想，美国心理学会的官方学术杂志称其为"灵性的临床实践"，这种形式也得到了美国心理学会等专业出版机构推出的大量书籍的认可。迄今为止已经进行了 38 项临床实验，将灵性治疗方法与缺少灵性元素的心理治疗方式直接加以对比。蒂姆·史密斯（Tim Smith）及其同事在《临床研究》（Psychotherapy Research）上发表的一项元分析指出，灵性治疗在缓解抑郁和焦虑方面有效性比普通方法高出 20%，更大的好处是，能够给患者带来 3 倍（300%）的灵性增益（假如病人对灵性疗法感兴趣的话。）

在临床研究之外的现实世界，灵性可被用于有针对性的心理治疗。希望进行灵性治疗的病人通常会得到巨大的益处，尤其在克服症状与促进灵性觉醒方面。灵性的增长会催生健康的心态，伴以灵性的积极保护，如坚定、乐观、勇敢，以及宽容、亲密和忠诚等积极的人际观念。

主流心理治疗理论认为，超然经历带来的清明、智慧与指引能够改变病人的思维，对现实产生全新的看法，用新视角看待曾经令其困扰的问题。例如从高层自我或超然联系的指引出发，获得机会、见解、意义和目的，甚至深刻的新定位。

这种成长利用了超然的全部3种形式。首先是直接的超然联系，无论是与高层力量、宇宙、圣灵的互动，还是天人合一。其次是人与人之间的精神关系，如范伦特提出的基于无条件的爱、宽容、快乐、同情。第三是从高层自我的视角，我称其为"观测之眼"（observing eye）出发，获得更深刻的见解、智慧、谦卑，或平和感和幽默感。

这3种经典的超然形式与信仰传统遥相呼应：敬畏至高无上的高层力量、尊重他人的灵性、由高层自我重新审视世界。在许多土著与东方传统中，"他者"指代一切众生。我们已经从科学的角度探讨了前两种超然形式，下面我将重点讨论"高层自我"。而不同的信仰传统、文化和临床科学观念会赋予"高层自我"不同的名字。

沉思，最常见的是全息冥想，科学对它研究的焦点放在内心的觉知状态，视之为一种将思维与体验结合起来的形式。认知和临床科学将其描述为思想的"去中心化"，或一度受情感左右的思维的"客观化"。另一种将其概念化的方法是，想象我们站在高于自我的角度看待现状和我们自己，向下和向内窥视，这种仿佛站在山顶的视角即是高层自我的觉知，或"观测之眼"。

运用MRI技术研究积极冥想状态中的人，我们看到了中区前额皮层的活动情况，它是连接及调节大脑边缘系统等脑区的中枢，可以调节杏仁核以缓解我们的各种情绪，当我们冥想时，会感到平和与安定。中区前额皮层是个宏大的调节器，负责镇定与协调大脑。在精神病学家丹尼尔·西格尔（Daniel Siegel）的著作《第七感》（Mindsight）中，他鼓励读者培养心灵的"镜头"，运用意识独立地观看内在的自我，再反观外部世界。西格尔所谓的"第七感"（我在本书中称其为"观测之眼"的 GPS 定位）是一种开放的、客观的视角，供我们选择与使用。西格尔认为，"心灵塑造头脑，头脑塑造心灵。"

神经科学带来的错觉是：既非前额皮层的调节作用，也非大脑的协调性能够解释"观测之眼"、高层自我或能知（knower）是如何激活整套认知的。神经科学方面的研究尚不能确定神经与大脑高级理解的关联。我们无法仅凭 MRI 扫描就断定这种互联互通的形式被用于高层自我的觉知。虽然 MRI 无法解答这些问题，但针对内观冥想的研究证明，其临床效果很好，它可以培养注意力，减少压力和痛苦。我们可以透过高层自我的角度看到生命中积极的一面：高层自我充满了清明、洞察力、智慧和能知。

科学发展日新月异。如今，科学、医学与技术的进步允许我们以前所未有的视角窥视大脑与身体的奥秘，我们正处于知识的边缘，在超然与大脑的未知之地探查。目前尚未有研究小组发现有神经与高层自我联系。从神经科学的研究结果来看，在超然状态下，平时相对忙碌的脑区会"安静下来"或"让路"给那些由高层自我指派下来的任务。我们也似乎发现了与灵性感知有关的脑区。

目前，我的实验室正与耶鲁大学医学院以马克·波坦（Marc Potenza）为首的 MRI 小组合作，进行 fMRI 研究，去比较超然状态与应激状态下大脑的活动情况。迄今为止，我们的 MRI 结果都显示，在应激状态下，与渴望有关的脑区（岛叶和纹状体）会比较活跃。几个世纪以来，各种宗教都有"渴望和迷恋是潜在的痛苦"的说法，这种内在的渴望状态意味着我们感到不满足，无论我们获得多少金钱、酒精、药物、成功或认可，我们都会陷入其中难以自拔。在我们的fMRI研究中，当被测者从应激状态转入超然状态时，关于渴望的脑区中的血流停止，从神经学上来讲，这是一种"获得自由"的状态。与此同时，与灵性相关的脑区（枕叶和顶叶）中的血流增加，这对于心灵明觉是极为关键的。

然而，目前的社会却普遍否认明觉的存在，对它的抗拒导致个体遭受巨大痛苦而无法解脱——与世隔绝，或与高层自我隔绝，甚至与超然联系隔绝。正确的疗法是唤醒心灵的明觉，继而修复其他灵性机能，让我们重新成为一个完整的个体。一旦恢复了心灵明觉，患者立刻会有好转。如果能够保护孩子与生俱来的明觉，就会使其在青春期或成年期不受那些无谓痛苦的困扰。

灵性育儿使孩子成为灵性更强、更充盈的个体

所以，这本书要说的是：人是具有精神性的生物。医学与社会科学证明，我们天生就具有体验灵性的生理结构，并通过这种体验，实现最大的疗愈、自我保护与茁壮成长。我们也逐渐明白，某些最普遍的痛苦形式实际上是灵性挣扎或丧失的外在表现，支持孩子的灵性发展，很可能是家长能做的最重要的事情。灵性育儿的确能够获得回报，将孩子培养成灵性强盛、充盈的个体，使其受益终生。父母自然希望知道他们能做什么，后面的章节中，我们将讨论在孩子成长的头十年和第二个十年父母应怎么做，以及如何抓住各种培养孩子灵性的独特机会。

第 3 章

灵性的传递

作为父母,我们在灵性育儿的神圣之旅中扮演了重要的角色,但这并不意味着我们的任务有多复杂。你可以在无须考虑太多、不必在意自己有多重要的情况下轻松进行灵性育儿。也许你经常带孩子去公园散步,或者只是和他们一起赞叹大自然的神奇——天空、花朵或在泥土中辛勤劳作的蚂蚁。也许你经常请孩子帮助你把食物或衣服分发给无家可归的人,或者鼓励他与学校里新来的孩子做朋友,和他人分享最后一块蛋糕,又或者寻找机会帮助他人。也许你已经给孩子讲述了家族的历史,让他记住曾经的长辈。也许你的孩子在犯错误的时候,你帮他从中吸取教训。也许你会去教堂或寺庙,或者把孩子送进主日学校。也许你会饭前祷告,或者在睡觉前与孩子一起祈祷,平和地结束一天的生活。或许,你会说"我爱你",让孩子知道你的爱是永恒和无条件的。

你可能想过,做到这些可以让你成为一个充满爱心的父母,教会孩子如何成为富有同情心的好人,你的想法固然没错,然而,研究也告诉我们,父母还能对子女产生更深远的影响。研究显示,父母往往是最早引导孩子与上帝或普世精神建立关系、经历超然的人,灵性大脑是天生用来进行超然联结的,而父母是该过程中不可或缺的助力。我们也发现,儿童的超然机能(灵性联结的生理能力)会自然地将父母视为实现超然联系的伙伴,父母或其中任何一方,都可以凭着爱心成为儿童的灵性导师。儿童生性具有充满活力、明朗健康的灵性特质,他们天生依赖"最亮的光"。通过我们所谓的"选择性灵性社会化"的进程,他们会在其他家庭成员身上找到这种光亮,例如父母、继父母、祖父母、姑妈或舅舅等。

很多时候,祖父母会成为孩子的特殊精神伴侣,即便孩子的父母都健在,并能够给孩子提供灵性支持。在我们繁忙的生活中,往往是祖父母耐心地倾听孩子的问题,关心孩子的感受,与他们深入长谈。实际上,正是大约20年前,一个闷热的早晨,在曼哈顿的地铁上的一对祖孙让我得到了苦思冥想的答案,对儿童"获得灵性"以及灵性育儿的潜力有了突破性的理解。

苦难是怎样传递给儿童的?

1997年之前,尚未有确认天生灵性存在及其对年轻人的益处的科学数据,那时,我恰好在哥伦比亚大学开始了国家精神卫生研究所(National Institute of Mental Health)博士后的研究。科学已经充分证实灵性在成年期的积极意义。从近十年的研究中,我们知道,成年期的灵性可以减少人生的痛苦、抑郁和物质滥用的概率，提高身体伤害的恢复率，甚至延长寿命。尽管针对成人的研究得出了充满希望的结论，但很少有科学调查证明儿童也能像成人一样从灵性中获益，甚至根本没有研究去探讨儿童健康与发展与灵性之间的关系。

在我看来，研究灵性带给儿童的疗愈力量，首先应研究痛苦本身。抑郁是医学中最常见的精神痛苦，足以破坏身心。当时，有些针对抑郁的重要研究是在哥伦比亚大学进行的，研究小组的领头人是著名精神病学家米尔娜·韦斯曼（Myrna Weissman）。于是，我参考了她当时关于抑郁症的三代研究数据寻找答案。

自20世纪70年代末开始，韦斯曼调查了一组严重抑郁的妇女及其子女和孙子女——从他们的童年开始，一直跟踪到青春期。在这些具有高度抑郁风险（就基因和家庭环境而言）的家庭中，韦斯曼及其团队考察了生活方式、人际关系、社会经济因素以及一系列随着时间推移影响健康或带来痛苦的因素。

韦斯曼的核心发现是：患有重性抑郁障碍并反复发作的母亲，其子女患抑郁症的风险也很高，当他们进入青春期，患病率是同龄人的2—3倍。数据显示，抑郁症具有生物遗传敏感性，但是科学也表明，虽然个体生在易患抑郁症的环境，但遗传因素并非不可改变。

韦斯曼等人对抑郁症的大量研究表明，童年时形成生活习惯，特别是处理各种关系的习惯是获得疗愈力量的关键因素之一。这些习惯是思想与关系的日常模式，随年龄增长逐渐定型，它们通常来自父母，潜伏在孩子脑中，长大后会慢慢表现出来。当我们小的时候，父母会不会镇定地处理失误或失败，甚至将其视为机遇？或者他们会不会小题大做，吹毛求疵地批评孩子？家庭会不会庆祝每个成员的成就——彼此认可和欣赏，还是家人之间互相批判？爱与亲情是无条件的吗？还是说，孩子需要满足父母期望才能获得关注？有些日常习惯已经成为家庭文化的一部分，结果孩子像海绵一样将其完全吸收，在通往成年的路上，他们要么发现这些习惯帮助自己成长，要么让自己陷入抑郁。

即便母亲患抑郁症的儿童患抑郁症的概率是正常人的 2—3 倍，但他们患病的严重程度以及发作次数却并不一定高于其他抑郁症患者。在第一次经历抑郁之后——通常是青春期早期，我们完全可以利用与生俱来的灵性对情绪加以控制。我们处理情绪低落的方式也可能由家庭的情况决定，如童年时代从家人那里得到的支持与快乐。韦斯曼所研究的抑郁妇女及其子孙让我们了解到，母亲可以让孩子少受痛苦，拥有更强大的自我疗愈能力，哪怕是在高抑郁风险的家庭中，母亲也能做到这一点。

然而我认为，该领域的纵向研究缺失了一个重要的维度，抑郁症尽管可能代际传递，但抑郁概率并非不能降低，而且受生活习惯的影响很大。

我生长在密苏里州，经常与朋友们坐在汽车和厨房里交流家庭生活的故事，进入成年后，我们会谈论人生的酸甜苦辣，包括痛苦与失望。我的一个朋友的母亲听到丈夫在经济萧条时失去了工作，就说："上帝总有办法成就事情。以前，斯坦几乎每个星期都要出差，现在我们应该利用这个机会，让全家人走得更近。"我记得我们的社区曾经悼念我的一位死于车祸的同学和一位穿越公路时丧生的曲棍球队员，大家认为这些灾难是青春期的浮躁导致的，也将其视为个体的灵性事故。我目睹过一些家长中年危机，他们质疑自己人生的目的，为了抗击抑郁和焦虑，他们做出了正确的行动：给无家可归者提供食物、筹资办学、帮助有需要的人。这些低调的善举照亮了他们的灵性道路，帮他们跨越人生的挑战。

养育我成长的密苏里州的亲人们拥有坚定的灵性，虽然当时人们不会在学术讲堂中讨论灵性，但我知道人人都拥有灵性。我坚信，灵性具有强大的治愈能力，是力量的源泉，正是它支持着我的父母和家庭、朋友们的家庭，以及我们联系紧密的社区。

多年以后，作为哥伦比亚大学的研究者，我日复一日地翻阅医学文献，寻找灵性与家族抑郁症的研究，虽然过去的心理学界认为灵性是无稽之谈，现实似乎不可想象，但我的信念从未动摇：从来没有人研究过灵性与抑郁症的问题，我越来越肯定，需要运用科学确定灵性治疗家族性抑郁症的潜力。遗传因素毕竟只是抑郁的概率，而不是抑郁的条件。家庭的社会化习惯拉高了患抑郁症的概率，那么，灵性是否能够影响家庭的社会化习惯呢？

韦斯曼的研究数据记载了一群勇敢的妇女 20 年来抗击抑郁症的情况，研究也伴随他们的后代长大。在这些数据中，灵性是否能够指明摆脱抑郁症代际遗传的出路呢？是否能通过灵性来研究人的心理疗愈能力和精神潜力呢？我的第一个问题是：患抑郁症母亲的子女如果做一些与灵性相关的事情，会不会较少受到抑郁的影响？答案是非常轻微的肯定。但我感觉真相不止如此，数据中还有更深刻的东西需要挖掘。一天早晨，我在一个最没有可能的地方，纽约市的地铁上找到了答案。

是什么因素减少了抑郁的代际传递？

每一天，与成千上万的纽约人一样，我都会来到地下交通系统的轰鸣之中，乘地铁前往百老汇，我的办公室哥伦比亚大学临床心理学系就在这里。地铁是城市的动脉，车厢里可以观察到人生百态，包括各种富于心理学意义的行为。自然，我的研究课题面对抑郁风险的时候，为什么有的人不会得抑郁症？从没远离我的脑海，并且最终我从地铁的乘客身上得到了解答。不论种族、民族或物质财富的多寡，有的人身上就是闪耀着温暖和善良的光辉，眼神明亮，容光焕发，而另一些人则明显垂头丧气，心事重重。我觉得，这种光辉是灵性"亮灯"的标志。

每天坐上地铁，我都会反复考虑那些几十年来的研究数据，它们像巨大的拼图一样堆在我的办公室，而每天我也总会看到一些容光焕发，闪耀灵性光亮的乘客。一个闷热的八月的早晨，星期日，我打算到实验室待几个小时。我来到第86街地铁站台，加入了工作狂、周末度假的人和做礼拜的教友组成的候车人群。当列车停下来，车门滑开，门口立刻挤满了人。然而当我走到里面，却发现车厢后半部几乎是空的，接着我看到了原因：一个脏兮兮、披头散发的男子正在车厢的另一头大喊大叫，他膝盖上放着个快餐袋，已经打开了，袋子在腿上摇摇欲坠，他的双手和下巴油乎乎的，手中拿着一块鸡肉，每个乘客上车，他都要对着人家挥动一下，叫道："嘿！你想和我坐一起吗？你想吃点我的午餐吗？"大家都假装没看见他，尽量站到远的地方，和别人挤在一起，结果搞得很闷热，一点都不舒服。我穿过人群，走到那个人对面的一个座位坐了下来。

尴尬的场面持续了好几站路，直到车门在第125街站打开为止。两个引人注目的乘客上了车：一位优雅的老妇人和一个大约8岁的小女孩。她们似乎是祖母和孙女，都穿着清新整洁的彩色裙子，祖母的裙子是绿色的，女孩的裙子是粉色的。她们都戴着有花边装饰的手套，祖母戴着筒状女帽，帽檐下有一小截面纱，两人上了车，昂首挺胸，仪态端庄，看上去是如此的优雅，在拥挤的环境中尤其显眼。

乘客们主动为她们让路，大家都觉得，那个疯子肯定也会问她们吃不吃鸡肉，果然，那个人一看到两人走进来，就咆哮道："嘿！你们想和我一起坐吗？"

祖孙俩没有迟疑，只是看着对方，互相点了点头，然后正视着那个男人，毫不犹豫地走过去坐到他旁边。"谢谢你！"她们异口同声地对他说。男人惊呆了，其他乘客也惊呆了。每个人都瞪大了眼睛，惊讶地看着仪态雍容的祖孙俩。

那个男子又举起手中的鸡肉，向两人大叫道："想吃吗？"祖母和孙女再次直视着他，礼貌地一起回答："不，谢谢你。"然后又互相点了点头。男人似乎不敢相信竟然有人拒绝他，就又问了一遍，这一次声音更大，但不知何故，语气自制多了，没有咆哮："你们想吃点我的午餐吗？"祖孙俩再次心照不宣地互相点头，和蔼地回答："不，谢谢你。"这样的问答持续了几个回合，最后那个男人冷静下来，安静地坐在明亮的橙色塑料座椅上。

又过了几站，祖孙俩到站下车，我意识到，她们用自己的方式回答了我百思不得其解的问题。面对抑郁风险的时候，为什么有的人不会得抑郁症？我所看到的答案是：点头。点头这个动作就是我的拼图中缺失的关键，它比个体的灵性还要伟大，因为它代表的是人与人之间共享、共通的灵性。

那对祖孙的点头动作包含着强大的治愈能量，其说服力远超我接触过的任何心理学理论。祖母显然灵性较强，而且把她的灵性敏锐感传递给了孙女。点头这个动作是女孩与她所爱的长辈的灵性信号，代表爱的关系中的指引、价值观和教导。我仿佛看到她们在传递一支神圣的火炬，即代际灵性联结，它的火焰在几代人乃至全人类中间流传下去。这正是灵性的核心：点头即是认可，是彼此对某个普通时刻达成的共识，哪怕这件事发生在地铁车厢，这个动作也是神圣的。我几乎能听到这样的声音：这些事你们既作在我这弟兄中一个最小的身上，就是作在我身上了（圣经马太福音25：40）。和你们同居的外人，你们要看他如本地人一样，并要爱他如己，因为你们在埃及地也作过寄居的（圣经利未记19：34）。这些祖辈相传，重复了许多个世纪的话语在我耳边洪亮地响起。

20分钟后，我来到实验室，在研究数据中记录了点头这个动作的灵性功效：亲子间共享的灵性教导。现在我的问题是：如果患抑郁症的母亲和她的孩子共享灵性，能不能抵消抑郁症代际传递？我查找了那些母亲和青少年子女报告称有着相同的宗教，彼此联结的资料，而无论他们信仰什么宗教，也查找了那些虽然没有宗教信仰，但声称感受到个人灵性的母子。我用统计学的方法分析了灵性互通：灵性传递或宗教敏感度在母亲和青少年子女之间的代际协调。

我发现了几个惊人的结果，这些发现是我开始研究以来最为震撼的，而且具有强大的统计学意义的，远超之前的任何科学文献。如果母亲和子女信仰同种宗教，则会产生显著的积极效果——这种灵性共通对家族抑郁风险起到80%的抵御作用。我一遍又一遍地重新分析，经统计得出，如果单是母亲或孩子倾向灵性，则对抑郁症的抵御力不大，但如果双方的灵性互通，特别是在孩子的性格形成期实现亲子灵性互通的话,其抵御效果会将抑郁症的发病率降低80%。

灵性互通的力量远超家族中所有抑郁风险的合力,包括遗传与社会适应。从力度与规模的角度看,与医药或社会科学的疗法相比,灵性互通在抑郁症母亲的子女身上有3—7倍的疗愈力,其抵御抑郁的能力是社会阶层与教育水平较高人群的4倍,是家庭功能与父母教养方式较好的人群的2倍。无论生理、人际关系、教育背景、社会经济状况或药物,都无法与灵性互通抵御抑郁症的效果相比,它能从根本上降低抑郁症的风险。

我们将在后文得知,这种灵性互通一般来自有精神活动的父母,但也可能来自祖父母(正如我在地铁一号线上所见),或其他家人、青年团体领袖和与儿童有任何稳定的、以爱心为基础的精神联结的人。

养育与灵性的共同作用

由此可见,灵性的数据清晰,科学证据确凿。我们研究了60位母亲及其151位子女,并于1997年10月在《美国儿童与青少年精神病学期刊》上发表了题为《宗教性与抑郁症:抑郁症母亲及其子女的十年跟踪研究》(*Religiosity and Depression: Ten-year Follow-Up of Depressed Mothers and Offspring*)的论文。随后的研究也证实并拓宽了我们的结论:灵性从长远来看对青少年最有利,不仅能在母亲或子女身上单独发现灵性,亲子间也有灵性互通:即亲子或祖孙间的灵性传递。从科学上讲,我们现在称其为灵性与育儿的"联合作用",或灵性的"代际传递"。

我们的实验室最近重复了这项研究，作为科学家，我们应该有耐心，而且距离上述研究已经又过了 10 年。我回到了当初开始研究时所在的医学院，再次与米尔娜·韦斯曼合作，这次我带上了自己的博士生莫莉·雅各布（Molly Jacobs），我们这次的重点是考察研究样本的第三代，即她们的孙辈，结果再次验证联合作用真实存在，而且极其重要。我们还研究了那些已经当了母亲的女儿，她们正在养育自己的孩子。数据表明，如果新一代的母亲及其子女之间有灵性交流，那么在孙辈身上的保护作用比上一代强：抵御可达到 90%。看到这个数据，我想起了 15 年前地铁上的那个穿粉色衣服的小女孩，她现在大概也做了母亲，如果是这样，我觉得她的孩子一定成长得很好。

育儿与灵性的联合作用，是临床医学迄今为止发现的抵御抑郁的最深层的因素，1997 年的研究开创了探究与发现的新领域。我们将在后文中更全面地探索，现在不妨简略地总结一下各种文献提出的见解：

- 父母、祖父母或其他有灵性、有爱心的成年人都能够将灵性与信仰传递给儿童。这是通过儿童对长辈之爱与超然之爱（有人称其为上帝之爱）的感觉完成的，两种爱合为一体，进入孩子的意识。
- 灵性互通（例如"点头"）或灵性的代际传递是通过活动实现的，如祷告、宗教仪式等，这是对灵性持续的、共享的认知。儿童见到了父母的灵性体验，就会跟随，同时沉浸在父母的爱之中。
- 活出灵性与道德价值的父母能够指引孩子，实现灵性及其价值的代际传递，这是付诸行动的灵性，带着关心、尊重、道德、勇气与同情，如地铁上的祖孙所表现的。

- 灵性互通或代际传递的要素往往蕴含在宗教中，通过家庭祷告、公益服务或共度节日等宗教活动表现出来。灵性互通能够并真实存在于宗教之外，条件是父母活出灵性价值或在生活中实践。
- 灵性互通的价值体现在：(1) 清晰明确的；(2) 由长辈与孩子共同实现；(3) 由亲子间的爱维系。
- 在保护儿童方面，灵性的代际传递对酒精、抑郁等风险最具抵御性。
- 灵性互通或灵性的代际传递经过了跨文化研究的检验，是一种普遍的现象，也在亚洲和中东的宗教传统和各种信仰传统（如印度教、伊斯兰教、犹太教和基督教）中得以验证。

所有这些的共通点是，孩子应该在日常互动中感受到来自父母的无条件的爱和灵性价值观，这意味着家长应示范或认可超然联系，能够提供生活中"做正确的事"的灵性的路线图。灵性的代际传递之所以有效，是因为孩子从亲子关系中获得了灵性体验与指导。透过亲子关系的无条件的爱，儿童的内在天生的灵性最终转化为伴随终身的强大力量。

为什么儿童会认为上帝的外貌与父母的相似？

综合参考所有研究、文献和我自己作为治疗师与母亲的经验，我认为，父母应该成为传递灵性的大使，让孩子经历超然，使其灵性协调。父母对孩子要有无条件的爱，这种爱与超然的普世之爱极为相似，甚至是一致的，从而让孩子建立充满爱的、指引性的宇宙观。

每段亲子关系都是独特的，具有灵性影响。20世纪七八十年代后期，心理分析家安娜—玛丽亚·里祖托（Ana-Maria Rizzuto）在她儿童研究著作《永生之神的诞生：精神分析研究》（*The Birth of the Living God: A Psychoanalytic Study*）中敏锐地指出了这一点。她发现，谈论和画出上帝形象的儿童，其语言和绘画都受到其父母或重要成年亲属的影响。

最近，在跨越20年的一系列研究中，威廉与玛丽学院的佩尔·格兰克维斯特（Pehr Granqvist）和李·科克帕特里克（Lee Kirkpatrick）等心理学家探讨了父母对子女与超自然力量的关系（孩子与上帝或宇宙之神的关系）的塑造，发现儿童会认为上帝具有与他们父母相似的特点或外貌。在孩子心目中，父母之爱与上帝之爱是一样的。在其研究中，格兰克维斯特和科克帕特里克询问了各种年龄的人（儿童、青少年和成人），请他们描述自己童年时接受父母教导的经历，有的参与者表示父母对他们的爱是无条件的，非常温暖；有的则说父母对他们既严格又不可靠，喜欢惩罚，十分苛刻。

研究者又请他们描述自己对高层力量的感觉，以及在遇到困难的时候他们与高层力量的超自然力量的关系和联结的方法，包括时间与方式。

二者之间的联系是明确而显著的：父母无条件的爱孩子，孩子心目中的上帝就是始终陪伴他、接受他的慈爱形象。个体与高层力量的日常关系,尤其是他们理解、克服与化解痛苦的方式,受到其与父母关系的强烈影响。

父母的无条件的爱,让孩子感受到世上存在一个"我能在困难时期求助"的高层力量,"他始终支持我",给予孩子方向与指导。从青少年到成年这段时期的研究表明,超然联系不仅是个体遭遇损失、死亡、离婚或关系危机时的向导,也是日常生活中互动的对象。

反之,如果一位母亲的情绪反复无常,对孩子的爱不是恒定的,而是有附加条件的,或不稳定的;抑或是父亲过于苛刻,情绪不可预测,喜欢惩罚孩子,就会让子女觉得高层力量是负面的、苛刻的、爱惩罚的。这些来自父母的强大的负面经验是孩子痛苦的深层次根源,使其认为高层力量即是惩罚性的力量,而痛苦则是对自己错误行为的惩罚。

格兰克维斯特和科克帕特里克认为,父母与高层力量之所以有关联,是因为儿童对父母与上帝有着等同的认知。在孩子眼中,父母是上帝的替身,我称其为"同一性"。心理学家指出,根据其发展过程,来自父母的社会—情感联结,包括依恋功能、存在感和安全感,同时也影响着孩子与高层力量的关系。这种涟漪效应以及父母与上帝的同一性会对孩子产生深远的影响。

- 孩子是否每天都有新的面貌,充满各种爱与善良?
- 我们是否为孩子的发现、想法或新关系而喜悦?
- 孩子说"对不起"的时候,我们会否原谅他们?
- 当我们想催促孩子时,会不会告诫自己要耐心?
- 在海滩上愉快的一天、生日聚会或在大自然中游玩之后,我们是否会表达由衷的感谢?
- 我们会不会把逆境和挑战视为机遇,从中学习与成长?
- 我们会不会在面对他人的八卦时表现出尊重与克制,只对孩子谈论他人的善良、优点和长处?
- 我们会告诉孩子与其他生物建立良好关系的重要性吗?

我们的言语和行为塑造了孩子与高层力量的关系,在最基本的意义上,它能训练孩子感知灵性存在的能力,当孩子坐在母亲身边,在宗教仪式上祷告时,他感受到来自母亲的爱将通过祷告本身延伸到他对高层力量的爱。

走在公园里,如果我们明确地说:"鸭妈妈爱他的宝宝,就像我爱你一样。"孩子会感受到其他生物也有亲情,认识到它们也是宝宝和母亲,从而明白我们生活在一个充满爱的宇宙中,爱到处都有,是大自然的普遍属性。

灵性如何补偿缺失了的父母之爱?

亲子联结与超然联系是交织的,但家长与高层力量的同一性并非唯一的途径。对某些年轻人而言,即便得不到父母的爱,或其生活不存在慈爱的角色,他也有机会通过与上帝或天地万物建立直接的关系来填补情感空白。

格兰克维斯特和科克帕特里克还发现,在相对少见的情况下,如父母一方去世或患有严重的精神疾病、对孩子充满敌意等,孩子可能直接转向高层力量,以满足缺失的父母之爱。研究者将这种实现超然的方式称为"补偿"。孩子可以用超然之爱填补父母之爱的空缺,当没有人能够提供恒定的关爱时,他会从与高层力量中获取坚如磐石的安全感和保障。

超然补偿往往通过某个特殊的宗教或精神人物实现,如基督教中的圣母玛利亚、耶稣基督,或其他宗教里的上帝或天父,或终极造物主。这种灵性联结出现在多种跨文化信仰传统中,甚至出现在宗教之外的领域。两名意大利研究人员,安托万·维尔戈特(Antoine Vergote)和阿尔瓦罗·塔马约(Alvaro Tamayo)都曾对跨文化与信仰传统中的宗教形象有所记述。很多时候,人们会把高层力量视为慈爱的母亲与带来安全感的严父(并非独裁)的结合体。

有时候,超然联系的陪伴与指导可以抵消缺少父母之爱的负面影响,我们对600多名青少年进行了调查,他们的父母都比较苛刻,称不上慈爱,所以这些孩子经常追求超然的补偿,超然联系能够补偿60%—70%的父母带来的负面影响。其他针对拥有恶劣父母的青少年的研究表明,超然联系使研究对象的抑郁概率降低了40%—70%。

超然联系与亲子关系的交织突出了灵性存在(高层力量的存在),包括依恋以及亲人间亲密的爱。父母不仅能够通过育儿为孩子创造超然联系,也能起到塑造和培养的作用。灵性指引或许就蕴含在育儿和亲子精神互通的过程中,从而有助于培养超然联系(甚至在大脑水平上培养)。

在灵性指引的传递中,灵性育儿的作用以及精神互通让人回想起哈佛大学精神病学家乔治·范伦特的工作,他认为超然首先指的是关系——主要存在于人类的关系中,尤其是亲子关系,是人类终极之爱。范伦特专注于母亲与孩子的联结,特别是荷尔蒙

（如催产素）的影响以及神经生理学意义的联结，包括前脑岛的镜像神经元、前部扣带皮层（大脑皮质深处的部分）和其他专门的神经细胞，他认为它们是高级情绪（如怜悯与共情）的发展基石。对范伦特而言，亲子间的依恋能够培养人类与生俱来的共情能力，而这是灵性的核心来源。他认为，恻隐之心"预示着达到超然"。

值得注意的是，负责怜悯和共情的脑区在生理上是相似的，包括镜像神经元及其他特殊神经细胞，人们在海豚和鲸鱼脑中发现，它们的这些神经细胞甚至比人类的还多（我们都听说过海豚的奇妙故事，如照顾人类或拯救人类生命等）。在其他灵长类动物大脑中也发现了掌管共情的脑区，如猩猩、类人猿、牛、羊和狗。所有这些神经解剖学的相似之处进一步表明，同理心不仅人类才有，跨物种的亲子之爱背后存在深层次的灵性原因。当我们告诉孩子动物妈妈和宝宝之间的爱时，它不只是一个甜美的隐喻，而是证据确凿的动物情感。

灵性互通：在日常生活中传递灵性的火炬

正如我们所知，每个人都具有天生的灵性，即自然的超然感。儿童天生就能通过日常生活感受超然，例如对人和动物的愉悦的爱、感觉生活闪闪发光、奇妙无比等等，这些都从灵性上给孩子注入了生命的活力。

然而，孩子一般是通过父母（或类似的角色）的指引与鼓励感知灵性注入的。通过灵性互通，灵性育儿整合了天生的灵性和日常生活中的灵性实践，这种天生的灵性的整合意味着孩子通过父母的支持和指导学会如何主动获得超然联系。

无论是通过祈祷、冥想、自然获得或顿悟，父母都是在日常生活中为孩子开启体验灵性的大门。父母是展示灵性的使者，我们可以按照自己喜欢的方式教给孩子表达灵性的语言：

◇ "我不知道所有答案，但我知道，有一个伟大的力量始终爱着这个世界，爱着我们，它不是我们发明出来的，我们和这个更高的存在是好伙伴，我们活在世界上是为了更高的目标。"
◇ "当我冥想时，我能感觉到心灵敞开，爱流动在我们周围，包围着我们的家。你想加入我吗？"
◇ "我们的远足非常特别。站在山顶上，我看到的世界很美好，充满了平和与丰沛。"
◇ "我感受到了造物主的大爱，神的爱就在我们的家里！"

这种整合还包括对自己身份的灵性认识。那个在地铁上吼叫的男人是个疯子，还是世上的灵魂？学校里那个笨拙的孩子是个笑话、失败者，还是世上的灵魂？那副躯壳里面有什么？是否被身体或精神上的挑战所困？我们是谁？别人是谁？如何对待别人？这些都与天生的灵性息息相关，属于灵性互通的内容，需要家长启发和指导孩子。亲子的灵性互通是我们对世界的内在超然传给孩子的过程，一旦实现互通，你与孩子的灵性联结就始终存在。我们在后文可知，这对孩子第二个十年的灵性发展至关重要。

灵性互通发出稳定而一致的信息是：超然存在于我们本身，通过我们实现，就在我们身边。灵性互通让我们明白如何在精神的感应下活在灵性中，促使我们坐在地铁上的那个男人身边，像对待一个灵魂那样对待他。关于灵性互通，我给孩子们的解释是，它是父母之爱与高层力量之爱的混合。我的一个研究生对我说："我奶奶非常爱我，她教导我，所以上帝和我奶奶已经融为一体。"

灵性社会化：转向外界的灵性联系

20年前的那个周日，见到了地铁上那对高尚的祖孙，我认识到灵性互通的力量——灵性火炬从老一辈传递给新一辈。但在更广泛的意义上说，灵性的传递效应告诉我们，儿童天生就具有分享灵性的能力，他们会找到能够与自己灵性互通的家长，通过爱获得灵性指引。

青少年一般对世界抱有开放态度，有更多机会与周遭灵性强大的人接触；儿童则只能就近寻找，所以，我们需要向他们提供灵性帮助，如通过宗教团体或亲自上阵，将我们自己的信仰介绍给他们，无论你有怎样的信仰。如果我们能够坚持扮演沉稳、慈爱、值得信赖的灵性角色，孩子的内在灵性会被唤醒，从而获得美好的精神体验。我见到一些来自父母吸毒或父母角色缺失家庭的青少年乃至二十几岁的年轻人，他们一旦得到机会，就能马上与青年牧师（或志愿者）等向他们传播明确灵性信息的人建立灵性联系。

一个参加教会青年团契的13岁女孩告诉我："这是我的家！就是这里！我母亲吸毒，所以我找到了胡安牧师，开始来这里活动，后来我把我弟弟也带来了，我们一起做礼拜。我们因为上帝而来到这里，这里就是我们的家。"

通过临床研究，以及作为母亲的角色，我经常接触幼儿和青少年，并且和他们谈话。我从一些七八岁的小孩子那里听到过类似的故事：他们要么父母有一方酗酒吸毒，患有慢性抑郁；要么父母无法与他们进行情感交流，他们往往发现自己灵性上的"父母"来自某个大家庭或社群，有的则与大自然建立了深刻的情感联系。

一个拉科塔（Lakota）[①]女人告诉我，父母在她很小的时候就开始吸毒，而祖母是她的灵性导师。在她14岁时，祖母去世。拉科塔人敬畏自然，认为自然中的造物主与自己有亲属关系，她觉得家附近的一棵高大的老橡树非常亲切。她说，当想到祖母，或者需要精神上的抚慰时，"我会爬到树上和它说话。是它把我养大的。"

她通过那棵树找到了灵性的养育者。正如我所提到的，一个有爱心的亲人角色能够积极地帮助孩子完成灵性社会化的选择，即是说，我们倾向于将健康的灵性内化（我们直观地知道什么是真理，什么是好的），然后通过健康的养育者获得灵性益处。14年来，那个拉科塔女人的健康养育者是他祖母，祖母去世后，橡树成了养育者。

我们对4000多名大学生进行的研究证实，拉科塔女人这样的与大自然或高层力量建立的直接联系能够像家长那样在前20年里保护孩子远离危险，帮他们形成正确的人生态度，正视成功和满足感，培养乐观的态度与勇气。

有选择的灵性社会化告诉我们，孩子们会自然而然地寻求一

[①] 美国西部一个美洲原住民民族。——编者注

种健康的精神联结。有些孩子直接与高层力量建立精神联系，与上帝对话或通过大自然感受超自然力量指引。我们研究抑郁与旺盛的生命力时发现，任何形式的灵性互通与灵性注入，无论是在慈爱的家长角色的帮助下经由自然还是上帝的指引，都对青少年及其成年后的发展起到积极的保护作用。

当想到有选择的灵性社会化时，我会想起我的儿子以赛亚，他出生后在孤儿院待了10个月，直到一天早晨，我们把他从圣彼得堡北部的宝贝之家孤儿院接回家，那天他高兴极了，保育员（他们非常爱自己的工作，也很自豪）说："他知道今天是个特别的日子，很早就醒了，而且很兴奋。"这说明以赛亚天生具有灵性，已经在出生后第一年与高层力量建立了神圣的关系——甚至在没有家长帮助的情况下。也许在这段父母缺席的时期他直接与上帝建立了联系。等他来到我们家，灵性互通就变成了家人之间的事，以赛亚与高层力量的联系随之得到加强。有时候睡觉前我会站在他的门口听声音，他在晚上不怎么哭，而是会自言自语，回忆一天中见到的美好事物，比如"蓝色、水、月亮"。16个月大时，他会在夜里敞开前廊的门，仰望星空，呼喊："谢谢你，上帝！"

灵性养育与无条件的爱

许多家长告诉我，他们不具有灵性，或者不觉得自己有灵性，或者灵性不够。但如果我问他们是否爱自己的孩子，他们肯定会充满激情地说："是的。"所以请不要担心，因为纯粹的无私和无条件的爱是最关键的。事实上，强大和健康的父母之爱可以填补很多的灵性发展的需要。无条件的爱即是灵性的养育。

几年前，我的一个研究生助理协助处理过一些关于青少年及其父母灵性互通的数据。奥拉，一个 20 出头的女生告诉我，她的父母是从苏联逃出来的犹太人，后来移民到了加拿大。她的童年是在苏联度过的，父母从未公开提到他们的宗教，私下也很少说。父亲在同事面前极力否认自己的犹太出身，甚至在好朋友和家人面前也是如此。奥拉感觉到她是犹太人，同时也自然产生了"犹太教是危险的，而且应该在家庭内外禁止"的想法。虽然父亲的动机是保护女儿远离可能加到犹太人身上的迫害，但他没有意识到当自己把宗教排除在家庭以外的时候，也一并禁止了女儿对超然体验的追求，在不知不觉中鼓励她将灵性觉醒扼杀在摇篮中。幸好，事实并非如此。

"实际上我非常有灵性，"奥拉急切地向我解释，"为什么呢？因为我的父亲真的真的爱我。我的意思是，他绝对爱我。他的爱给我带来的感觉，和现在上帝的爱给我带来的感觉是相似的。"

奥拉的故事完美地诠释了我对父母之爱与子女灵性之间关系的研究结论。在预测青年人个体灵性程度的时候，有两个因素的作用是等同的：(1) 父母自己的灵性；(2) 无条件的父母之爱与关注。

奥拉这种情况：父亲对宗教和灵性的否认带来的缺失在很大程度上被无条件的爱补偿了，他的爱为奥拉奠定了探索灵性的基础。奥拉的故事与我的研究结论是一致的：当父母向孩子展示他们深深的爱时，也是在支持孩子的灵性发展。

父母在支持子女灵性发展方面有得天独厚的优势，有着启蒙、启发、塑造、时间、环境、语言和灵性社交等多种条件。

作为父母，我们在生物层面担任着灵性使者的角色，带领孩子认识灵性维度，与高层次的力量展开充满爱的、开放性的对话。

你可以做到——只要你以开放的心态爱你的孩子，诚挚地帮助他们发展与生俱来的灵性。孩子是通过父母之爱的官能来经历超然体验的，你无条件的爱是帮他指引灵性发展的明灯，帮他成功地跨出一大步，也许你还会希望帮他继续走下去。

正如我们将在接下来的章节中看到灵性养育有多种形式。在很多时候，你可以抓住机会向子女展现灵性的价值，让家人关注灵性的存在，加深孩子的灵性发展，帮他们迎接生活的挑战和机遇。科学表明，这是让孩子幸福的最有力的保障。

第 4 章

灵魂降临
——孩子养育整个村子

从出生起,婴儿就是自然界最有效的爱的催化剂。"一个孩子需要整个村子来养。"俗话如是说,但在最深刻的意义上,我们可以说:是孩子养了整个村子。婴儿的到来激发了各种善意的力量:父母和家庭辛苦照料,朋友和邻居慷慨道贺,连陌生人都乐于伸出援手——"让我来帮助你们"。

自从那个幼小的灵魂化为肉身,被小小的襁褓包裹开始,新生儿的父母就对大自然的神奇力量充满敬畏。一位新妈妈对我描述:"我感到一种十分明亮的爱,它甚至让你睁不开眼睛。"是孩子带来了这样伟大的爱。

婴儿颠覆了世界,以我们从未想到的方式开启了我们的心灵。爱的关系加深,家庭和解的机会出现,新人来到我们的生活中,我们认识的人与我们以体贴周到的方式重新联结。

孩子的出生,也是父母的重生。一位母亲告诉我:"过去我每天都不想起床，现在我有了他，一切都不一样了，我有了更大的生活目标，人生变得有意义。"20个月大的丹尼尔的父亲罗恩曾经10年都戒不掉酒，饱受家人谴责，现在他已经6年滴酒不沾。他说："看着丹尼尔的眼睛，我会发现里面有与其他人不同的东西，他好像能看到真正的我是什么样的。"祖父母也随着孙辈的到来重获新生，我们和自己父母的关系也掀开新的篇章。

幼儿能从最深层次的地方吸引我们——从心理甚至到神经系统，并重新校准我们彼此的定位以及与生活本身的关系。"爱与欢乐是他们带到这个世界上的礼物，这里面深刻的程度是震撼人心的。"仍能生动地想起儿子和女儿出生时的情景的珍说。现在她的孩子们已经20多岁了。

这就是关于婴儿的普遍真理：他们是珍贵的，无与伦比的礼物，是一缕以我们从未想过的方式照亮我们生活的光源。"他的眼睛，"琳达一边转身直视着4个月大的儿子加布里埃尔的眼睛一边说，"就是婴儿看着你的眼神，特别是你自己的孩子，好像在对你说'你是我的一切'，真是太神奇了。"

那神情，那目光，是与生俱来的、蕴含丰富的爱的，它唤醒我们本能的舐犊之情。尽管夜晚漫长，身体疲惫并且感到挫折，你仍会凭本能去爱；你还本能地知道一个看似无形的道理：你对孩子的爱，无论是现在还是以后，都对孩子具有格外重要的意义和影响力。你们的联结是宝宝第一次与这个充满爱的宇宙建立的关系，你的爱即代表宇宙万物。正如琳达所说，你与孩子的关系成为他所理解的宇宙之爱的模板，这也是你们的第一次灵性互通。

现在科学还无法完全解释爱这种现象，科学的语言甚至无法承载爱的概念，但我们可以和科学家讨论镜像神经元以及大脑的边缘共鸣、大脑处理情感暗示和事物内在状态的专门能力。除了神经学的解释，还可以将婴儿引起的我们的爱的反应理解为灵性，即是说：婴儿唤起我们与生俱来的爱，它植根于本书前几章讨论的灵性机能。婴儿引领我们建立了深刻的情感联结，我们可以（也许是第一次）接触到认知之外的高层力量并进行反思。

这样的爱能开启父母的心灵，让许多家长感到存在某种更伟大的"第三方力量"，并感觉自己和孩子实现了灵性合一。通过婴儿感受到的超然存在，唤醒我们认识高层次的自我（包括其他人的），从而感觉到超然本身。

经常有家长告诉我，直到为人父母时，他们才感觉到自己有灵性。"过去我什么都不信，真的，"曼哈顿的银行家大卫说，"直到我的大孩子出生，我才意识到存在更伟大的事物。"鲍灵格林大学（Bowling Green University）的安妮特·马奥尼（Annette Mahoney）和肯尼斯·帕格门特（Kenneth Pargament）特近十年来都在研究心理学家所称的家庭的"圣洁"（Sanctification），即家庭自然具有的神圣。他们的研究发现，即使不信宗教或只有中轻度灵性感应的人也认为婚姻和妊娠是圣洁的。超过80%的受访者表示，他们认为为人父母的本质是神圣的。

婴儿让我们展现出最好的一面，这一点不需要科学证实。但是我们现在也知道，天生的灵性具有生物学基础，所以，我们可以重新审视，以现有的研究成果看待婴幼儿的灵性认知，从全然的灵性角度观察现实。我们也可以清楚地看到灵性机能是如何塑造和充实亲子关系的，以及为什么灵性养育对孩子的早期发展是如此重要。

灵性背后的"社会—认知"假设

如同任何文化，科学作为一种人类文化，有其与生俱来的偏见，正如我们现在所知，这些偏见在过去一个世纪阻止了研究人员对儿童的灵性发展进行全面的科学考察。今天，新一代的科学实证研究表明，灵性的生物基础确实存在，颠覆了之前人们长期对幼儿精神生活与灵性本能的假设。新科学也给我们提供了重新审视现有数据的方法，这些数据虽具有相关性，但并非与灵性直接有关，我们如今要以全新的眼光考察孩子内在的灵性机能。

例如，心理学家保罗·布卢姆（Paul Bloom）于耶鲁大学的一项历时十多年的系列研究，在他的书《善恶之源》（*Just Babies: The Origins of Good and Evil*）中描述了婴儿的道德发展过程。布卢姆的研究发现，即使在学会说话或走路之前，婴儿也会对他人表现出我们通常认为好的（分享、友好）或不好的（贪婪、不友好）行为。

布卢姆的耶鲁团队考察了婴儿通过分享进行道德评价的能力。研究者们让 5 个月大的婴儿看玩偶剧：有 3 个玩偶，中间的玩偶与另外两个玩球，它把球滚给左右任意一个玩偶，右边的玩偶得到球后把球还给了中间的那个，这是分享行为，而左边的玩偶得到球后将其据为己有。科学家把婴儿们注视每个手偶的时间分别记录下来，观察他们对道德违规的认知情况，然后给他们糖果，让他们按照自己的意愿与玩偶分享。

布卢姆发现，5 个月大的时候，婴儿们不仅能看出不愿意分享的玩偶是不道德的，还能公平地与玩偶们分享糖果——无论玩偶的道德行为是否正确，婴儿给它们的糖果数量没有区别，不会惩罚不道德的玩偶。

虽然布卢姆的研究集中在道德发展，并没有涉及灵性，但我们现在可以做到这一点。通过基于科学的"灵性镜头"，我认为，婴儿不惩罚的立场看上去就是一种基本的无条件的爱与接纳。尽管他们多年后才会发展出复杂的认知能力，但婴儿对手偶的行为并非偶然，当然更与宗教无关，他们的心灵慷慨而健全，没有报复，也不拒绝给予。

布卢姆在《纽约时报》撰文指出，"人类婴儿哭叫，更多是为了响应其他婴儿的哭叫，与自己没什么关系。连婴儿也想减轻别人的痛苦。一旦他们有足够的身体能力，就会通过抚摸和触碰抚慰他人，或者给对方瓶子或玩具表示安慰。"

布卢姆等人的研究表明，婴幼儿有能力感到同情和怜悯，并能采取行动安抚其他不高兴的婴儿，我称之为本能的同情与怜悯。利兹·汤森德（Liz Townsend）曾报道过一个著名的故事：1995年，马萨诸塞州有一对双胞胎布里埃尔和凯里·杰克逊早产了，姐妹俩各自的体重只有两磅左右。一次小布里埃尔呼吸时心率变得不正常，在危急时刻，明智的护士盖尔·卡斯帕连（Gayle Kasparian）掀起保育箱的盖子，把健康的凯里与布里埃尔放到一起，凯里伸出一条胳膊抱住了布里埃尔，这是个"救命的拥抱"，据报道，布里埃尔"一瞬间"恢复了正常的生命体征。

我也想起我的儿子以赛亚，你还记得吧，他出生后在俄罗斯的宝贝之家孤儿院待了10个月。在那里，一群善良的妇女照顾着几十个婴儿，把他们排成一圈，脸对着圆圈中间，那里放着玩具。我们过去时，看见婴儿们有明显的彼此分享的倾向。如果一个婴儿哭了，以赛亚会迅速把手里正在玩的玩具给他。这个分享的动作——手腕迅速往外拧动——似乎成了条件反射，他同时也会抬头看着另一个婴儿的脸，他能自然辨认出痛苦并提供安慰，其他的孩子也能做到。

现在我们有来自多个实验室的证据，证明幼儿的灵性表现是一种天生的"社会—认知"假设或认知倾向，是一种与生俱来的情感反应和推论方式，它们是灵性的来源。即是说，孩子从小就对自我的身份、存在的意义有深刻认知，人类天生具有灵性能力，我们的世界是灵性的世界。数据显示，幼儿的灵性认知有3个明显特征：

1. 宇宙有其意识和智慧

孩子能察觉到众生的力量。对孩子而言，狗是真正意义上的朋友，它也会高兴和难过，还能听懂孩子的话；树希望人们给它浇水，需要拥抱；蚂蚁赶着回家照顾孩子。孩童眼中，万物有灵，宇宙是活的、有智慧和有公义的，他们明白我们可以成为自然的一部分，让世界变得安全而有爱心。

2. 父母像上帝一样无所不知

孩子认为父母是全能知者，他们认为父母知道一切：晚饭吃什么，爸爸在哪里，为什么会下雨，为什么那个男人哭了，为什么车这么慢，老奶奶还是小姑娘的时候吃什么样的早餐？在孩子的心目中，父母不仅知道具体的事情，还认为他们什么都知道，什么都能看见。正如灵性养育与高层力量的同一性那样，孩子通常也认为父母具有神圣的特质。在实证研究中，人们发现，从5岁儿童的反应中表明他们认为父母"知道"应该去哪里找隐藏或丢失的某样东西。大多数家长都遇到过孩子认为父母无所不在、无所不能的情形。

3. 来世或非物质的世界

儿童相信存在来世或非物质的世界，直到后来他们才可能通过社会化放弃了这些看法。实际上，如果家庭或文化不给他们灌输相反的看法，孩子的代际联结与灵性联结就能一直保持不变和不断加深。在我们自己的文化中，我遇到过很多孩子，他们与过世了的亲人或朋友保持着这种亲密的联系，无论他们长大后是否相信来世。遇到困难时，他们会向祖父或祖母祈祷，回到与过世的朋友曾经一起消磨时光的地方感受朋友灵魂的存在，或者坐在宠物的坟前与它谈心。

哈佛大学神经科学家鲁道夫·坦齐（Rudolph Tanzi）和迪帕克·乔布拉（Deepak Chopra）在他们的著作《超级大脑》（*Super Brain*）中令人信服地指出，大脑的自然长期发展轨迹的终极方向是"开悟"，然而这条道路被当代文化打断了，我们的文化把灵性"束之高阁"了。乔布拉和坦齐按照顺序列出了大脑发展"开悟"的步骤：联结、共情、阐明、真理、幸福。从这样的灵性罗盘可以看出，新生儿的大脑状态应是沉浸在幸福中。成人"超级大脑"的核心品质可能更接近幼儿，但多了自我控制，以及有目的的内在认知与反思、教化的选择等，而且成人的集成化大脑是从青少年时期发展而来的。新生儿或幼儿带着强烈的情感色彩抓住了我们的注意力，向我们展示了人类的可能性，也许还会提醒我们回忆起童年时代感知到的非物质世界的存在，让我们看到真正的灵性本质。

幼儿的灵性世界也许达到了最为神圣的层次。此外，宗教传统也帮助我们通过多年的实践、反思和信仰活动去理解灵性：透过现实，窥见超出知觉范围的内在本质，明白意识可以超越身体而存在。与最深刻的冥想状态或灵性存在有关的主要品质包括：爱与慈悲、正念、接纳、天人合一、与自然的内在联系。每个孩子都天生具有这些品质，自出生起就与世界建立了这种神圣的超然联系。婴儿的超然机能完美无缺，完全与高层领域接合，如果成人能够将启示加以概念化，幼儿就能完全开悟。让我们看看孩子的心灵是如何运作，如何展现领悟能力的。

什么是孩子的灵性表现？

让我们从孩子的行为说起，用开放的心态和眼光来了解婴儿到 4 岁的孩子。针对小学生的研究显示，内在的亲社会行为和对他人情绪的敏感性与超然觉知以及超然联系有关，在社会化之前，小孩子似乎天生就拥有这些能力。在针对 479 名 5 岁儿童的研究中，以色列跨学科中心（Interdisciplinary Center in Israel）的研究者阿奈特·舒沙尼（Anat Shoshani）和伊兰尼特·阿维夫（Ilanit Aviv）发现，儿童"超然能力"水平高低取决于灵性、希望、幽默和感恩，而且，超然能力高的孩子，在学校也会取得较好的成绩，甚至能弥补智力或性格的不足。

经验证，这些亲社会特征和情感技能长期保证健康发展。研究还表明，父母和社群可以培养孩子的这些能力，满足健康发展的需要，保证心理健康，使其在学校有更好的表现，提高中学的学业成绩。这些价值观我们肯定希望孩子接受并加以发展。现在的研究表明，如果我们重新审视灵性的核心作用，就会发现这些价值和特质是根基：从这些亲社会价值观的来源和发展线索来看，我们发现，许多孩子的灵性基础自出生起就存在，而是否能帮助孩子发展灵性则取决于家长。

作为父母，我们可以听到孩子的精神诉求，帮助他们接受这部分的自我。他是不是梦到了什么生动的景象或富有情感的东西，并且想与我讨论他的梦？他在某个地方或在陌生人身上是否感到了"共鸣"？他对灵性的想法是否好奇，或者愿意谈论它们？我们不妨耐心观察孩子的精神导向或灵性洞察能力，以便了解他们是怎样的一个灵性存在。切断一个高度灵性的孩子关于精神的表达，好比不许天生爱唱歌的孩子发出声音，或者不许爱跑步的孩子出门。忽略孩子这方面的发展，就是违背我们要做好父母，给孩子好生活的初衷。

如何认识孩子天生的灵性？它的品质和特点是什么？儿童天生的灵性是普遍相似的，不受文化、社会经济、宗教、社区和家庭的影响。根据我的研究，以及多年与孩子打交道的经验，与父母、老师、神职人员和孩子谈话的经历，我认为孩子的灵性品质具有五大共同特点，并称其为"五大核心优势"。每个孩子生来拥有这些灵性资产，当孩子通过灵性感知能力，以及天生灵性价值的实践，在日常生活中自发地体验灵性时，我们就有机会反思自己的措辞和关注点，如同我们关注孩子的其他方面一样，理解孩子想要表达的重点。

我们将在后文看到这些灵性优势在孩子天生的灵性表现中互相交织，在这里我先对其进行概括：

1. 对灵性仪式与祷告的天然热爱；
2. 灵性感知能力，或明觉：直觉、爱、共情、与神一体的感觉；
3. 正确行动与助人、给予、奉献、分享的愿望；
4. 对家庭特殊性的内在感觉；
5. 热爱自然，迷恋生命更迭：出生、成长、下一代。

孩子们喜欢仪式和祈祷

儿童天生能感觉到生活的直接和光明面，他们喜爱以各种途径和形式祈祷，从而与光明的觉知联结。他们唱歌、跳舞、摇摆身体，表达敬意和参与仪式：祈祷和仪式让孩子感到喜悦。

第一次领圣餐，参加苏菲教派（Sufi）咏唱仪式，在犹太教堂诵读《旧约》都会让孩子们激动不已，他们还会以自己的方式祷告，如跳舞和唱歌，与身体进行超然对话。透过自身各种形式的存在（身、心、灵），孩子与超然建立联系。如果我们鼓励他们建立这种天生的超然联系（如在祷告、唱诵或冥想中获得喜悦并与人分享），它就会更加稳固。

孩子天生会分辨神圣时刻，进行有组织的灵性仪式。在操场上发现了死去的松树，他们会给它举行充满尊重的葬礼；冬天捡到冻死的小鸟，他们会把它放进鞋盒，盖上树叶，放到河里。这说明孩子天生感受得到生命更迭的神圣，敬畏生命本身，以及生命离去的过程。儿童对生命的内在的尊重体现在他们的行动中，如各种自创的仪式。祷告是他们对当前经历的反思，并且能指引他们天生的灵性与周边的世界联结与协调。

儿童天生乐于祷告和尊重各种信仰传统，喜欢通过传统宗教的形式与家人共同祈祷。他们会自然而然地加入祷告和宗教修行等精神活动,并且发自内心地迅速与高层力量建立联结。

凯瑟琳讲述了她4岁的儿子丹与家人到加州的一个偏僻的山谷参观佛教寺院的故事:社区成员在寺庙里精心搭建了一座木刻佛像,佛像覆盖着金箔,刷着栗色、绿色和黄色的油漆,约有25英尺[①]高,在1英里[②]外都能看见。大家静静走近佛像的时候,凯瑟琳说:"丹径直走过去,盯着它的脸,注视了近1分钟,然后他转过身,坐在佛像前面的地上,盘着腿,手平放在膝盖上,掌心朝上,昂首挺胸,摆出与大佛完全相同的姿势。大家都沉默了,因为我们看到这个4岁的孩子正在模仿伟大的佛陀的动作。从未有人教过丹这样祈祷,他保持这个姿势1分多钟,"凯瑟琳说,"然后他就跳起来,变回孩子的样子,跑来跑去玩起来。"他就是知道该怎么做。这就是幼儿天生的灵性感知发生作用的过程。

"孩子都会体验到上帝的存在,"休斯敦的苏菲教派家庭和婚姻顾问沙欣·塔瓦科利(Shahine Travakoli)说,"他们不会错过与上帝的联系,他们知道上帝很了解你,会赐予你充盈的力量,这力量非常美丽。"她描述了这么一件事:一个3岁的苏菲教派女孩第一次来参加祈祷仪式,几乎是一瞬间功夫,女孩就学会了波斯语圣歌和祈祷的动作。"上帝很快降临到她身上。她的学习能力把我惊呆了。"塔瓦科利说:"在那些时刻,孩子们不会说'谁是上帝?'或者'上帝在哪?'因为他们毫不怀疑上帝的存在,他们能够感知,所以无须多问或探究。他们感到上帝就在他们里

[①] 25英尺 ≈ 7.625米。1英尺 ≈ 0.305米。——编者注

[②] 1英里 ≈ 1.61千米。——编者注

面,与他们同在。是后来他们的信心才会动摇,变得不确定。"

一个以年轻家庭为主的社区犹太教拉比说,在某次欢乐的安息日妥拉(Torah)仪式上,会众高举神圣经卷的同时,唱起动听的吟诵,欢迎其他人加入。孩子们表现得特别活跃,立刻加入进来,边唱边跳。"我看到他们很开心地唱着,年轻的心灵充满喜悦。"拉比沙乌尔·马歇尔·普拉沃说,"可四年级以后,孩子们就不觉得这样做有意思了。在此之前,他们能够无忧无虑地跳舞唱歌,不限制自己的感觉,仿佛还是花园里天真无邪的婴儿。"

有些在宗教方面并不活跃的父母,童年时却和这些孩子们一样。他们回忆,小时候听到仪式上的音乐就会高兴地跟着唱歌,宗教仪式与活动确实会带给他们喜悦,所以他们希望让自己的孩子也体验这种欢乐。无论宗教本身如何,传统的信仰仪式歌颂了亲情、友情的神圣,通过这些活动,社群也能培养孩子的灵性感觉。感恩节、新年、生日、纪念日庆典或全家人到树林中散步(甚至睡前故事或拥抱、亲吻),只要以爱和赞赏为基础,这些都能加强孩子的灵性联结。

跳进祷告

当你的孩子邀请你一起祷告,请回答:"当然可以!"这是一个非常重要的时刻,具有无与伦比的价值。他渴望与生命的终极来源联结,欣赏并与更高层次的、充满爱意的世界或上帝进行交流——前提条件是你觉得舒服和安心。

- 幼儿本能地知道如何祈祷,但也渴望知道你怎么做。当你感觉他渴望了解祈祷时,询问孩子是否愿意你一起祈祷,这样做他是否觉得舒服。
- 表现出你对他们的体验的兴趣,分享你自己的体验。比如说:"你有什么感觉?"或"你感觉到爱的光明了吗?""如果你感觉好,就说'谢谢!'""我喜欢联结的感觉!"
- 有些祈祷是说话,有些则是唱歌,此外还有行动祈祷,如在社区做志愿者,或收集毛巾捐赠给动物收容所。不妨告诉孩子,这些行为也是神圣的:我们能从心中感受到神圣。即使他们已经知道了,也需要你的肯定。

如何培养孩子的正念?

孩子们知道世界是神圣的。一段著名的安息日祈祷文呼吁我们注意:"日子一天天过去,时间一年年流逝,我们行走在看不见的神迹之中……"祈祷文的最后请求上帝(或神灵等)照亮我们脚前的道路。

婴幼儿的觉知能力与生俱来,敏于觉察生命的存在。尽管许多成年人都在苦练正念修行,学习无条件接纳、身心灵合一、无条件的爱,小孩子们却早已掌握了这些。

一旦你的新生儿睁开他的眼睛,在短短几个星期内,世界就会引起他的注意,与他的目光相接,你会不由自主停下手中的忙碌。婴儿会研究你的车钥匙,张开手掌,钥匙啪的一声掉到地上，这些都逃不过他的观察。他的关注点会不断切换，无拘无束地转移注意力。钥匙掉落后，他就不再关心。如果你捡起钥匙，放在他能够到的地方，他可能会抓过来，又让它掉落——毫无顾虑，完全"活在当下"。等长到三四岁的时候，他们的注意力就固定在我们身上（或其他事物上），以100%的专注要求我们："现在，就是现在，就是现在，妈妈！"

对儿童和青少年的正念训练与冥想研究表明，改进觉知的正念训练能有效地平静情绪、集中注意力和缓解焦虑。正念也是身心灵合一的前提，是灵性觉知提升的门户，它引导人走上灵性的历程。

我的博士生，莎拉·祖格曼（Sarah Zoogman）与我们在威斯康星大学的同事们进行了一项研究，把所有关于青少年正念训练的研究综合起来，总结正念实践的有益影响（这就是所谓的元分析或定量研究）。我们发现，学校与社区进行的正念冥想训练确实能够提升儿童与青少年的觉知与注意力，还能增加亲社会行为，改善其在学校的表现，减轻焦虑或抑郁症状。而在减轻焦虑、抑郁方面，正念似乎尤其对最需要的人有帮助：在临床上患有更重性抑郁障碍状的青少年身上，效果是其他人的2倍多。

好消息是，培养孩子的正念很容易，因为他们天生具有正念能力；而坏消息是，青少年或学龄儿童，其正念的能力已经在社会化过程中减退了。孩子的专注力是在长时间的静默和内省中培养出来的，而参加各种课后辅导班、接触太多电子设备则占据了孩子灵性觉知的时间。儿童和青少年需要时间来观察蜜蜂，与大树谈心，让思绪自由飞翔，进入神经科学家所说的"默认模式"（default mode），即相当于放空的白日梦状态。儿童需要时间来简化心灵内部的房间摆设，给日常生活的新发现让出空间。

幼儿却没有这些干扰，如果家长给他们提供充足的时间，让他们有更宽广的精神空间去感知那些看不见、不易察觉与理解的事物，他们不需要训练即拥有正念。他们需要的是保护，注意不被打断，不被纷繁杂乱的琐事包围，需要安静的时刻。通过营造安静平和的环境，就能激发正念。

正念将打开灵性意识之门

科学表明，正念是灵性发现的门户。我们可以通过思想和行动来鼓励孩子发展正念：

- "自在"（being）是有价值的，我们并不需要总是通过"做事"（doing）来实现生活的价值。重复这句话，通过行动表现它。
- 为孩子保留开放的空间，让他自行填满。允许孩子静静地坐着，或者玩想象力的游戏、在后院中探索，在自然环境中"自在"地玩耍，在家里创造让孩子自在的机会。
- 放慢家庭生活的脚步，让生命自然运行。你的孩子会自然地参与，建立觉知，从环境中观察学习。
- 上学、锻炼或参加辅导班时，尽量不催促孩子，少说"快点""抓紧时间"之类的话（如无必要），让孩子觉得这些事情好像一段旅程，无须匆忙，这是最有价值的体会。
- 鼓励孩子探索自然，敬畏自然。引导孩子触摸树木和鲜花，注意空气的味道，观察路灯杆、停车场的黄线、触碰落叶，观察人行道上破土而出的植物，带着他停下来观察这些小奇迹。

允许你的孩子按照自己的方式思考，如同在迷宫或有回廊的古老园林中漫步，孩子需要走出他自己的灵性道路，让天生的正念对他产生影响，增强灵性的机能。作为父母，我们自己甚至可能会开始注意停车场中那些原本不起眼的事物！

孩子可以成为你的助手、治疗师和服务者

《石头汤》是流传于世界各地的民间儿童故事，故事的版本可能因文化而异，但其基本梗概是，两个饥饿的旅行者路过一个村庄，身无分文的他们无法从村民那里换取食物，村民也拒绝施舍给他们，于是他们想了个办法，从村民那里借来一口锅，填满水，放进一块石头，把锅架在火上。一位好奇的过路者问他们锅里有什么，两人说他们要煮一锅魔法汤，只需要一点调料就可以让汤更美味，村民们纷纷跑回家，拿来各种调料和配菜，结果煮出一锅十分美味的汤，大家都开心地分享。真正有魔力的，是开启封闭的心灵。最近我访问了一个幼儿园，孩子们给我表演了这个故事，为了配合他们，我还带去了土豆、胡萝卜、豌豆、玉米、青豆和洋葱。

老师开始煮汤，每个孩子急切地坐着等待，一个较大的学生开始读故事，随着故事的展开，孩子们轮流上前，把从家里带来的配料放进汤里。

老师在故事的间歇中邀请孩子们进行讨论。如果有人来到你家要吃的,你会怎么做?对门口的陌生人,孩子们表现得有点谨慎,但他们表示应该给饥饿者吃的东西。

◇ "我会给他们食物。"
◇ "我有足够的食物和他们分享。"

老师还让一些孩子扮演善良者和卑劣者,让其他孩子区别他们的行为,并讨论怎样说话才算有礼貌。一个小女孩说:"我会告诉他们,如果你的声音可以好听一点,就能得到你想要的,请不要用粗鲁的声音说话。"最后,他们都明白了什么是卑劣和善良。这时老师问:"如果你给饥饿的人食物,这样做是卑劣的还是善良的?"孩子们齐声回答:"善良!善良!善良!"

有意义的工作和贡献会让小孩子欢欣鼓舞,他们天生能受到正确行为的激励,希望帮助和爱他人,这是精神上的"正确行为",作为人类,我们不仅有趋利避害的本能,也具有友爱助人的天性。

在另一个幼儿园,康涅狄格州的大地幼儿园,教师用"装满水桶的爱"来向解释善良和慷慨。凯莉老师给我讲了3岁的塔根的故事,一天,他的同学蒂娜想出去玩,但外套不太好穿,他看到一个朋友过去帮蒂娜拉拉链,"接着他不经意地来到我面前说'彼得森老师,蒂娜的水桶装满了。'"

我们的孩子心中天生具有爱、共情和与人联结的能力,但这并不意味着不愿意分享就是违背天性。人是复杂的,共情有时也受到自私和贪婪的影响。游戏室里的孩子们也会争抢托马斯小火车玩具。生日宴会上,当你4岁的孩子夺过最大的那块蛋糕,给另一个孩子他最不喜欢的苹果片的时候,接下来他很可能把自己最喜欢的玩具拿给小妹妹玩。看到人的两面性是很关键的,如果我们能发展壮大正面的灵性资源,孩子内心的境界就更高尚,心灵就得以茁壮成长。

幼儿园的孩子会兴高采烈地接受爱的课堂文化,这也是他们的本能。正如一位老师说:"他们把你给的善意返还给你。"孩子们还会把爱传递出去。一天上午,小波佩就是这样做的。

2岁半的波佩非常自豪,因为她学会了自己上托儿所的厕所。一天课间休息时,老师让波佩在马桶上坐好,然后去帮另一个小朋友如厕。老师回来的时候,发现波佩已经用完厕所,正在指导一个更小的男孩换尿布,她从水池边把脚凳拖过来摆在换尿布的台子旁,教小男孩爬上去,因为教得太专心,波佩甚至连自己的内裤和紧身裤都忘了提上去。老师说:

> "我跑进盥洗室,说:'波佩,我来帮你。'她说:'不,不,不,我帮你!'她把脚凳拉过来,帮男孩爬上去,她竟然自己做好了换尿布的准备!我注视着波佩,她的紧身裤什么的都还没有提好就走来走去。我对她说:'波佩这样有点危险。'她说:'可我在帮忙!'
>
> 我流出了眼泪,说:'我要抱抱你,给你一个大大的拥抱,谢谢你帮助了我,但这是老师的工作,不是你们的工作。'她说:'好吧,好吧,'我说:'现在,我能帮你把内裤什么的提上去吗?'她说:'不,谢谢。我是个大孩子了,我马上就3岁了,我知道自己该怎么做。'"

这就是孩子内心的善意，他们急于做出正确的行动，这是人类灵性最普遍的表达方式。佛教称正确的举措或行动为"正业"（samyak-karmanta），基督教信徒称其为"怜悯与施舍"，犹太人称其为"修善世界"（tikkun olam），让世界更美好。我们应该认可孩子的正确行为，欣赏他们的慷慨精神，并"用我们的话"告诉他们。

鼓励孩子的慷慨

- 让孩子牵头进行有意义的工作，例如请他们带着你去无家可归者收容所捐赠食物。
- 让孩子给全家节假日的大餐做计划，进行装饰，安排家庭传统或宗教节日的准备工作。
- 帮助孩子服务他人，从小事做起：在公共场所帮人开门，在超市里让买东西少的人先结账。
- 可以带18个月的孩子访问敬老院，给大家带来欢笑。

超越语言的亲子心灵互通

我受邀来到一个幼儿园，给家长们讲灵性大脑和亲子关系的科学，家长们端着咖啡，围坐在一起。我高兴地发现，他们都很想说说自己家的故事，讨论自己孩子的灵性，以及孩子是如何通过爱的联结，激发出他们身上的"超越世俗"品质的。

家长们靠在桌前坐着，讲起故事来滔滔不绝。"我的儿子亚当，他知道我在想什么，"一位妈妈说，"我在开车，亚当在后排，我看着后视镜，我们的目光一对上，就知道对方的想法。你似乎能感觉到我们之间存在物理的联系。"另一个妈妈嘉莉说："当我心情不好时，艾拉肯定知道，她会来找我，把手放在我头上，说：'怎么了，妈妈？没关系，妈妈。'"我们纷纷点头表示理解。母亲和孩子，或父亲和孩子，无论身体接触与否，是否待在一个房间，还是相隔一定距离，亲子间的联系总是真实而又强大，那种感觉远远超出了物理空间和时间的限制。

"你知道吗，我们之间的精神上的联系似乎在非常自然地来回流动。"4岁的克拉拉的母亲说梅丽莎说。每天早饭时，克拉拉喜欢告诉妈妈她昨晚做的梦。一天晚上，克拉拉上床后，梅丽莎坐着读新英格兰诗人玛丽·奥利弗的一篇令人难以忘怀的散文：诗人在海滩上发现了一头海豚的尸体，就小心地研究了一番，在文中谈了她对动物的生死的看法。早晨，克拉拉起来吃饭，梅丽莎像往常一样迎接她，"我问，'克拉拉，你昨晚梦见什么了？'她说，'噢，妈妈，我昨晚梦见了海豚。'"

我的大女儿莉娅还是婴儿的时候，晚上睡觉非常有规律，有时候我会在凌晨2点半或4点半带着焦虑感突然醒来，而30秒后，她的房间里准会传出哭声。一些年龄较大的孩子的父母也给我讲了类似的事，说他们尽管与孩子相隔很远，却有莫名其妙的意识波动，随后不久，孩子就会给他们打来电话。

我们称这种现象为情感共鸣（sympathetic harmonic resonance），就像在琴弦上弹出一个音符，房间另一头的琴也会奏响同样的音符。孩子和家长彼此感应,互为发送者和接收者,远远超出了物理上的视觉、听觉或触觉的限制。这种现象即是"合一"的状态,是孩子和父母之间的共享体验。

有时孩子会担任帮助者和治疗者的角色。贝丝在我们的讨论会上说:"卡丽就是理解我,她想保护我。和她父亲离婚后我很痛苦,我还被解雇了。晚上我送她上床,再独自躺下,不停地哭,把脸埋在枕头里不让卡丽听见,后来我睡着了,当我几小时后醒来时,发现卡丽睡在门口,就像一只狮子或狗那样保护着我。"

研究结果表明,镜像神经元帮助我们感受到我们所爱的人的感觉,有时甚至会感同身受。现在,一些新的科学证据表明,物理距离无法阻挡这样的感觉。医学界先驱、研究员和作家拉里·多西(Larry Dossey)率先把这种精神的合一放到治愈和医疗方面加以研究。作为医疗之城达拉斯医院(Medical City Dallas Hospital)的前负责人,多西20多年前在医疗中提出了"非定域性心智"(nonlocal mind)的概念。她解释说,非定域性心智是灵性体验的一个方面,属于直接觉知中"较多意识包围下的模式"部分。

多西提出"爱的治愈能力"的观点获得了元分析数据的支持。MRI对镜像神经元的研究证据表明,传统巫医和病人的关系中,充满爱的祈祷具有疗愈作用。珍妮·阿赫特贝格(Jeanne Achterberg)领导夏威夷的一个研究团队给工作中的巫医及其病人(分别位于不同房间)进行了fMRI扫描。巫医开始工作时,其fMRI图像出现了明显变化,过了一会,病人的fMRI图像也出现了变化。

这些研究的fMRI数据表明,有一定联系的两个人之间,即使相隔较远而且并非亲子关系,也能够产生与亲子类似的相互感应。我们与自己爱的人联系十分密切，亲子间的心灵明觉并非传统的认知模式，而是基于关系与爱的觉知。我们认可孩子心灵的明觉，就是鼓励他们认识深层自我，它能突破当下的局限性，不受干扰地看到智慧所在。

通过"明觉"形成亲子间的自然联系

如何鼓励孩子在出生后尽早实现心灵的明觉？简单的方法是最好的：

- **与孩子分享你的直观感受，鼓励他也开放地与你分享他的直观感受**

    "当你还是小婴儿时，我总会在你醒过来哭叫之前醒来，所以你哭之前我就做好准备了。"

- **认可你们之间存在特殊联系**

    "即使你在学校里，我们的心也是相连的——永远相连！"

    "我们的家庭联系非常强大，我们甚至能感觉到对方的需要，有时候都不用问！"

- **让你的孩子知道，你重视他或她的直觉和明觉**

    "你有一种奇妙的感知能力——能够感觉到各种事情，这非常重要！"

孩子与自然万物的亲密关系

孩子们为大自然着迷,他们喜欢小小的毛毛虫和巨大的橡树,天生万物仿佛都是他们的家人。人类天生具有这样的好奇心和爱护众生的灵性。具有天生灵性的孩子能与他们周围的世界和谐相处:在成年人无暇顾及他们时,他们与动物、树木等周边的生物建立亲密的关系。我们可以从他们对自然界的核心要素的反应看出这种联系的本质。季节更替、生死更迭、大地复苏,这些都吸引着孩子,使他们从中与大自然的精神相遇。

飓风桑迪袭击东海岸的第二年,玛德琳——两个小男孩的母亲,分享了这样的一个故事:玛德琳家后院里的树被飓风桑迪刮倒了,以前,5岁的帕特里克和3岁的约翰夏天都会在树荫里玩,而现在那里一片泥泞,六七棵树都消失了,新树还没来得及补种。一天下午,母亲和儿子们坐在桌边吃苹果,看着杂乱的后院,突然,帕特里克从苹果里拿出一粒种子,对3岁的弟弟约翰说:"能把你的种子给我吗?"然后他又让母亲把他的苹果里的种子给他。玛德琳说:

> 他用小手捧着3颗种子,走到后院,开始挖坑,约翰和我看着他,约翰说:"他在干什么?"我不知道。我们走过去,看到帕特里克把种子放在地上,他说:"我要种一棵苹果树,因为我们这里的树没有了。"然后约翰跑回房子,又找了一颗苹果种子……你知道,我不会阻止他们的。我不会告诉他们:"噢,这样长不出苹果树。"(她笑了。)我认为这很奇妙。我觉得他们希望看到后院生机盎然的样子。从那以

后，每天早上他们都会看着窗外，说："我好像看到发芽了。"我会说："真的吗？要好好看着它啊。"

小孩子天生就觉得自己与自然万物有亲属关系，小到雏鹅，大到星系。佛教思想认为"从生命本身最根本的层面上讲，我们自己与环境之间没有任何距离。"孩子对生命和奇妙的事情相当看重："它是什么样的？"一个小小的展望就能促使他们与自然建立关系。我记得有一次，我和16个月大的以赛亚在公园散步，他热情地朝一只黄色的小鹅跑过去，想和它玩。突然，鹅妈妈生气地发出嘘声，但不是朝着以赛亚的，而是转了90度的弯向我大声叫，他知道我是以赛亚的妈妈，我没有考虑他孩子的安全。然而，对以赛亚而言，和小鹅打招呼是他的天性，就像他和公园里的别的孩子玩一样自然。

拉科塔苏族（Sioux）[①]的酋长路德·斯坦丁·拜尔（Chef Luther Standing Bear）描述过他的族人对大自然的深切崇敬，他们认为自然是万物生长与智慧的源泉，是"母亲般的力量"，他们的神圣使命就是让自己的孩子也与自然建立这样的关系。拉科塔人常说的"我所有的亲属"包括家人，也包括自然万物。我认为，所有的孩子都直观地认为世界万物是他们"所有的亲属"，包括动物和植物，直到我们告诉他们："恶心，一只虫子！"或"不要靠近那只鸭子——它很脏！"我们应该鼓励孩子与动物友好相处："看，这只美丽的小虫想和你交朋友。"或者"鸭子对你很感兴趣，他想知道你在干什么。"

---

① 苏族，是指北美印第安人中的一个民族。——编者注

孩子们以各种方式向我们展示他们与大自然合而为一，比如和动物说话，不是"假设"动物能理解他们，而是直接与其交流。麦吉的儿子杰森就和动物说话，告诉动物他认为它们需要知道的事情。"我开车的时候，他会把头伸出窗外，警告鸟儿'小心电话线！'"她说。

在大地幼儿园，一天早晨班级集体散步的时候，四五个小孩发现一条毛毛虫，他们就趴在那里研究毛毛虫，但没人会伤害它。毛毛虫向前爬，孩子们就给它让路，他们觉得毛毛虫可能在找树叶，就给它拿了一些树叶，但毛毛虫不吃，他们就接着给它让路，让它爬到附近的花园去。

一位母亲告诉我，5岁的儿子喜欢坐在后门廊看蚂蚁，一天，他让她放慢脚步，小心踩到蚂蚁。"它们都有家庭，"他解释道，"想想吧，做蚂蚁多不容易！"

在坦齐和乔普拉的书中，他们提到，乔普拉遇到一位著名的神经科学家，对方告诉他，比起人类，她与鸟类相处更自在。不同的人喜欢不同的动物，共情方式也不一样，譬如这位神经科学家的神经系统就更能与鸟类产生共鸣。

10年前，这样的说法也许显得古怪。怎么会有人如塞萨尔·米兰（Cesar Millan）[1]一样以狗的方式思考？或者像最早的马语者蒙蒂·罗伯茨（Monty Roberts）[2]那样以马的方

---

[1] 塞萨尔·米兰，驯狗师，他的真人秀节目《报告狗班长》（*Dog Whisperer with Cesar Millan*）在超过80个国家和地区播放。——编者注

[2] 蒙蒂·罗伯茨，驯马师，他提倡运用符合马匹天性的自然驯马术训练马匹，著有《听马说话的人》（*The Man Who Listen to Horses*）等书籍。——编者注

式思考呢？答案是敏感与共情。在自我觉知的情况下，我们能够感知到别人的感受……如果掌握了它们的语言，你可以不费吹灰之力地训练一只狗或一匹马，无须使用鞭子，更免除了虐待。

儿童对动物有深刻的认同感，不仅是它们的保护者，更是灵魂相通的好朋友。动物有的特质人类也具备——凶暴、恐惧、脆弱——儿童自然会从其身上找到情绪共通之处以及或微小或强大的能量。这些都属于灵性问题：认识自己，理解我们在世界上的位置，理解我们的情绪和存在方式。通过鼓励和保持灵性表达的出口，为孩子未来的灵性发展创造可能性。

当孩子舔你的手，说"我是一只猫！"时，他不只是模仿，他正试图体验猫的生活，发现自己与猫的相似性，就像他穿上妈妈的衣服，发现自己与你相似一样。幼儿在学动物叫的时候会感到高兴。"小羊咩咩叫！"或"小鸡吱吱叫！"——他们并非旁观者，而是动物王国的参与者。人类和动物的亲近源于自然，表现在儿童身上。在灵性的神秘影响下，他们能够安全地全方位探索动物拥有的情感，动物是他们的老师。孩子可以通过这些建立像老虎一样的勇气和信心。

以赛亚4岁那年的夏天，他每天都会在我家附近的河边玩水。他不需要玩具船或漂浮玩具，只喜欢触碰水波和挖土，与青蛙聊天，像拉科塔人说的那样，和"所有亲属"交流。后来，7月的一天，在河边跑的时候，一只蜜蜂蜇了以赛亚的脚，他第一次感受这种疼痛，他非常吃惊：这位亲戚竟然这样！

以赛亚沮丧地走进家门，这是他第一次玩到一半就回来，经过大约1个小时的沉思之后,以赛亚过来找我。"妈妈,"他盯着我的眼睛说,"如果蜜蜂蜇了佛陀,佛陀会怎么做?"我不知道答案,就问他:"告诉我,以赛亚,如果蜜蜂蜇了佛陀,佛陀会怎么做?"喜悦在他的眼睛里闪烁,他带着一点笑容解释说:"什么都不做!佛陀什么都不会做!"然后就又到河边玩去了。

孩子在自然中寻求灵性教诲,观察和倾听灵性的引导。作为父母,我们不需要知道答案,只需要保持真诚和兴趣,对孩子的知觉说:"是的!"大自然会回答孩子的问题(正如许多精神传统那样)。拉比普拉沃说,"自然使我们与灵性结盟"。以赛亚知道被蜜蜂蜇是怎么回事,他理解了自然的秩序。蜜蜂只知道蜇,但不是为了侵略。我们不需要用暴力对待被蜇,只需了解这是蜜蜂的天性。大自然会给每一个人答案,帮助我们看到宏大的图景,明白我们在里面的位置以及与其他生命的关系。

如果一个孩子的家庭或社区无法提供足够的爱,动物就成为爱和疗愈的力量。从灵性互通和灵性选择的角度来看,大自然能够成为孩子和宇宙精神联结的直接渠道。作为父母、老师和精神医疗服务工作者,我们可以鼓励这些爱的联系发生,因为它们真实而且具有治愈能力。例如,纽约州一处令人尊敬的治疗中心专门收治情绪激烈、行为反常的男孩,其中一些孩子被虐待过。中心要求每个男孩必须照看一只野生动物,第一次看到那些动物,他们惊讶地发现它们都被人类伤害过,有的翅膀被电线划伤,有的被车撞过,这些伤势很少在自然界中出现。男孩的工作是给动物清洗笼子、提供食物和水,照顾动物的生理需求。然而,大部分男孩都开始和动物说话,每天要说好多次,似乎对它们有深刻的认同感,但并非把自己受的伤投射到动物身上,而是互相"舔舐伤口"。结果人与动物建立了心的联结。动物是教师、治疗师，也是孩子真正的朋友。

玛塔4岁的女儿变成了"老虎妞"，因为她感到凶猛带来的力量。那一刻，她发现自己的内心更像一只老虎，透过虎眼看世界。无论是从儿童文学，还是在家里，我们都能从动物导师身上观察到孩子与自然的融合，甚至能唤醒孩子身上的动物的天性，抓住机会支持这种联结：是的，你是老虎！老虎有什么感觉？老虎怎么叫？

鼓励孩子尊重大自然，以动物为师

与你的孩子品味和欣赏不同动物的不同性情、声音和生活方式，与众生建立真实的关系。

- 看到鸟妈妈像我喂你一样喂小鸟了吗？
- 这只小青蛙跳来跳去，让我想起你玩的时候又跑又跳的样子！
- 看，那是一只善良的海鸥！谢谢你陪我们在海滩上玩！
- 让我们谢谢那棵慷慨的苹果树，让我们摘到了苹果！
- 大自然里什么都不会浪费：那条小蚯蚓吃老死的东西，然后给新植物制造新鲜的土壤。

孩子的灵性如何给家庭带来新的机遇？

"大家都来搭我们的车吗？""今晚谁来吃晚餐？""奶奶什么时候回来？"这些都是幼儿可能问的，他们天生就热爱家庭。我那年幼的朋友丹尼尔听到"所有的叔叔阿姨和表兄弟都来吃复活节晚餐"的时候，激动地跳上跳下。等大家都来齐了，他就在亲戚里面转圈，挨个打招呼、拥抱。"我爱你，娜娜。我爱你，保罗。我爱你，格蕾丝。"然后，他抬起头跑向游戏室，兴高采烈地玩起来。孩子见到大家庭表现出的纯粹的快乐也许会提醒我们忘记过去的不愉快和小矛盾，与大家享受当下的欢乐，一家人团结起来才更有力量。

孩子迫使我们认识到家人在我们生活中的首要地位，以及在困难时期家庭的伟大意义。妮娜与我分享了她女儿珍妮的故事：在她痛苦的时候，珍妮帮助她找到了灵性的价值。妮娜的丈夫向他坦白3年前曾有过短暂的外遇。"我的第一反应是离开他，"她说，"即使他真的后悔了，但3年前他已经做了错事。当然，我没有告诉孩子，但我有天晚上离开家，住到一家酒店消气。"二女儿珍妮那时7岁，她发觉妈妈的愤怒有些不对劲，似乎跟爸爸有关。当妮娜第二天回家时，"珍妮突然出现在我面前，说'妈妈，爸爸不再爱我们了吗？'当然，问题就在这里，因为他确实还爱我们。我说'他当然爱，'珍妮立刻问我'那么，妈妈，既然爸爸爱我们，那你为什么要离开？'"

"她的问题点醒了我，"妮娜告诉我，"一切都由我决定，我选择了留下，我们是一家人。"

珍妮的问题让妮娜回顾了对丈夫的感觉究竟是怎样的，这种感情甚至超过了他们之间的爱情。什么是家庭？它的意义是否超越了背叛或令人心碎的事件？超越了痛苦？宽恕在哪里？毁灭在哪里？这些都是灵性上的问题。孩子的问题是正确的：如何才称得上家庭？

如果我们能倾听孩子的话，就可以发现重要的灵性问题。当我们跟随他们到新的地方，聊天，去教堂、超市、墓园或看着被飓风破坏的后院，世界都会比以前显得广阔和充满活力。

我们是从自己的经验和越来越多的研究机构那里知道这些的。在一项研究中，巴克内尔大学教授克里斯·博亚兹（Chris Boyatzis）的研究组从宾夕法尼亚州中部选取了一些宗教家庭，请3到12岁的孩子的父母们把2周内他们与孩子之间发生的灵性讨论记录下来，包括谈话内容、时间、地点和讨论是如何发起的。结果发现，对大多数家庭而言，大约有一半的孩子发起的灵性讨论是在餐桌旁、睡觉前或汽车上。孩子平均每周只会问一个关于家庭信仰传统的问题，但每天或隔天他们都会从灵性角度提出道德或良好行为的问题，这说明幼儿想要看到道德的精神实质，并希望采取相应的行动。一些孩子的问题不但引人注目，而且风趣、清晰而有远见。

◇ "上帝是男人还是女人？"
◇ "为什么人们不相信奇迹？"

这只是孩子提出的一小部分宏大的精神问题，但却能为家庭打开新的探索之门。我与全国各地的父母交谈，他们告诉我孩子提出的各种令他们难忘的问题，它们开启了亲子间心灵对话。

◇ "我认为每片草叶都是上帝创造的,所以我们应该走在人行道上。"
◇ "爸爸,当你唱歌时,你像一个天使。"
◇ "你知道上帝无处不在。上帝甚至就在这个邮局里。"
◇ "如果坏人得到上帝宽恕,那么为什么我们把他们关进监狱?"

这些瞬间给父母打开了灵性之门,让我们在绿草地上停住脚步,或在邮局里皱起眉头,从孩子的视角看世界——整个过程带着神圣。过去被我们抛在脑后的重要问题现在或许回到眼前,如坦齐和乔普拉所说,这些时刻也给我们提供了赶在流行文化之前培养孩子的灵性直觉和好奇心的机会,听到孩子身上天生的灵性的声音,在第一时间阻止它的流失!

孩子生来便是完整的,其灵性完美无缺。从童年到青春期,天生的灵性与认知、社交、情感、道德和身体各方面的能力融合发展,我们将在后面的章节看到,每个发展阶段都因物质文化的影响而存在排挤或减弱天生灵性的风险,但我们可以为孩子创造发展和繁盛的空间,抚育出强大的灵魂。

孩子是我们的灵性向导,但我们并不被动。我们分辨得出孩子的力量和冲动,可以鼓励他们,帮助他们健康发展,也能(如果我们愿意)帮助自己。我们不是旁观孩子的灵性发展并被动地做出反应,因为我们爱他们,这份爱唤醒了我们内心深处的感情与敬畏,所以我们创造出帮助它们兴盛发展的空间,接下来我们就会探讨这个父母与孩子共同创造的特殊空间:供孩子成长的独特领地,充满启迪的"爱的场域"。

如何保护和鼓励孩子创造"灵性空间"

1. 设置你自己的内心空间

设置你自己的内心空间,与孩子一起活出内在的灵性价值。实际上,我们非常疲倦,需要每天多次理顺自己的内心生活,主动与自我交流,尤其是在睡眠不足的情况下。作为父母,我们有时需要重新设置内心空间,无论是通过与自然互动、祷告还是冥想,以便更敏锐地与孩子联结。一旦实现了同步,你就能接触到孩子强大的超然世界。

2. 以身作则

在婴儿眼中,父母就是整个世界,当你看护或喂养宝宝,给他换尿布、洗澡、安慰他、陪他玩的时候,要把爱、信任、同情心和接纳传递给宝宝,与充满爱的宇宙或上帝联结。你的触摸就是来自众生的触摸。对你的宝宝而言,这就是生活的感觉。在紧张的时刻,你也许缺乏精力或耐心,但这些行为可以帮你重设内心空间,你可能会发现,与孩子在一起更容易进入超然中。

3. 培养沉思的能力

长久的爱的静默让联结的能量流动,这段不间断的时间让你和宝宝有机会互相连通,也是在帮助孩子无须转移注意力就能安静下来。如果你下班回家,宝宝在睡觉,那么等他醒来,他很可能会期待你的陪伴。不要拘泥日程表,顺从宝宝,尊重他的意愿。对于幼儿，你可以和他一起坐下来读一本图画书，安静地玩一会，或者躺下来打个小盹。

4. 让大自然做父母和老师

在草丛中玩，拥抱一棵树，在户外自然环境中与孩子相处，这些都能建立强大、积极的自我与自然的联系。"看那些鸟儿怎么用树枝做窝——神奇！""我们把这些垃圾捡起来吧。"通过这些向孩子展示自然与众生的神圣。如果看到一群鹅或大象的照片，孩子的眼睛亮起来，就告诉他这是大自然中的动物家庭——"看，一家子在一起，像我们一样！"这与掏蚂蚁窝或朝小鸟扔石头形成鲜明的对比。

5. 使用你自己的语言

幼儿在会说话前早就学会聆听和学习语言了，请使用能够传达你的价值观的语言给他讲述生活中的神圣存在，例如"善良的大自然""可爱的小鸭子"。区别你们认识或遇到的人的灵性品质，例如店员凯蒂是"好心的凯蒂，有一双炯炯有神的眼睛"。语言为灵性感知定下基调，如果我们一开始就这样和孩子说话，他们会从中认识关系中的灵性与自然世界。

第5章

爱的场域
——创造灵性养育的空间

经常有家长问我:"那么,你是如何培养孩子的灵性的?""我该怎么做才能不让孩子丢失天生的灵性?""怎么保护孩子天生的灵性,不让他们受到网络或学校里其他孩子的负面影响?"在这个信息纷繁复杂的世界,家长想在家庭中创造一个有高尚价值观的环境。

对于这一挑战,家长经常感到孤独和不确定。毕竟,我们所生活的文化不公开谈论灵性,娱乐和社交媒体则专注于其他事情,学校往往会避免与任何宗教教义扯上关系。我们也许在家里讨论宗教礼拜或进行冥想练习,但社会上并没有形成一种主流去谈论我们都理解和正在执行的关于灵性的话题。进行灵性练习的人或者宗教团体成员,可以通过语言和思想去传播如何接近天生灵性,特别是那些希望保护孩子初生的灵魂,给孩子一个开放的空间去发展灵性的父母。

父母对孩子的积极的影响极为重要。我们已经看到,并将看得更清楚的是:在这方面,你并非孤军奋战。

我们通过这本书探讨如何支持孩子天生的灵性,使它得以增长和加强,成为孩子适应环境以及取得成功的基石。科学提供的令人鼓舞的证据表明,这种支持不仅来自父母,也来自其他家庭成员、朋友等所有关心儿童福祉的人。我们可以从科学研究中提取一些基本点来帮助自己理解理论与现实中的人类天性与灵性。

首先,人类是社会性的动物,正如大雁结伴飞行,大象集群而居,我们天生就需要伙伴。大多数人无须阅读科学文献就知道,如果我们缺少社交互动,就很容易不开心,甚至会陷入抑郁。与朋友共进午餐或喝咖啡能改善我们的情绪,让我们更有条理性或更有爱心。我们天生就是群居生物,进化生物学家,如 E. O. 威尔逊(E. O. Wilson)和萨拉·科克利(Sarah Coakley)都认为生存适应能力包括与他人有效合作、和谐相处的能力。

我们的社交神经系统(脑内的神经电路)支持我们参与集体生活。镜像神经元让我们感受到别人的感受,并在大脑中经历别人的经历,而无须与对方待在同样的环境。镜像神经元让我们亲身感受电话那头的朋友面对交通堵塞的焦躁,就如同自己亲临堵车现场。作为父母,如果你的孩子非常沮丧,只要看着他,就很容易感同身受。

我们的情绪,甚至我们的身体都受到感觉和周围人的特点影响。北卡罗来纳大学的神经学家斯蒂芬·伯吉斯(Stephen Porges)是神经生物学领域的研究先驱,他已经在 15 年的研究中确定,社交调节系统(social regulation system)的神经生物机能将周围人的情绪、我们的头脑和内心联系在一起。社交沟通由多个脑区支配，面部识别、面部肌肉负责传达的表情、言语与迷走神经（通过脑干）有关，迷走神经是设定心律与器官功能的司令部。我们的注意力可能会专注于其他事情，但我们的情绪、思想和生理都在有意识地塑造我们的日常关系网。

所以，我们与生俱来的社会属性与生物机能是一致的。我们生活在一个由关系塑造自我的世界，即使我们能够变得十分个人主义，正如我们每个人都被地球的引力场拉扯一样，高度个人主义的人也会被各种关系所左右。

对于孩子的心灵成长来说，这意味着什么？如果我们能把人类的社会性与灵性科学地联系起来，就能为孩子构筑一个光明的未来。父母可以通过孩子日常生活领域的各种关系激发和支持其天生的灵性的发展。灵性的存在、指导与价值可以来自大家庭、亲密朋友、心理学家、青年社工、神职人员、教练和教育家，这些重要角色都可以自行选择成为向孩子展现灵性与爱的人，让孩子的社交世界变成我所谓的"爱的场域"（field of love）：一个在日常生活中学习灵性的地方。

我们讨论了灵性互通、共同作用与选择性社会化的灵性寻求。孩子天生能从关系中联网并"快速吸收"，这解释了他们是如何被爱和其他重要的事物吸引，从而找到灵性的联结，以及灵性的火炬是如何在代际间传递的。灵性互通实际上是爱的关系的延展，通常以父母或祖父母为中心，生发出一张灵性指引关系的网络。当然，也可能会有其他改变人生的精神向导。

作为父母，以及在精神上对孩子有重要作用的角色，是孩子精神罗盘的坐标。父母、祖父母、姑母舅父、教练、牧师或导师——他们发送的强烈的指引、坚定的信念和爱，都可以在孩子心中留有特别的位置。

爱对家庭的支持、滋养和巩固

爱的场域是一个流动、发展的人际交往空间。爱能直达心灵，我们在爱的场域里发现和发展关系，那是我们"以家人或社群成员身份出现的"神圣空间，它确保我们快乐，在悲伤时安慰我们。它存在于学校或青年组织、成人组织或团体。对许多儿童来说，最初的爱的体验来自于家庭和有情感交流的朋友，这是一个大写的"我"。

像野餐垫一样，爱的场域延展与维护着一个家庭，包括家庭成员和情同家人的朋友。但除了布料，这块垫子也经由"爱"这样的情感交织而成，我们天生的社会本质与灵性本质是相连的。

我们可以看到以家庭为中心的爱的场域也包括"第三元素"：超然的存在，正如我们在前面的章节中所看到的，孩子通过体验父母的爱来了解上帝或高层力量。正如乔治·范伦特所说的，超然指的是彼此分享同情、宽恕、希望与欢乐等积极情感。在研究中，大多数家长，无论是否参与精神活动，他们都认为其角色和家庭是神圣的。有爱的家庭是注入了超然之爱的自然延伸。

爱荷华州立大学研究员包万宁（Wan-Ning Bao）及其同事研究了407个家庭，发现如果父母对子女采取接纳和爱的态度，孩子就能体验灵性。这个发现得到其他研究小组的证实，揭示了父母之爱和超然之间存在着交融关系。这种自然的融合创造了爱的场域，无论我们注意到与否，父母是该场域的大使，因此，如果我们把灵性角色扮演好，就大大有利于我们的孩子的心灵成长。

爱的场域自然存在，它可以成为家庭集体努力的精神目标。不需要刻意努力，但建造爱的场域应成为我们长期的生活状态，以及家庭的主要目标。

当我们以爱的场域为目标而共同努力时，事情就会出现转机。将孩子与场域里的其他人之间的关系视为一个相互联系的整体，彼此肯定和支持，这样，爱的场域将指引我们达到丰富的精神境界和强而有力的生命状态。

爱的场域也是灵性养育的基础，使你能有目标地帮助孩子发展内在灵性价值，培养灵性力量，让它成为孩子青春期乃至成年后的保护。通过发展爱的场域，亲子关系获得了支持与引导，让你有了后盾。临床心理学家、宾夕法尼亚大学研究员吉娜·布雷尔斯福德（Gina Brelsford）通过灵性治疗帮助家庭解决矛盾，布雷尔斯福德的研究表明，如果父母和孩子能够通过祷告或冥想，倾听高层力量的声音，就会得到更快速和稳定的解决问题的方法。

在爱的场域里，我们无条件地被爱，通过身边的事物学会如何无条件地爱。我们并不完美，但爱能确保我们的自我认知与行为符合家庭的原则，让我们完全接受自己，并学会用同样的方式对待他人。我们在其中体验、学习和实践灵性价值，本质而言，爱的场域是我们的实验室、孵化器，让我们在更大的世界活出灵性的价值。

当你借助比喻理解爱的场域，并决心实现它的时候，它就会在你的家中占有一席之地，它没有一丝虚幻的成分，是完全的实在。你可以从餐桌上的欢笑中发现它，或者当6岁的孩子跑过来告诉你弟弟需要帮忙穿鞋的时候体会到，当你和孩子们与祖母通过网络视频交流的时候，你也能感到它的存在。当你与孩子翻看几年前他小时候的照片时，你会从孩子的热情中发现它；当你无数次给孩子讲述祖先的移民故事时，你会感觉到它，爱的场域就在我们身上，在人与人之间，它生发的爱无比强大，几乎能够触摸得到。

爱的场域代表最广阔的家人之爱与承诺，通过血液或意识的选择联结起来，以爱彼此包围，它容纳一切，每天为我们储存爱，把我们联系在一起，让你的孩子在爱的关系中确定自己的位置，学会信任，学会接受别人的善意、弱点和一切，让他可以放心地探索生命的问题。爱的场域也为不安、分歧、一切情绪、谈话和家庭问题准备了空间，虽不能完全抵挡损害，却有巨大的修复作用，帮助你借着爱来获得恢复。

我们能够通过孩子出生后的第一个十年窥见这种深层次的关系，它体现在孩子的成长与发展过程中。以赛亚刚刚2岁的时候，他的祖父母来和我们一起度过一个冬日周末。刚下车进屋，奶奶就拿出饼干，爷爷在客厅坐下来，炉上已经准备好了热巧克力。以赛亚突然招呼大家，叫我把刚出生的妹妹抱到客房里。

"大家都坐在床上！"以赛亚满怀期待地告诉我们，我们都照办了，在床边坐成一排，"抬起你们的脚！"他说。我们带着兴奋的笑容，眼睛闪烁着照办了。"好了！"以赛亚自豪地宣布，原来，他的意思是把自己关心的所有人叫到同一个房间里，三代人在一起展示家人的特殊性和家庭的神圣。

我们将在后文看到爱的场域如何在家庭故事中体现出来。就目前而言，最重要的是明白它是孩子灵性体验的基础，是灵性养育的神圣空间，我们需要关心这个，因为它关乎孩子的成长，也需要孩子来建设，他们是爱的场域的催化剂，在这个空间，我们可以谈论我们在世界中的位置，让大家都了解这些内容，珍视彼此的交流。

大部分发生在爱的场域的事情可能已经出现在你家庭了，你们可能早有这些谈话，已经建立了表达爱的仪式，但你可以在后文中找到更多建立爱的场域的理由和方法，对于初学者，不妨从带领孩子认识爱开始，通过认知来巩固这个神圣的空间。

当一个家庭构建了爱的场域，每个成员的超然感就会被激发，为人际关系充电，使大家与"第三元素"超然存在建立关系。家庭超然联系的建立离不开神经生物系统的功能，在发自内心的祷告、参加传统仪式、点亮安息日蜡烛或父母祝福孩子后，我们能够感受到它。如同点亮蜡烛将安息日神圣化那样，你可以通过有目的地引导家人认可和维护爱的场域来使家庭神圣化，从而建立灵性原则。从细胞到灵魂，通过爱的场域，家庭将升华为灵性空间。

充满灵性的童年从这里开始

作为家庭的组织原则，爱的场域从3个基本方面为孩子的童年提供灵性基础。

首先，它确保孩子在人生中收获大家爱心的帮助。家庭的灵性空间是经由多方参与而扩大的，而不是排斥和限制。爱的场域让世界更广阔，人际更亲近，建立更多持续终生的有意义的关系。例如，爱的场域可包括家庭、社群、敬爱的老师和"灵魂伴侣"一般的朋友，他们对孩子人生的塑造起到巨大作用，还能创造互相接近与包容的渠道，克服物理的距离或其他挑战。

其次，爱的场域是超然的灵感空间，我认为它是由家庭奇迹来定义的。在《可能性的艺术》（*The Art of Possibility*）一书中，罗莎蒙德·斯通·桑德（Rosamund Stone Zander）和本杰明·桑德（Benjamin Zander）写道，当我们在充满启示的空间中真切地生活，事物就会"以奇迹的形式展现"，在家庭中会出现"2+2=100"这样的奇妙事件，这就是家庭的基础公式。两个小孩的父亲布拉德告诉我："爱呈指数级增长，投入一点爱，就得到两倍以上的报偿，当你只有一个孩子的时候会想，如果我有了第二个孩子，怎么会有更多的爱分给他？然后你会意识到，你可以。我有两个了不起的孩子，从逻辑上来说，我似乎不会怎么爱第三个孩子，但通过以往的经验，我认为我一定能做到，知道我有如此大的爱的能力实在是太好了。"

第三，家庭的组建也体现着奇迹：个人、环境和机缘构成了家庭，无论行动正确与否。上一次怀孕失败，下一次你很可能就获得了备受祝福的孩子，孩子可以通过各种方式来到你的家庭。透过灵性的镜头，我们能看到家庭的形成来自一系列的奇迹，这个温暖而稳定的人际关系与超然之爱组成的空间是孩子发展觉知的训练场，引导他们明白我们生活在一个神圣的世界。

正如我们前面所看到的，研究人员安妮特·马奥尼和帕格门特证明，家庭天然的"神圣"不受这个家庭是否有宗教信仰所影响，它天生就是圣洁的。许多宗教传统推崇家庭的神圣，将其视为上帝创造与维护的对象。那些不信宗教但不排斥灵性的人，也发自内心地认为婚姻和妊娠有神圣感。马奥尼和帕格门特的研究表明，如果我们认可并尊重家庭的圣洁，这种意识会促使我们对日常家庭生活（无论欢乐与否）生出更多灵性的认知，带来更多的宽容和忍耐、承诺与同情。孩子应学会将关系视为灵性事件，这深刻地影响着他们在生活中对待其他人的方式。

团结和睦在生物层面对我们也有好处。研究员詹姆斯·科恩（James Coan）和他在弗吉尼亚大学的同事通过fMRI研究被试对电击的反应，结果发现，如果我们握着所爱的人的手，痛感就会减轻。在这方面杜克大学灵性、神学与健康研究中心的教授和负责人哈罗德·科尼格（Harold Koenig）拥有丰富的证据。他对老年人数十年的研究表明，生活在定期提供"灵性社会支持"的宗教社群的人更长寿。

依恋理论的拓展：拥有更多资源和爱

20世纪下半叶，科学家通过研究婴儿和母亲的依恋（后来部分扩展到婴儿与父亲）认识到我们是如何建立亲密的亲子关系的。依恋理论一直没有过时，我们甚至可以扩展和巩固它，帮助更多父母和家庭。

依恋理论认为，一个孩子至少需要一个依恋对象。但并不意味着只能依恋一个人，比如奶奶和妈妈可以分别提供不同的帮助，爱的场域的力量来自各种爱的联系，不限于特定的行为预期。

过去半个世纪，家庭生活与儿童生活不断进步，今天，大部分父母共同承担养育职责，父母双方通常都有工作，祖父母可能帮忙带孩子，雇保姆也许成为常态，离婚形成了复杂的混合家庭。养父母和亲生父母往往都出现在一个孩子的生活中。某个的父母或祖父母、监护人、特别导师或青年工作者都是孩子生活中的重要他人。无论家庭结构如何,一个亲密的家庭可能存在地理距离的阻隔,只在周末互通电话或一起吃饭,所以,我们需要根据实际情况理解孩子的需要,知道他们如何在这些新的家庭和社交形式中茁壮成长。

爱的场域让我们从宏观角度看待这些:来自许多人的不同智慧与专业资源的更多的爱,和更灵活的安排都可以促进孩子的成长。爱的场域是灵性发展的前提和环境,为孩子以及你自己的生活提供更广阔的视角和灵性发展潜力,让孩子得到所有家人和其他相关的成年人的帮助。

当我们把孩子的天生的灵性与爱的场域结合起来考虑时,就会发现在这个空间里,爱的联结被放大了。

科学证据显示,爱的场域的效果主要通过两个方面得到提升。首先,我们实验室和其他人的研究表明,亲子间的灵性传递会因为爱的纽带和家庭氛围变得更加巩固,例如地铁上的那对祖孙的相互"点头"。但我们发现,鼓励孩子灵性发展的最有效方法是建立积极有爱的家庭联结,"家庭"越大,爱的场域越大,爱的联系就越紧密,对孩子的关怀越多,效果越好。

其次是联合的保护作用。家庭成员间有着精神传递,这比我们独自面对事情更能抵御各种异常的状态。依恋理论认为,父母或上帝都可以保护孩子,但我们认为两者联合效果更强大。所以,爱的场域的存在感越强,就越能成为疗愈和保护的源泉。

谁爱你？绘制你家的爱

如何在家庭中感受到爱？让我们算一算有多少种办法！请和你的孩子一起在纸上描述爱，让孩子列出亲爱之人的名单，包括各种远亲近邻，无论其是否在世；不要仅限于人类，还包括宠物或野生动物，考虑到大自然的各个方面。这个做法可以成为你们的睡前仪式，提醒孩子记住他拥有多少爱与支持，从爸爸妈妈到兄弟姐妹，到远亲近邻，列出每个人的名字，特别是那些住得远的人，列出他们住的地方，帮助孩子感受他们的存在。对于那些已经过世的，你可以说："他们甚至在你出生前就很爱你了，现在仍然爱你。"

爱的场域让家庭发挥优势

根据发展理论和针对育儿和家庭生活的科学研究，爱的场域的模型向我们展示了当代世界的家庭、关系与灵性，包括有爱的成年人在家庭中的作用，表明家庭的许多优势能够支持其成员的灵性健康，成为爱与承诺的基础。

在这个方面，我们能够根据不同的需要与不同的成员接触，孩子根据情况向不同的人求援，而且不限于父母，祖母也能倾听孩子的诉说，帮助孩子的人还可以包括家庭的朋友或保姆等。因此，在灵性方面，孩子可以按照自己的需要寻找不同的帮助者，这些帮助都通过爱来实现，人人都能贡献力量，父母之外的人也能为孩子的成长做出极其重要的贡献。

作为父母，我们可以依靠爱的场域获得力量，捕捉灵性助力。如果我们知道它，并解释给孩子听，就能不断向前。我们不能制造或发明灵性，只能与灵性联结，指导孩子发展自己的灵性，帮助孩子和身边的人思考爱，给它命名，了解爱的场域所能带来的一切。爱的场域可以帮助家庭团结。通过以这种方式谈论家庭，会让大家意识到爱，并且形成一条纽带去联系彼此。这种爱的意识以及纽带实际上就是爱的场域，它让孩子体验天生的灵性，让他更健康地成长。

创造爱的场域的五种方式

1. 点亮与鼓励爱的场域

一家人总有这么些时刻会聚在一起——吃饭、轮流等候洗澡、庆祝生日等，这时，父母可以有意地强调家庭传统和精神仪式，如安息日、礼拜日晚餐、感恩祷告或爱的奉献。这些仪式是强大的，社会行为研究证明其对大脑影响显著，由一个人主持的仪式就能把灵性认知传递给其他人，让参与者更像一家人，更紧密结合在一起。

一起参与的家庭仪式让我们体会到灵性的因子在建造、维护和引导整个家庭。孩子与家长可通过祷告、冥想或奉献鼓励整个家庭。围坐在一起或举行家庭仪式尤其能让人认识到家庭神圣的联结作用，畅所欲言可以让爱的纽带更清晰，并且坚定我们的心。

◇ "家庭是神圣的：心与心的联结由爱组成。"
◇ "家庭发出特殊的光芒。你能感觉到吗？上帝赐给家人特别的爱，使他们可以把爱传递给别人。"
◇ "我们很幸运能有家人的爱，无论相隔远近。无论我们在哪里，我们总是一个整体，心永远靠近，家人总是特别的。"

2. 爱的篝火：爱上加爱

几乎所有的传统信仰，都有一个核心精神原则：爱能产生爱。"给予就是获得。"4年前某匿名戒酒协会的一位成员说。还记得两个孩子的父亲布拉德说的"爱呈几何级增长"吗？在恩典与爱的领域，只有更多，从来没有缺乏。孩子都明白所谓的篝火模式，即善能引燃更多的善，而非"你有余我便不足"。

家庭的灵性空间帮助孩子看到爱的丰富——体验丰足，而不是短缺。"爱上加爱"意味着我们拥有的爱总也用不完，无须将其视为稀缺资源，爱能生爱。

兄弟姐妹的竞争往往是他们认为自己得到的爱不够而引起的。出现诸如"谁跑得更快？"或"谁得到的冰淇淋蛋糕更大"之类问题的根源在于父母。

孩子说："他得到你的所有关注，你更爱他！"

你可以说："实际上，更多的爱进入我们家，就有更多的爱传播和成长，每个人都能得到更多的爱！感受到更多的爱，我们就更想把爱分享给别人。所以，如果你爱你的哥哥，就是把爱与大家分享，让每个人都得到更多的爱！"

父母可以给孩子们展示如何点亮爱的篝火，使用诸如"爱产生爱"的词句，帮助孩子看到爱的力量，寻找其他机会让孩子参与到爱的传递的行动中。

- ◇ "你哥哥放学回家啦！我们用爱来欢迎他吧！让他看看我们有多爱他！"
- ◇ "只要你做了好事，全家人都能感受到，好比你把善良装进了家里的水桶，无论是谁做了可爱的事，大家都会变得更高兴。"
- ◇ "瞧，你修好了妹妹的娃娃屋，多么善良，她会多么高兴啊！通过这件简单的小事，你让妹妹感到了爱，全家人也会感觉到的，因为爱能产生爱。"

告诉你的孩子，爱不是一个零和游戏，不是对有限资源的竞争。当你明确指出"你在家庭中非常重要，需要你的帮助建造爱的空间"的时候，孩子会充满力量。"爱产生爱"是普遍的现实，而非局部的概念。实际上，灵性家庭核心神圣的目的就是提供爱和鼓励。

3. 接纳还是评判：家庭的作用

家庭灵性空间为孩子提供了特有的语言和视角，通过向孩子展示如何与兄弟姐妹或态度生硬的祖父母相处时显得更有爱心，使他们从更有爱的角度看待他人。许多宗教传统认为，家庭成员注定要聚在一起分享生活经验，互相帮助成长。随着时间的推移，无论我们形成何种看法，都会得到家庭的接纳和鼓励，从而培养出善良的孩子，使其接纳世界上的每个人。每个人都能带着觉醒和自己的意图踏入爱的场域，就像地铁上的祖孙，将每个人都视为"世上的灵魂",而不以评判的眼光给别人贴上"聪明""漂亮""差劲""顽固"等标签。我们要在家庭环境中培养孩子倾听人性的能力。

一旦认识到自己能帮助人,孩子就有了行善的能力,这样也能削弱孩子评判心和批评欲(也防止他疏远别人),因为评判和批评只会剥夺孩子爱的灵性。在人际关系方面,我们推崇接纳而非批评,也应反思自己:作为父母,你是否对家人和朋友有所偏好?你是否无视或边缘化了某些成员,给他贴上"害群之马"的标签?你是否在周末聚餐时没有邀请脾气古怪的表弟或不怎么有吸引力的亲戚?家庭是人性的塑造者,论断、评判和比较与拥抱、接纳和欣赏的原则对立。家庭帮助我们成长、进步,以及处理与其他人的关系,是我们实践善举和接纳的地方。

在家庭遇到困难的时候,这些原则显得尤其重要,在大家最沮丧、最不耐烦的时候,更不能忘记表现出爱与接纳。不妨教给孩子,在心情最低落的时候,人们最需要的是爱和鼓励。

与孩子交流时,你可以说:"你的表弟刘易斯今晚来吃饭,请让他觉得得到了大家的接纳,感受到一家人的爱。"

孩子可能回答:"刘易斯很粗鲁,妈妈,他是个怪人,是个失败者。"

你可以说:"家庭的作用是让大家都感受到深深的爱。真正的纯粹的爱是不求回报的,我们就是爱的源头。还记得你对刘易斯好的那一次吗?他就像变了一个人似的?他再也没有抱怨妈妈做的饭,还开始讲笑话,和我们家的狗玩。"

你要让孩子看到,家庭教人学会无条件的爱,不求回报,因为无论回报是什么,你都是爱的给予者,不要判断一个人值不值得你爱，而是要坚守无条件付出爱的原则。

如果我们来自一个充满爱与接纳的家庭，就会觉得任何人都值得爱，都不是怪人，我们就能甘于奉献巨大的爱心，建立爱的关系。

- ◇ "爸爸也不愿意总是坐着做数学题，所以他理解你，很愿意教会你怎么解题。"
- ◇ "我一直想变得更有耐心，你用灿烂的笑容实现了我的愿望！"
- ◇ "我不断为你祷告，奶奶和爷爷也为你祷告，然后，过了许多天，许多年，你出生了！宇宙给我们带来了我们最爱的孩子，大家非常爱你。"

4. 维护和修复：集体灵性复兴的机会

在第三章中，我们讨论了孩子走父母老路的倾向，以及直接引导他们建立超然联系的必要性。作为父母，我们经常犯错，所以需要在情感和灵性层面加以修复，从而使家庭与孩子的灵性变得比以往任何时候都更加强大。

正如衣物上的补丁可能是最结实的部分，当我们修补了爱的场域，补过的部分可以成为最强的。修补的形式包括道歉、补偿或重新设置家庭关系，孩子会对修补过程记忆深刻，明白那是爱的行为。

听起来怎么样？

- ◇ "家庭是特殊的爱的场所，是我生命中最重要的。今天我累了，脾气暴躁，我应该休息，而不是大声呵斥你，我非常非常抱歉，更重要的是你，是我们的爱和家庭，还有我们在家庭之爱中感受到的灵性。我们能修补好爱的场所，让大家更亲近吗？"

◇ "爱是如此强大，在家庭中，如果大家都同意，它可以改正我们的错误。我选择了原谅和爱，爸爸选择原谅和爱，所有的孩子选择原谅和爱。大家一起来做这件事，我们请上帝原谅和修复我们的家，然后我们的爱的场域会更强大。"

◇ "我要做一个爱与善良的冥想，在我们家庭内部开启爱，你愿意和我一起吗？"

5. 爱的场域的入口和出口

灵性是阻隔生与死的守护者，爱的场域为保护家庭关系提供了时间与空间。婴儿降生到一个家庭是很神圣的事件，影响全家人，用感恩的心迎接婴儿的到来，举行特别的纪念仪式或祷告代表对新生儿进入爱的场域的认可，不妨召集所有成员来庆祝婴儿降生，与孩子建立爱的联系：包括兄弟姐妹、父母、朋友、伙伴、叔叔阿姨和祖父母，无论距离远近或是否在世。

爱的场域可以容纳无数代人，除了代际联结，还包括神圣存在，通过爱的场域的联结让孩子感受到先祖之爱，认可祖先的存在，可以告诉孩子他们从长辈身上继承了什么特点，指出家庭有哪些传统。

孩子会自然地被无数代人之间持续的关系所吸引，灵性养育也支持这种神圣的关系。在与桑德拉接触的过程中，我对此印象深刻。桑德拉的儿子杰里米8岁，在校园枪击案中他失去了最好的朋友汤姆。杰里米及其母亲欢迎我到他们家拜访，他们家位于一个树木繁茂的安静的郊区，桑德拉领我去看杰里米和她在家祷告的地方，她说："他喜欢和我坐在一起祷告。"桑德拉全家虔信基督教，自杰里米出生起就每个礼拜日上教堂，他们和汤姆的家人一起庆祝每个主要的宗教节日，参加主日敬拜，5年来一直与他们一起举行家庭野餐。在教堂举行的汤姆的葬礼上，杰里米带来两张照片，照片贴在他的毛衣上，一张是汤姆的，一张是他们两个人手拉手合照的，照片里他们在一起玩乐高积木。桑德拉告诉我，杰里米打算给汤姆举行悼念活动，他不准备写下汤姆去世的日期，而是写了一个几十年后的日期，因为"汤姆应该活到那个时候"。

朋友去世后的几周和几个月，杰里米会跑到屋后面的树林里，他和汤姆以前常在那里玩，在那里他继续玩他们喜欢的游戏，有时还会停下来对汤姆说话。母亲从厨房的窗户看到他，就问："你在干什么？"杰里米则平静自在地回答："和汤姆一起玩。"

我们坐在桑德拉家的厨房桌子旁边聊天，桑德拉说她和杰里米谈论过爱的场域，以及如何以这种方式和亲爱的朋友继续保持联系。宗教群体也能以许多方式为陷入困难中的家庭提供支持，神职人员、辅导员、父母、儿童、教师等人都可以伸出援手。桑德拉说，宗教和灵性参与对杰里米非常有帮助。"7年前，为了杰里米，我们搬到这个社区，加入当地的教会，所以今天他才能从不同的角度面对汤姆的去世。"她补充，"应该在没下雨的时候就建好方舟。"

家人之间的欣赏感激与联结

我们总可以从"感谢"开始拉近一家人的关系,然后设法找出两件让今天变得有特殊意义的事件或认可当天的灵性时刻。

例如在饭桌旁或睡前讲一句简单的祝福语,直接说出(对世界、上帝、造物主或你认为应该接受感谢的一方),以及表达你们对上天恩赐的感激之情:

> 感谢你今天保佑我们全家,让杰里米平安放学回家,在足球比赛上照看斯蒂夫,帮助爱丽参加考试,帮助妈妈和爸爸照顾我们。

晚饭时,邀请每个家庭成员互相表达赞赏和感谢,比如感谢对方做的事情或者感谢现状:

> 爸爸,谢谢你这么有趣,我犯了错,你却逗我笑。杰森,谢谢你在学校外面等我,这样我就不必独自回家了。

将感谢范围扩展到相隔一定距离,或不能到场的亲人:

> 我们坐下来吃饭(或睡觉)的时候,伦敦的伊娃姑姑和肯姑父那边已经是明天了,瓦尔奶奶和麦克爷爷那边还是中午,但我们可以现在就把爱发送给他们,他们能感觉到。

谈论家庭的特殊性：

> 在一起是特别的，所以我们一起吃"家庭晚餐"，你不必非吃不可，也不用非得说话，但我们坐在一起的时候，你需要倾听和表现你的爱心。

爱的场域为家庭存在缺陷的孩子提供"营养"

即使孩子缺失了父母的爱，爱的场域也会确保孩子的身心健康。在第三章中，我们讨论了对吸毒母亲的孩子的研究，看到了其他不吸毒的家庭成员所提供的灵性支持会给孩子带来哪些积极影响。因为爱的场域的存在，所以父母之爱和灵性指引同样可以来自其他家庭成员、朋友、教师、青年团体领袖等人。

这种现象具有跨文化性。我的两个哥伦比亚大学的研究生张迪衡（Diheng Zhang）和雅科夫·巴顿（Yakov Barton）与南京大学的团队合作，研究了中国农村地区的集体主义文化环境中的孩子。在江西等省份的农村地区，父母迫于经济压力离家打工赚钱寄回家，有时甚至几年不回家，有时父母双方都需要离开，只能把孩子交给祖父母、叔叔婶婶甚至别家抚养，当地文化将这些孩子称为"留守儿童"。

基于传统的西方心理学的依恋理论，预计这些"失去"父母一方或双方的孩子青春期的心理健康会变坏，然而，研究常常表明，该理论只在极度贫困、暴力甚至战争情况下（如父母被杀）适用，简单地说，父母缺失不一定导致童年创伤，有些研究就针对由心理健康的其他人代替父母养育孩子的情况进行了探讨：育儿主体如果不是父母，育儿质量能否得到保证？

科学家们在江西省盛行集体主义文化的农村地区进行了调查，评估了114名12—16岁的所谓留守儿童的心理健康，为了比照，也评估了84名与他们同校的与父母双方生活的同龄人的心理健康，按照一对一的亲子依恋理论考察了他们的抑郁焦虑程度和人格障碍倾向，根据理论，如果父母缺失或不称职，就会引发这些症状。

结论数据很清楚：留守儿童与对照组的儿童之间并不存在心理健康差距。这说明孩子可以从不是父母的人那里获得爱和承诺，两组儿童只有一个区别：留守儿童适应性更强，更没有焦虑倾向，这恰好与依恋理论的预测相反。

在集体主义文化中，孩子能发现许多所谓的安全基地——和有爱的成人建立优于依恋的牢固关系，从中获得爱、指引和规则。留守儿童更善于从外部世界发现这样的安全基地，一个拥有各种爱、鼓励和健康情感联结资源的孩子更倾向于以积极的眼光看问题。

美国孩子也可以从家人、朋友和学校等多重来源获得爱，我的一个朋友就说她孩子还有"其他母亲"，我们仍然有空间更充分地借助他人来影响孩子的生活，激发他们创造和维护爱的场域的潜力。这些"他人"甚至有时候比孩子的母亲还重要。如果我们承认存在多种改变孩子生活的力量，就能创建许多爱的关系：老师、邻居、朋友、其他人的父母、青年领袖、牧师、教练和导师等都是影响家庭和社区的重要他人。如果我们能整合这些爱与支持的资源，孩子可以在强大的关系基础上创造爱的场域，找到灵性的价值——慷慨、同情、接纳和爱，从而实现自身的灵性发展。

缺少灵性参与意味着信任、希望和乐观等素质的缺失，科学告诉我们，孩子的茁壮成长需要它们。造成人际隔阂、打破爱的场域的东西是自恋和玩世不恭，它们是个人关系的两个障碍。2014年发表于《神经科学》（Neurology）的一项研究指出，愤世嫉俗可能会使神经退化，这类人更容易得痴呆症。东芬兰大学（University of Eastern Finland）的安娜—迈亚·托帕恩（Anna-Maija Tolppanen）及其同事扩展了以前的研究，证明愤世嫉俗的人寿命缩短的可能性更高，患上冠心病、心血管疾病和癌症的概率更大。

研究者将愤世嫉俗定义为对他人的严重不信任。但请记住，我们天生就需要与他人联结，就像詹姆斯·科恩的研究结论所表明的一样：与自己所爱的人拉着手，就可以降低电击的痛苦。我要补充的是，我们需要灵性关系来获得精神的疗愈和指引。哈罗德·科尼格指出"灵性社会支持"帮助我们活得更久，因此，愤世嫉俗的人应激反应较大也不足为奇，这意味着他们的心率和血压峰值通常较高，更趋向于患上免疫系统的炎症。

托帕恩等人的研究揭示了人际关系中信任的重要性：联结能够强化大脑，不信任则令社交需求和大脑饥渴。当我们信任别人，大脑的表现甚至都不同：我们的理解力会更强。特拉维夫大学（Tel Aviv University）的一个MRI小组证明：给被试看电影时，如果告诉他研究者也在MRI屏幕前看这个电影，那么电影会给被试留下更深刻的视觉和情感印象。

在团体中经历超然体验时，灵性可以变得更强。定期独自冥想或祷告的人，如果与别人结伴进行，会发现灵性随之加深。所以，父母不妨在餐桌上与孩子讨论灵性问题，或者日落时带孩子散步，与他们共度圣诞节的上午或共享安息日晚餐，在周日晚上与远方的亲人联系，这些共享的经验更能开启灵性。

防患于未然：拓展爱的场域

我们发现，1岁的孩子已经具有与兄弟姐妹竞争的意识，导致爱的联结减弱。保罗·布卢姆的布偶研究中，1岁的孩子（比那些公平地分给布偶糖果的孩子只大了几个月）会给自私的布偶较少的糖果，这说明他们开始根据布偶的道德表现分配奖励，不再表达无条件的爱，更看重认知价值。

这时，孩子面临的挑战已经开始，并将持续出现在生活中，一方面，我们通过内心了解天生的灵性；另一方面，反思和评价左右着我们的判断。是的，最大的挑战已经开始：我们虽属于爱的场域，但也与众不同，独立于他人，拥有不同的欲望、个性、价值观、优先考虑和安排。青春期时的孩子追求个性，爱的场域的效果有时会打折扣，所以应该尽早建立强大的爱的场域。

利用汽车上、饭桌旁和睡觉前的时机，告诉孩子你们在和高层自我对话，帮孩子看到我们需要做出选择，关乎爱、慷慨和丰富的灵性选择。这些都是我们该做的，以此来保证孩子不出大的差错。

我在本章开头提出一个家长们常问的问题："怎样让孩子具有灵性？"答案可以从多个学科中找寻，而来自灵性研究的回答则是：我们不能给孩子"制造"灵性，而能在认可爱的基础上培养其灵性。通过灵性养育指导他们,并据此设置家庭环境和社区环境、我们的行为和期待,使我们的人际互动符合灵性价值。

家庭和爱的场域是建设灵性生活,为孩子打造灵性基础的最重要的工具。

第6章

第一个十年
——头脑与心灵的教育

有一年感恩节,莉娅6岁,以赛亚8岁,我带着馅饼和饼干领他们去了一个无家可归者收容所。当我们进去时,一个和以赛亚年纪差不多的男孩满面笑容地为我们开门,我们互相介绍了一下,男孩说他叫麦克,已经在收容所住了几周,看到与自己一样大的孩子非常高兴。他和以赛亚立刻熟络起来。麦克很有礼貌,很友好——这么大的男孩很少会自觉给我开门。我们给他一大桶饼干,他停顿了一下,问:"你们确定吗?",听说我们坚持要给他,他显得很高兴。谈话中我们了解到麦克和他妈妈在收容所住了5周,麦克的父亲在监狱,他母亲是非法移民,没有身份,所以麦克申请不到住的地方。他和母亲在大街上流浪了4周左右才来到收容所。

这天我们大部分时间都在收容所陪伴麦克,晚上回到家,我听到家里传来哭声,就跑到莉娅卧室,发现她在呜咽。"太糟糕了！"她哭道,"太伤心了！"收容所里的孩子们的情况让她悲伤不已,尤其是麦克的遭遇,即使她回到了自己舒适的家中,依然忘不了麦克的痛苦。莉娅同情麦克是因为心中有爱,单凭冷静的分析与观察不会产生同情。小孩子身上的这种感同身受(与他人的联结)是本能的反应,传统心理学称之为"无差别情绪状态"。

"你的意思是你为麦克难过？"我问莉娅,她点点头。我们谈论了麦克的情况和她的感觉,当我解释了她难过的原因,莉娅平静下来,虽然还是伤心,但明白这是她对麦克的遭遇的同情,能分辨出她的感觉和麦克的经历与感觉。这种认知的切换促使4岁左右的孩子跳出主观的限制去观察他人的思维与感受,体现出心灵的微妙之处。

过去人们认为,这种切换是儿童心理与认知发展的重要里程碑,当孩子从看图画书升级到阅读短故事,然后到阅读章节著作的时候,就是认知发展的标志：孩子超越了图画书的水平,大脑做好了理解更复杂事物的准备。同样,这说明孩子能区分自己与他人的感受,增加逻辑和理性的思考,进而发展出比较成熟的差异感。

而当代科学却提出了不同的结论,正如我们已经指出的,目前的研究显示,从出生开始,灵性发展就与其他功能的发育并行。孩子自然产生的感同身受的体验或无差异的共情不会必然随着认知的进步而丢失,与此相反,头脑和心灵都有发言权,孩子需要达成两者的一致和深化,从而整合两方面的认知,实现对世界的理解和解读。在第一个十年,孩子发展出认知技能,理解这个世界中的"我"和"你"或"自我"和"他人"。同时,随着对他人体验的理解以及与他人的合一，其感性和同情能力自然得到深化。从3岁时开始，莉娅就能够经由同情体验到悲伤。

最近，我们全家花了一个上午为参加康涅狄格州特奥会做准备，我的一个研究生的姐姐罗莎要参加200米竞走比赛，我们要去给罗莎她们加油。天下着小雨，我们正要出发，组委会发来一封电邮，宣布因下雨整个赛事取消，莉娅变得垂头丧气。

但现在9岁的莉娅能够区分和描述自己与他人的感觉，例如，"她们训练得很努力——罗莎和其他人，"她说，"现在她们一定很失望！" 6岁时，她能够深刻感觉到麦克的痛苦，甚至无法自控，而9岁的她除了保持了同情的能力之外，还发展出了控制能力，她明确知道自己为什么悲伤：为了参赛者，为了他们失去的梦想。这就是进步，说明灵性价值正在形成：感知到一切事物的相互联系，真正关心其他人的损失。

你的孩子能踏入如此深刻的共情境界，而很多成年人则为了恢复这种能力而进行冥想等活动，众多灵性传统和宗教也想帮助我们恢复。孩子们早已拥有了这样的能力，天生的灵性存在于头脑和心灵的交汇中，两者彼此整合，这种交汇我们将在本章从多个角度进行讨论。

孩子是如何学到真诚地投入生活的？

如你所知，这本书的中心主题是人类的发展（我指的是与生俱来的学习和成长动力），这种发展植根于自然机能，包含灵性的层面。我们天生就有体会超然力量的能力，如第二章的研究所示，这是一个生物学和心理学的事实。此外，实证研究表明（包括对母亲和青少年等三代人的跟踪研究），在青春期，个人灵性，充满生机的超然体验，是保护孩子免受抑郁困扰的唯一因素，对精神疗愈及其终身的健康与福祉具有积极的影响，和宇宙自然之间存在双向交流的青少年拥有强大的灵性力量。无论他们是与自然、上帝或过世的亲人建立了灵性联系，其滥用毒品和酒精的可能性都会显著降低，并且不太可能从事高风险的行为，反而可能更努力学习工作，并深入寻找生活、工作和人际关系的高层次意义。

青少年的灵性将在后面的章节中讨论，就目前而言，重要的一点是个人灵性的基础奠定于人生的第一个十年：从出生起到12岁左右，我们天生具有在联结的背景下从精神层面了解世界和自我的能力。爱是我们灵性发展的媒介，爱的场域是发展灵性的环境。当我们从父母或他人那里感受到爱，就会觉得自己生活在一个有爱的宇宙中，与他人和某个更高层次的世界联结。我们知道，众生，从豚鼠到橡树，都是我们的亲属。我们还直接通过梦境、直觉、神秘经验和意识等方面经历超然体验。在这些方面，科学研究才刚刚开始。

正如我们日常使用的语言是自然发展形成的一样，我们也天生具有理解那些不可言表的能力，如仪式、象征、梦境和神秘体验。孩子喜欢仪式：睡前故事和晚安吻，周六的早餐和下午的游戏，比赛日或主日学校。他们也生来热爱象征，总是尊重口述故事的传统，喜欢围着桌子或营火听讲故事——没有书或iPad也可以。他们做的梦很生动，喜欢谈论梦境，渴望寻求梦的意义，也很容易看出世界的同步性和万事万物建立在一个固有的基础之上。

伊利诺伊州芝加哥大学的医师和教授杰拉尔丁·福克斯

（Geraldine Fox）记录了他两个孩子从出生到大学毕业的成长故事。许多医学院都播放他录像的"第一个十年的规范发展"来培训精神病科住院医师。在影片中，他们看到小女儿因为身上的一个小疙瘩而哭泣，不是因为疼痛，而是她觉得这是对自己道德违规的惩罚——前一天对弟弟不够好。这就是孩子与生俱来的对因果循环的认识，连幼儿都能分辨出动画片里的邪恶角色。

儿童时常经历神秘或强大的超然时刻，知道它们是真实而有价值的。如果没有强大的灵性或宗教信仰的支持，成年人很容易认为这些都是孩子的想象或编造。但只要你回想一下小时候经历过的强烈的灵性体验，就会明白许多小孩的神秘体验并非想象而是现实被灵性照亮的瞬间。以管理咨询师简的故事为例，60多岁的她仍能生动地回忆起6岁时的神秘体验，她后来只能用"超自然"来形容它。作为一名农家女孩，她小时候喜欢一连几个小时都在户外探险，一天，她玩完之后穿过院子回家，感到"深切的满足和喜悦"，看着脚下的绿草，感觉太阳照在背上。

突然，我感觉到一股能量流遍全身，时间似乎停滞了，我所在的空间似乎放大了，变得更加安静——我仿佛置身某种能量场的中心，好像透过显微镜看脚下的草叶，整个宇宙的意义似乎都蕴藏在一片草叶中，上帝亲自在我网球鞋的旁边显现，我被这一幕惊呆了，当时根本不明白是怎么回事。随着年龄的增长，这段记忆一直很清晰，通过不断地回想，我学到了人生、宗教和爱方面的很多东西，并找到了自己的灵性道路。

许多孩子都有类似的经历,尽管他们实际上没有告诉任何人,但这些记忆会安全地储存在头脑中,被他们终生视为神圣而真实的体验。在一次国际科学会议上,40出头的神经学家斯特凡在午餐时告诉同事,他是因为8岁时的一段非凡的经历而选择了今天的职业和人生。小时候,斯特凡一直喜欢在房子周围的树林散步,他爱树林,因为那里"如此充满活力、充满生机和神秘。"一个美丽的夏日,像往常一样,他走进树林,越走越累,就坐在一块灰色大石头上休息。

> 坐在那块石头上,我看到美丽的树木环绕着自己。几分钟后,我开始觉得与石头和树连为一体,似乎石头、树林和我自己是某种比"小斯特凡"伟大得多的东西的一部分,从那以后,我的人生目标变得清晰:我以后会成为一名科学家,证明人的本质并非存在于大脑。

斯特凡过去从未提及这段经历,连他父母、祖父母或同学都不知道,因为他觉得别人不会相信他的话。他的经历属于一个与人类关系密切而深刻的领域,它像那块灰色岩石一样真实。即使还是个孩子,他也意识到这是一段超然经历,是更高层次的认知。

仪式与象征:头脑与心灵的无意识联结

梦,神秘经验以及更常见的灵性体验是直接觉知的来源——直接、真实和非指令性体验,它们让孩子的大脑与心灵联结在一起。直接觉知是指日常生活的细节以出乎寻常的状态出现在我们面前，让我们知道万物属于某种高层秩序的一部分，生命是有意义的。仪式与象征——音乐，故事和宗教敬拜为灵性联结提供感官线索，通过共同作用加深孩子对超然体验的认识。它们帮助孩子发展出头脑和心灵的联结，简单的行动或故事就具有如此巨大的力量，这是怎么做到的呢？

仪式让人从物理上"把握"超然，联结身体与心灵，我们在身体或感官体验中注入了意义和情感内容，如点亮蜡烛纪念某个时刻或某段记忆，又如合唱、一同进餐或说祝福语。通过这种方式，仪式开启了让我们感受"更多的东西"的瞬间，无论最古老或最现代，仪式从概念上讲都是给瞬间赋予意义的，灵性或宗教仪式则具有激发超然体验的意义。还记得那些记录孩子提出的灵性问题的家长吗？孩子们最常见的灵性问题，除了关于上帝的，就是关于宗教仪式的。仪式为强烈的心灵体验提供意义的诠释。伟大的人类学家约瑟夫·坎贝尔（Joseph Campbell）认为"象征性语言"是把握和指引超自然的有力方式。据我观察，儿童尤其喜爱用象征性的语言描述自己的经历，父母不妨看着孩子的脸给他们读《圣经》、图画书或以象征内容为主的故事。

象征联结头脑和心灵，仪式和故事的象征性允许孩子把握和理解直觉认知和明觉。在这个意义上，象征性的故事属于视觉认知范畴，联结头脑和心灵。无论印第安或夏威夷土著神话、圣经故事还是英雄人物传说，我们都能通过认知抓住其中的象征主义意涵，为形象或理念赋予意义。对于孩子来说，挪亚方舟和超人的故事的吸引之处在于它们是奇妙的冒险经历，也具有内在灵性价值：勇气、信心、决心、宏大的目标和战胜艰巨的可能性，以及故事的主人公拥有善的力量。

孩子有能力将头脑与心灵的世界结合起来，而这种能力是与生俱来的，无关宗教。然而经过数千年的实践，世界上的宗教已经通过仪式和象征意义将灵性与物质世界结合到一起。我们很快就会看到，仪式和象征可以加深我们对家庭的理解，视其为灵性单位，与超现实的某种东西相关。仪式和象征主义帮助我们了解事件和人的超然，让我们透过肤浅或粗糙的表面见到深层本质。在仪式中，我们愈加尊重每个家庭和社群成员，和大家一起庆祝人生的各个阶段（进入学龄、成人礼和生日等）、各种神圣联系（婚姻、纪念日或婴儿命名），以及新的灵性责任和能力的赋予。

宗教是一种有价值的背景，但不是掌握仪式和象征性语言的先决条件，我们也可以从伟大的著作、重大事件、历史，以及日常冲突的解决之道中学习。宇宙之爱、冲突、苦难和疗愈等课题皆存于灵性之中，邀请我们进行探讨，无论你在厨房还是教室。爱的场域是一个充满行动和创造的空间，在那里可以透过灵性的镜头研究各种感觉、烦恼和争论，看到更宏观的图景，窥见至善的境界。

灵性更多的是与世界联结的感觉，超越了物质的范畴，发生在超然存在的领域。爱、梦境、神秘体验和意识与象征的运用都是孩子（和成人）体验神圣的方法。孩子的头十年最好在灵性上建立超然联结并保持下去，父母千万不能压制或阻碍孩子的灵性动力，他们需要了解超然存在，懂得它的概念并栖息其中。父母应当竭力帮助孩子实现这个目标。你可能认为自己对超然存在的把握不够，或者对灵性不感兴趣，但无论如何你都能帮助孩子开辟、尊重和关注自己的明觉之路。许多针对青少年和成人的临床治疗实际上就是修复他的内心感受，所以我们千万不要一下子切断孩子心灵的明觉。

有了你的帮助，以及对孩子爱的能力与明觉的有意识培养，这些灵性价值观能够保持强势。通过这些，你可以确保孩子上学后不会在社会化的过程中沉沦。就像你努力保持良好的饮食、工作和锻炼习惯一样，避免孩子受到家庭以外的消极因素影响，帮助他们保持与生俱来的对世界的灵性的理解。

最好的教育是通过科学与灵性建造头脑与心灵

谈到教育的宗旨，大家都不会否认我们需要培养孩子的阅读、写作和算术方面的核心能力，然而却不会考虑天生的灵性。在课堂之外，孩子散步、独处、思考和谈论生命的奇妙、神秘的宏观问题的时间也让位给了比赛日、运动训练、家庭作业、电视节目、电脑游戏、社交媒体和其他在线活动。

我们教给孩子如何理性地谈话，只强调逻辑，却忽略了直接经验和内在的感受。这种割裂导致孩子只重视科学和逻辑，认为只有它们才是真实的，同时轻视个人经验或直觉，认为它们"没有事实根据"、不重要，这样的割裂没有必要，而且是错误的，科学与创新的核心正是拓展知识，探索未知，凭借洞察力以及所有可能的来源获取信息。打破条条框框、偶然的机会、直观的预感、意外的发现一直在科学进步中起作用。孩子需要知道，他们应该同时培养分析和直觉能力，即头脑认知和心灵感受，这两者都很重要。

神经科学显示，灵性发展体现在最基本的细胞水平上，神经元的发育遵循用进废退原则，经常使用的脑区更发达，不用的脑区则逐渐萎缩。所以孩子使用的语言基本上都是从你那里学来的，而不会是他没有听过的语言，这也是为什么父母词汇量丰富，孩子词汇量也丰富。语言能力、数字和抽象概念的发展亦同此理。相同的情况也发生在大脑的镜像神经元系统，它使母亲和新生婴儿之间的无须语言就能连通，并且互动越强，联结越牢固。

随着孩子发展出学习、提问和推理的能力，他的大脑不断改变，成为思考者，这是正常的、美好的。而如果感性能够从中协助，孩子的各种能力可以发展得更充分，没有必要为了理性的严谨而舍弃了丰富的内心生活和敏锐的灵性感知。

如何才能保持这些强大的共情联结呢？语言、我们的行为和爱是最有力的工具。孩子能自然而然地看到的一切事物的相互联系，他们的世界观看似稚嫩，却以爱、保护和关照为原则。这就是他们对世界的理解，并通过这样的视角观察万物的联系。我们有时会用"与我们无关""胡说""我们不知道"等言辞在不经意间瓦解孩子的感受、强调疏离、否认万物的联系，言外之意就是：不许这么想。

◇ "这是查理的问题，不是你的。"
◇ "如果他需要帮助，他会问老师吧。"
◇ "无家可归是一个非常大的问题，是的，这是可怜的人无家可归。不过不要担心，你有一个家，家人爱你。"

这种情感疏远是在否认孩子神经水平的精神协调。也许我们这样说是为了安慰孩子或避免谈到不舒服的话题，但这既没有帮助，也不健康，因为它只会破坏孩子的认知。正如我们刚才看到的莉娅的故事，四岁到六七岁的孩子仍然能够直接感受到别人的痛苦，绝对是感同身受，而不是胡说。让他们疏远这些感受，不关心别人的体验是错误的。当我们阻止孩子谈论他们的真实感觉，就是抑制其感受的潜力。他们需要知道，信息不总是来自外部资源或别人的证实——这在青春期显得尤为重要，因为他们的直觉将给出比来自别人的声音更明智的指引。

现在人们都在讨论如何培养孩子的同情心，似乎必须接受训练才会有同情心，许多活动更是以"教给孩子共情"为目标，让孩子体验别人的感受。可是，孩子天生就有爱与共情的能力，这些是他们的本能，我们支持和鼓励他们的这种感同身受和认识——有意识地换位思考——两者的发展相互交织。如果我们忽视了早期的发展，以后就会需要"教给"孩子共情。

尚未被训练去忽略感受的幼儿就是能在较深层次感受到某些事情，例如看到一只孤独的小鸭子在公园里，就想知道它妈妈去哪了，也许鸭妈妈也在担心鸭宝宝；孩子会往地上撒面包屑喂蚂蚁，在我们捕捉厨房里的老鼠时说"不要杀死老鼠，它们只是想吃东西！"；他们还会把玩具塞给哭泣的婴儿；常常在我们心情不好时安慰我们，看出我们试图隐藏起来的恐惧和悲伤。

当他们进入学校，培养出批判思维能力，我们教他们问自己：你怎么知道？这是个重要问题，你希望学龄儿童知道他们的想法来自哪里。他们要学会研究。从 6 岁到 10 岁左右，他们需要学习成为带批判眼光的消费者和知识的创造者。但我们不需要为了实现这些而关闭孩子天生的感受能力与同情心，因为这两者他们终生都需要。

如何回答孩子热衷的人生大问题？

即便待在家里，幼儿也对宇宙的可见或不可见的维度有所感知，对大自然的美丽和复杂持开放心态。每个孩子从小都是深刻的认识者，喜欢分享他的梦，与小鸟说话，视动物为朋友，与逝者的灵魂相交，从中寻求慰藉，并能直观地感知到人的情绪或情况的变化。

你希望帮助孩子发展认知能力，这有助于他的运动、身体、智力、情感与精神的全方位发展；你希望孩子看到宇宙万物的联系，运用想象力、仪式和象征赋予生活意义，深入研究问题的答案——这些都不会削弱批判思维能力，反而锻炼了它，使它更强大。通过思考人生的大问题和难题，儿童的批判思维能力会成倍增长！

当我和老师们谈到孩子如何应对他们周围的世界时，幼儿园和学校的老师经常会这样说："哦，是的，他们很有灵性，我认为这是人的本性——他们敬畏充满奇迹的、自然的美。"而五年级的老师就很少这样说，不是因为五年级孩子没有灵性，他们只是没有得到鼓励去表达灵性觉知，或是缺少思考这些事物的机会，大人也不要求他们追寻内在智慧或感受。

感受往往在临床治疗时提到更多，如病人遇到巨大的精神痛苦，则需要头脑和心灵重新整合。这说明孩子的感受可能能让他提出具有启发性的问题或观点，虽然这些洞见不符合典型课堂讨论的风格。如果我们不应该打人，那大人为什么会打孩子？我们为什么只帮助一些人，而不帮助另一些人？如果你说了谎，但没有伤害任何人，为什么还是错的？学校里通常不鼓励孩子这样想，孩子甚至会随着社会化而丢掉原本的感受，不再提出此类问题。他们没有适当的语言来谈论精神。但如果成年人鼓励或认可这些做法，孩子的灵性就会得到迅速的提升——他们原本有能力，只需要得到鼓励。

讨论关于是非善恶的问题，为孩子营造一个安全温馨的空间，欢迎他们分享自己内心深处的智慧并不难做到。我们可以问："你的内心怎么说？""你的心感觉到答案了吗？"我们的兴趣和语言让孩子觉得感受是真实和重要的。孩子喜欢提问，会以符合其发展水平的方式做出回应，我们只需邀请他们加入谈话。

例如，种族主义是一个复杂而困难的问题，如同所有形式的社会不公，它基本上属于精神、是非和道德方面的问题。一所美国中西部的郊区小学，学生种族比较单一，但学校每年都在马丁·路德·金生日那天让5—9岁的孩子体会什么是偏见与不平等。除此之外，学校还给校园里的饮水池和盥洗室系上红色或蓝色丝带，将学生随机分配为红组和蓝组加以隔离，只许他们使用符合本组颜色的饮水池和盥洗室。老师在课堂上给大家看纪录片，组织讨论、听音乐、欣赏艺术，根据年级特点指导孩子了解民权运动不仅是历史性的事件，具有法律和政治影响，还是深刻的人类问题，属于精神事件。

教育工作者可以思考：如何把种族主义这种一向被归为历史和民权领域的问题当成灵性问题来考虑？马丁·路德·金是一位精神运动领袖。许多社会活动家都是由宗教团体领导的运动中脱颖而出的。法律和政治的复杂性可能挑战孩子们才开始发展的分析能力，但种族隔离的象征性体验及其精神意涵将给孩子留下深刻印象。不思考这些大问题，缠了丝带的盥洗室和饮水池只会是不方便的象征，而通过象征主义和体验，幼儿园的小朋友也可以理解种族主义和社会不公的不正当性。他们渴望谈论它。

象征学习法能够以道德问题为核心，联结头脑与心灵，甚至可以指导儿童认识何为正确行动。儿童文学作品也大都是关于最深切和最深刻的主题的，如善与恶、对与错、英雄主义和懦弱。本书第四章提到幼儿园组织学生表演《石头汤》的故事，3岁的孩子都能自然地解释他们遇到突然上门要食物的陌生人时会表现得犹豫不决，他们知道不应该和陌生人说话，但听说陌生人希望他们往汤锅里加配料的时候，大家都会毫不迟疑地拿出胡萝卜和豌豆，帮助饥饿的人。如果我们避免或不讨论道德问题——只谈人物的行动及其动机——孩子就错过了学习如何反思自身的机会，我们也错过了利用阅读和故事中的象征让孩子的精神学习体验得到个性化发展。

我们可以通过邀请小朋友思考各种疑问来引发对大问题的讨论，指出故事的主题是如何贴近日常生活的。例如，读了石头汤的故事，你可能会问以下问题：

◇ "你遇到过需要别人帮助，但没人帮你的情况吗？"
◇ "你有没有想要帮助别人却感到害怕或担心别人的想法的时候？"
◇ "你认识的人里面有没有吃不饱的？"
◇ "你有没有为了得到你想要或需要的东西而欺骗别人？"

因为人生中的大问题都关乎个人：我是谁？我在这个世界上处于什么位置？是什么给了我生命的意义和目的？对于他人的痛

苦我能做些什么？从青春期开始到整个人生，我们都会不断思考这些大问题。儿童每天也在思考，无论他们在操场上还是在餐桌旁。你不必是文学专家也能引起孩子讨论这些问题的兴趣。孩子很少有机会表达自己的意见，他们喜欢被问：你有没有这种感觉？遇到那种情况你会怎么做？你怎么看？

让英雄和超级英雄为你工作，如果孩子熟悉的哈利·波特和赫敏、蜘蛛侠、超人、复仇者和公主艾尔莎等形象，不妨在吃饭或乘车时和孩子讨论他们的故事。是什么让他们变得高尚无私？恶是什么？这些故事里面的人物有好有坏，小孩子都知道这一点，孩子天生懂得分辨善恶，只需要你的鼓励来反思自己，充分了解自己的感受和想法，使头脑与心灵联结。你可以问：

◇ "你觉得这会发生在现实生活中吗——人们有时候会在一起做好事，有时候却在一起做坏事？"
◇ "你的朋友或同学曾经这样做吗？"

我们都看到世界上存在善与恶，关乎善恶的问题不应回避，反而值得多讨论。我们都对自己在世上的位置和人生的意义有疑问，这些疑问都是很正常的，应该鼓励孩子反思和讨论自己的个人经历和直观体验，学会探讨灵性的价值。如果孩子愿意参与，我们需要认可他们。为什么女巫要偷魔盒？为什么野兽那样对待美女？为什么汉赛尔和格雷特的母亲把他们留在森林里？不要说"没有人会这样对你，这只是一个童话，只是一个故事"。我们不需要只停留在文学令人不安的那一面，而是要与孩子进行开放的对话，鼓励他，让他探索这类问题而不会感到陌生和受限。

如何才能让孩子在学习和接受各种挑战、做出各种抉择的过程中随时倾吐内心深处关于道德的疑问呢？无论你对孩子有什么期待，千万不能以学习、职业、人际关系或事业为由压抑他们内心的声音。前文曾提到彼得·本森针对青少年与年轻成人的跨国研究表明，灵性发展是"青少年中普遍存在的积极进步"，即灵性发展对人际关系、工作和人生意义与目的都有益处。其他研究也表明，性格的灵性品质，包括开放、同情、怜悯和良知是确保一生的成就感和满意度的最重要因素之一。世界各地的无数跨学科研究也报告了类似的结论。所有这一切都开始于孩子人生最初的几年。

我们可以将孩子的天生的灵性资产转化为持续一生的丰富的发展力。以学习数学为例，虽然你不是天生就懂得加减乘除，但你的数学思维能力与生俱来。孩子天生就有灵性觉知的能力，不要让它因为被疏忽而消退，应该支持他们的天生的灵性发展，为其提供公开表达的空间和语言，帮助他的灵性价值变为以下六项核心灵性优势：

1. 提供可靠内心指引的精神罗盘。
2. 家庭是灵性"大本营"和联结、无条件的爱与接纳的持续来源。
3. 灵性社群是家庭爱的场域的延伸，指引孩子找到灵性联结的归家之路。
4. 灵性"多语言"拓宽了孩子对神圣体验与启示的感知范围。
5. 灵性力量促使孩子做出正确行为，将爱的场域扩展为爱的文化。

6. 超然觉知：梦、神秘经验和其他特殊觉知。

这些核心优势像套娃或同心圆一样，从最独特的内部核心向家庭、社区和多元文化的世界扩展，实现终极的灵性力量和超然体验。我们将在后文看到，这些优势将从童年到成年一直帮助孩子将他们的世界塑造得更美好。

第 7 章

灵性六大优势

如果孩子天生的灵性资产——相信内心,有直接的超然体验,热爱大自然、精神仪式、祷告和正确的行为,知道家庭是特别的——得到鼓励,这些资产会发展为使其受益终生的优势。科学告诉我们,这些优势能为青少年提供对抗抑郁症、物质滥用等高危行为的最有力的保护,也是身心健康的保障。父母在这个过程中的作用尤为重要:你可以与其他人一起培养孩子的灵性联结和核心优势,也能将其关闭。

作为父母,看到孩子天生的灵性蓬勃发展是令人惊叹和愉快的——孩子的言行显示出一个伟大的灵魂居住在他小小的身体中。我们要用认可和兴趣去支持孩子的灵性,或者请孩子带我们更深刻地体验他们的经历。有时他们只需得到我们的赞赏,我们不需要宏大的理论或完美的答案来回应这样的时刻,只要展现出认可的态度即可。通常,直觉在这种时刻能够唤醒我们自己的灵性。

正如科学对灵性互通和联合作用的研究结论所展示的一样，来自父母的关注不仅是对孩子简单的支持，它更是催化剂。在克里斯·博亚兹（Chris Boyatzis）的研究中，父母在两周里记录他们与孩子讨论灵性的过程。研究人员发现经过一番对灵性讨论的关注，到了第二周，孩子会更自觉地谈论灵性。在我看来，这是因为孩子迅速感知到家人十分愿意倾听和尊重他们天生的灵性。

孩子灵性提高，父母的灵性也随之提高，整个家庭找到自己的节奏，家庭的灵性水平也不断提高。博亚兹用科学术语描述了我在与儿童及其家庭打交道时看到的现象：当我们对孩子的想法和做法感兴趣时，他们十分欢迎我们的关注，并希望分享更多。如果我们对他们充满爱心地引导，他们愿意遵循我们的引导。

当我们承认、接受，并帮助孩子建立天生的灵性，就是为其搭建了解内心，与自我、他人、高层力量发展超然联系的途径。觉知到内在的超然，生活就会变得更丰富，最起码能让孩子终身拥有体验天生灵性的通道。如果在第一个十年你支持了他的灵性发展，把天生灵性培养为以下六大优势，它们就能变成为孩子提供指导，让孩子拥有人生意义和目的感的可靠来源。

优势一：孩子的灵性罗盘——可信和有益的

孩子的内心生活是灵性觉知的工具，是指向健康、真理与灵性价值的罗盘。

通过心灵感受，孩子感觉到生命、事件和自然事物的内在价值。当然，幼儿可能会敲打兄弟姐妹的头、只拿出一点蛋糕来分给他们，但这些情况只会偶尔出现，在第一个十年，随着认知能力的成长和社交与情绪能力的发展,他的内在罗盘也在发展,自然指向灵性价值。

还记得针对吸毒者子女的研究吗?即使年龄很小,孩子也有与家庭中或家庭以外,灵性健康的成年人建立联系的需要。即使孩子在童年时期只有一次灵性觉知的经历,这也会成为成年后灵性指引的持久来源。

我们经常说"道德罗盘"指导我们辨认是非对错,而道德罗盘建立在灵性罗盘之上,引领我们通过超然联系跟从深层自我的指引。

你可以鼓励孩子去感受,帮助他培养灵性罗盘,以便处理生活中的各种情况。你的任务是教给孩子用语言来谈论这种内在的指引,帮助他练习使用灵性罗盘,从而明白这种值得信赖的工具。

◇ "你不想去表弟的派对,因为可能无聊。那么对于家庭承诺,你的灵性罗盘是怎么说的?"
◇ "我明白那群女孩议论你的衣服,你觉得生气,但关于议论,你的灵性罗盘怎么说?它有没有告诉你'走自己的路,让别人说去吧'这句话呢?"
◇ "你为了确保新来的女孩感到受欢迎而多走了1英里,你的灵性罗盘肯定在引领你走一条美丽的路。"

孩子的灵性罗盘往往比我们想象的强大,甚至连幼儿都能感觉到成年人的虚伪或偏见并做出反应。

30多岁的母亲席琳与童年时代的教会关系很不好。她十多岁时怀了孕,又与女儿的父亲离婚,这段经历很痛苦。但她让6岁的女儿莱亚就读天主教学校，因为莱亚喜欢和虔诚的外祖母一起上教堂。席琳担心莱亚会被大人们的偏见和伪善"洗脑"，因为她自己就是受害者。不过她最终选择保持沉默，因为她的个人经历过于复杂。一天，莱亚从学校回来，似乎很担忧，但不愿意告诉母亲原因，"后来，她突然说'妈妈，你知道吧，我不认为你会下地狱，而且我不认为我会下地狱。'我看着她，说：'好了，这很好，你为什么这么说？'"

"莱亚回答：'今天在学校，他们说离婚不好，因为这是违背承诺，他们说，如果离婚就会下地狱，但我不认为这是真的。'"

未出席琳所料，人们果然滥用了宗教教义，然而6岁女儿的反应启发了她，莱亚的灵性罗盘比母亲的强大，她明白自己的灵性，同时又能将教会与她和外祖母的爱整合。孩子可以令你大吃一惊，帮助孩子认识其灵性罗盘即是认识灵性的价值。灵性罗盘和灵性语言也能帮孩子面对社会挑战。小孩子通常难以适应学校，但灵性罗盘则会是一个现成的工具，引导他通过凶险的水域。

除了导航工具，孩子的灵性罗盘也是其核心价值观的综合体现以及其内在的引导力量。儿童在应对社会与情绪的各种挑战时，经常会迷失在厚重的情绪冲动之中，结果互相挑衅，拉帮结派，伤害了彼此的感情。他们感到羞愧、愤怒、不满足、孤立、害怕和困惑——这些经常由他们自己的感觉引起，尤其是当他们非常年幼的时候。你可以帮助孩子重拾心灵感受和灵性价值，厘清各种问题，但你无法一直为他们领航，如果他们学会使用灵性罗盘，他们就可以灵活利用这种工具。随着孩子步入青春期，面临的挑战变得越来越复杂，即便是需要探索未知的领域，他们也将在内心指引下做好准备，深入汲取力量，找到真正的方向。

优势二：儿童天生是维护家庭神圣的守护者

一天上午，我和几位幼儿园儿童的母亲谈话，艾莉森是其中之一，她们分享了孩子和家庭的故事，说孩子似乎有天生的力量去团结全家人。有人说，孩子出生后，家人的关系更紧密了，艾莉森说，她儿子彼得帮助她弥合了她与自己父亲之间的裂痕——在她父亲去世 20 多年之后。

4 岁的彼得被艾莉森桌上的一张照片吸引，里面的人是她父亲，20 多年前他就去世了，那时彼得还没出生。照片是 20 世纪 80 年代拍摄的，艾莉森 10 岁左右。彼得经常站在照片前，专心地钻研它。

有一天，彼得问："他是什么样的人？他喜欢你吗？"后来他又问了很多这样的问题。艾莉森难以回答，因为她和父亲有些疏远。一天上午，艾莉森为彼得上幼儿园做准备，彼得突然问："那是外公做的风筝？"

艾莉森却一脸茫然。"风筝？"她问。

"是的，你房间里那张外公的照片，里面有风筝。"

他们一起去看那张照片，果然，照片里有个小点——一只风筝高飞在海滩上空。艾莉森想起，30 年前的那天，她和父亲去海边放风筝。彼得渴望知道外公的一切让艾莉森想起了她的父亲，她立刻带彼得去了父亲的墓地，这是多年来她第一次去那里。

彼得天生的好奇心和渴望了解外公给他母亲的过往涂上了新鲜的色彩，还给外祖父的灵性带来了新的生命力。多年前去世的外公并非不相干的外人，彼得知道他已经去世了，但他想了解这位喜欢放风筝、爱海滩的外公，让家人感知他的存在。彼得的灵性罗盘告诉他"什么才是最重要的",他希望外公在他的生活中出现,而且,这样做在一定意义上能够修补家庭中的裂痕。爱的场域因此得以完整,彼得帮助艾莉森修复了她之前未能修复的缺憾。

幼儿自然会被家庭特别的一面所吸引。还记得那个研究结论吗?——幼儿将父母视为无所不知的爱与保护的化身。孩子完全相信我们的言行展示着心理学家说的"家庭至上"的原则,家庭是孩子发展的决定性因素。我认为"爱的场域"是"家庭至上"的基础,是孩子的灵性与价值观发展的决定因素。

爱的场域不仅作用于养育孩子的家庭中,还以爱的力量与各代人实现超然的灵性联结。随着孩子发展出更成熟的语言和认知能力,这种联结会在他们在心灵和头脑中扎根。

利亚姆10岁时,他的祖母琼去世。她就住在附近,从利亚姆出生开始,就和他建立了非常密切的、快乐的关系。她在一周中的好几天都会接他放学,和他一起烤饼干,去博物馆、水族馆和游泳池,辅导利亚姆写作业。全家人度假时,他们会去树林里或水边安静地散步,利亚姆人生中的几乎每件大事都是和琼一起度过的。

琼去世2年多后仍然以爱的形象存在于利亚姆的生活。他告诉我,有时他会坐着想她,尤其是心情不好时。他回忆说,"有一天,我坐在那里想奶奶,又想到我是多么爱她,我非常希望现在还拥有她。当我很孤独时,我都会想起她,和她说话,就像祈祷和聊天那样,这样做会让我好过些。"

"有时候,我请她帮忙,"利亚姆说,"如果我学习或考试遇到困难,就请她帮我克服。有时候我觉得她在回应我,无论小事大事我都会请她帮助，大多数时候，她就在那里等我。我请奶奶帮忙，她就帮忙。"

这种家人间深入灵性的关系是孩子天生灵性的核心资产之一，使他们不仅汲取生活的经验教训，还从各家庭成员的弱点和失败处学得经验，即便他们不像利亚姆那样对亲人记忆深刻，例如彼得，只有外公的一张照片作为线索。一位朋友告诉她6岁的女儿为外祖母当年移民学习英语的奋斗故事而打动，为外婆热爱读书感到自豪。孩子在精神层面从家庭经历中找到自我的意义与价值，无论家庭内部关系是否复杂。很多家庭中往往有一位姑姑或叔叔摆脱家人的期望去追求自己的梦想，有古怪或复杂的家庭成员，滑稽、蛮横或冒险的人，可是你的孩子想了解他们。哪怕只是他们的故事，其中的爱却足够强大到将他们联结起来。

孩子渴望了解所有在世或已故的亲戚。与去世的亲属在家庭关系方面的自然联结受到世界上大部分文化的支持，这通常以祖先拜祭、祈祷、献祭或瞻仰等形式表现出来。许多文化和宗教传统都有纪念祖先的仪式，例如在墨西哥文化中有亡灵节；中国等亚洲国家供奉祖先；犹太传统中，哀悼者每逢安息日以珈底什祈祷纪念离去的亲人，并在同时赞颂生命的伟大。在婚礼、婴儿命名、洗礼等仪式上，人们也会纪念逝者，通过仪式和象征性的神圣时刻使他们活在爱的场域和家庭故事中。

无论公开或私下庆祝，正如研究人员安妮特·马奥尼和帕格门特所言，这种"家庭的神圣时刻"体现了家庭对孩子的持久影响。马奥尼和帕格门特又研究了灵性参与的家庭模式及其效果，研究对象是自我认同的宗教家庭和追求灵性的非宗教家庭，对两组家庭的调查结果显示，如果我们认为家庭是神圣的，那么我们会:(1)更加坚定、忠诚,和更加努力维护各种关系;(2)对家庭成员更宽容和欣赏;(3)将子女、父母和配偶的日常活动视为心灵成长的机会。

如何通过赋予家庭神圣感来给予孩子这方面经验呢?我们不能靠说教来让孩子做好人,但能每天利用一些时间使他们明白何为承诺、宽恕、坚韧和忠诚,而这些都属于爱的场域。例如一家人在公园、海滩散步,围坐在饭桌边,或周日和亲人打电话联系,把全家人召集起来,用爱与支持的话语安慰心情不好的亲人:"我们都给杰弗里加油,他害怕数学考试,要让他感到全家人的爱!"我们是家庭精神价值的定义者,能指出什么是重要的以及强调每个家人的重要性。

另外,还可以提到祖先,因为孩子渴望知道先辈对他们的看法。

◇ "路易爷爷肯定会喜欢你做的手工作业,他会为你感到骄傲。"
◇ "麦克婆婆喜欢听鸟叫,和她的植物说话——我们会笑她,但她也会笑我们。看到你在花园里,她会很高兴的。"

这些即兴交谈与认可对孩子的意义重大,不仅意味着家庭对个人的接纳,也是家庭本身的仪式。无论选择与家人欢呼、携手祷告或每周视频聊天,孩子一定会感觉到来自家庭的完全肯定的爱。有目的地赋予家庭神圣感能够强化家庭精神的主要地位,培养孩子内在的灵性。

外在的原因可能破坏家庭,撕裂爱的场域,如离婚、死亡、损失、创伤。这些撕裂似乎无法弥补,但家庭可以有目的地进行重新配置，运用其神圣感来修补爱的场域。最重要的是，这意味着家庭可以保持"在一起"的精神完整性，即使有人在物理上不存在，无论出于何种原因。家庭对深层良善的超然体验和觉知也会强化孩子与爱的双向关系。我们的家庭往往会为了外部和相对不重要的事情而付出精力，组织各种忙碌的活动，例如为了度假给大家买衣服、买装备，或将资金分配给其他事务等，但其实每天只需要几分钟的时间就可以通过精神活动来让孩子真切地感受爱的场域的存在。

优势三：利用精神社区扩大孩子的成长空间

除了坚实的家庭基础之外，精神社区可以帮助孩子塑造这些深层的价值。人们常常认为精神社区指的是宗教社区，宗教社区当然可以成为孩子的灵性寓所，提供爱与接纳，但它显然不是孩子接受灵性培育、找到灵性联结的唯一地点。一群拥有共同价值观与共同经历的人也能组成一个充满爱的社区大家庭，选出具有鼓舞精神的领袖。成年人和孩子都可以参与到这个群体中互相关爱，将家庭的范围扩展到亲密的朋友，与他们一起创造传统，庆祝节日；或者参加青年团体、社区服务项目，让孩子加入特别的兴趣小组，使其感觉自己是"更大的集体"的一部分，从中得到了无条件的接纳与赞赏。

运动是一项天然的锻炼孩子身心灵的活动，它充满了激情和意义。运动团体推崇的正是孩子天生具有的各种灵性价值：无私奉献、集体实践、礼仪、娱乐和更高的目标。他们陶醉在运动的节奏和运动的要求中，推动自己取得最好的个人成绩，牺牲自我帮助队友,并为共同的目标做计划。教练和家长支持和鼓励孩子参加比赛、进行团队协作、夺取胜利甚至认输,在这些过程中孩子领会到运动精神比运动中的表现要伟大得多,从而与队友建立深刻的感情和超然联结。无论是否知晓这种合一的感觉是来自于他们本身,孩子都能通过超然的能力来建立联结。团队精神实际上就是灵性的表达,以其特有的方式激励队员,在困难时刻支撑他们。

大自然是原生的灵性社群,是孩子发展灵性的最基本、最持久的环境。美国本土作家和治疗师鲍比·莱克—汤姆(Bobby Lake-Thom)写道:美洲原住民的精神传统是"与地球环境的持续联结",其神话中提到人生有4个基本阶段:出生、青春期、探索、埋葬,而这些观念通过各种日常礼节和仪式传播。孩子会通过这些仪式和日常的礼节意识到它们的深刻影响。莱克—汤姆说,这些仪式提供了"整合意识与无意识、逻辑与直觉、男性与女性、身体与精神的机会"。我们精神的各个方面事实上是与活泼的、特定的仪式结合在一起的。

无论是在运动场、教堂或寺庙、社区中心或在你所居住的街道,精神社区为孩子提供了增建爱的场域所需的人力和场所。在精神社区,无条件的爱、与高层力量的关系、孩子与其深层自我的关系这3种超然的关系都是现实而牢固的。

大家拥护这种价值观造就了孩子童年的精神发展,这将为孩子的灵性天赋留有一条永恒的通道。对孩子而言,我们所分享和庆祝的事物需要通过心灵感受来建立。天生的灵性将让孩子在未来的人生道路中体验到更多的欢乐、敬畏、爱、意义和目的。

精神社区是什么样子的?从训练营到避难所,所有精神社区都能为孩子创造有益的机会：代际陪伴与支持、纪念逝者、安静思考、仪式、歌曲、友谊、灵性投入度高的家庭等。精神社区是对爱的场域的补充，是一个共享灵性价值的大家庭，它为你的成就欢呼，为你祈祷，一起唱歌、玩耍、祷告，学习彼此照顾，分享食物与衣物，参加社区服务（例如洗车、公益表演、聚餐、访问敬老院或收容所等）。精神社区确保全体成员的福祉，无论他们是否有贡献，依然提供无条件的爱与支持。

孩子们喜欢这一切，他们天生会被具有仪式感的经历吸引：音乐、运动和图画，灵性故事、神话和象征，也许还有仪式上穿着的长袍等物品。孩子会被宗教团体所吸引，因为他们一直就在成功地进行这样的精神建设。

孩子天生的好奇心和对宗教仪式与宗教团体的迷恋也许令你紧张不安——如果你童年或成年在宗教方面有负面经验或没有经验的话。你或许担心孩子的开放性和善于接受新事物而被灌输了教条或偏见，例如"我的神比你的神好"的心态，所以不妨记住这些：有信仰的群体多种多样，从传统的有神论宗教到人文主义组织，因此不必勉强孩子接受某种你认可的理念。通过跟他们聊天，给他们机会去寻找最适合自己的信念。哪些核心价值对你最重要？你愿意通过不同信仰团体的服务或活动去探索他们是如何表达价值观的吗？你可以帮助孩子学习将价值观信息（爱、接纳、与神或宇宙的关系）与不完美的信息分开，和他讨论如何通过爱、接纳与奉献辨别真正的灵性团体或灵性领袖。基本的原则是：该群体是如何扩展或增强爱的场域的？

无论你有何种疑虑，成为精神社区的一部分或找到一个与你的家庭相像的群体，让孩子找到连通的感觉，从而获得内心成长是十分重要的。这也是我们需要孩子明白的灵性价值，应该鼓励他们发展内心的灵性罗盘，并支持他们寻找具有灵性品质的场所或群体。

一个人总是可以与他人在一起或独自祷告，这同样是有意义的和可持续的，不过要是与关心你的人一起祷告，体验那种共鸣，你会有振奋、安慰、治愈的感觉：这就是精神社区独特的作用。孩子会在夏令营篝火仪式、周末家庭聚餐或球队的赛前祷告中体会到这种意义。这种集体的灵性互通与对高层次目标的承诺，赋予了祷告特殊的意义。

小时候，我家选择的精神社区是得梅因的一所犹太会堂。我的曾祖父母都是居住在中西部地区的犹太人，该地区的第一个犹太群体在那里修建了这所会堂，我父母、叔叔阿姨和表兄弟姊妹的成人礼都是在那举行的，我父母在那里举行婚礼，我的命名仪式在那举行，那里就像家一样。这所会堂很小，会众也不多，但大家都很爱它，那里是我们的爱的场域。我仍然记得6岁时兴奋地与祖父母在周五晚间到那里去，有次参加会堂活动的情景。当时是安息日服侍，我坐在长椅上，曾祖父母和祖父母环绕我坐着，我抬起头来看他们，他们4个人同时低头笑着看我，领唱人深情地开始演唱，我觉得感动极了，身体和精神合而为一，我哭了。长辈们和这个会堂的成员是将犹太教义传授给我的老师，对我来说，宗教是神圣的，它容纳得下我的灵性。

优势四：灵性多元化是孩子通向世界文化的护照

如果说前三个优势——灵性罗盘、对家庭的承诺和精神社区是爱的持续来源和孩子人生之旅的必备的话，那么灵性多元化就是他们的护照。拥有自己的灵性和集体感——无论它们是什么样的——对孩子非常重要，可你也希望孩子能够从其他人的精神里看到神圣，因此灵性多元化能让我们跨越界限，拥抱多文化叙事下的灵性精义。

孩子们会认识到，不同的精神传统里有着共同的主题，它们往往有相似的理念和纪念活动：季节更替、婴儿降生、庆典或以死亡或哀悼为主的仪式。拥有自己的灵性或宗教倾向固然重要，然而倾听和理解其他灵性理念不仅让你更容易与他人互动，也能通过普遍的内在联系增强自己的神圣体验。熟知高层力量的"多个名字与多面性"的孩子能在他人身上找到神圣元素，在多元化的全球文化中与他人进行更有意义的互动。

"初次遇到不熟悉的观点时，人们犯的最大错误就是立刻与自己熟悉的观点进行比较，"佛教女权主义神学家和作家丽塔·格罗斯（Rita Gross）写道，"比较的力量不在于得出正面或负面的结论，而是尽自己所能地去认识每种观点，换言之，人们通过理解他人如何看待自己的观点来获得对自己的观点更深刻的理解。"

童年时代，天生的灵性很容易与孩子日常接触的名词、故事和规则关联起来。早自 4 岁开始（最晚 7 岁），孩子会从家庭或精神社区中吸收那些用来表达灵性的语言或传统。研究表明，对于孩子而言，这些名词使灵性"更加真实"。马扎林·巴纳吉（Mahzarin Banaji）教授带领的哈佛大学心理研究小组考察了儿童关于高层力量的名称的看法——是否存在"我的神比你的神好"的心态。结果发现 6 岁的孩子就有自己信仰的神比自己不熟悉的信仰中的神好的想法。无论对宗教有何看法，我们都希望孩子对所有人的精神持开放态度。为此父母应该及早采取行动，避免孩子产生偏见，因为这样对其天生的灵性的发展并没有好处。神学分歧是偶然产生的社会化误导，这种误导扭曲了超然之爱。

儿童天生的灵性里所包含的早期心理功能决定了孩子最初能够接受灵性多元化，前提是我们教给他们如何尊重和欣赏其他人与其他文化里的精神实质。这种"多面性"视角是宗教沙文主义的反面，它可以给孩子提供一个窗口去了解其他家庭和其他人的宗教。就像大使一样地让孩子在不同场所以多种方式感受超然存在的机会。

最早从读幼儿园之前，最晚到读小学的时候，孩子就渴望了解和学习各种灵性表达。无论何种敬拜场所——清真寺、庙宇、教堂或灵性小屋——孩子都想要探索，他们知道那是供人祷告、沉思或进行灵性交流的地方，他们也想要这种体验。他们已经是宇宙中的小生灵，应该知道人类眼中的上帝和灵性具有多面性，所有人的充满爱的灵性本质都是基于"善"，透过"善"看待他人和世界。孩子已经做好准备理解他人的信仰、传统与文化，父母应该带着兴趣与孩子谈论其他宗教，分享你所知的，和孩子一起学习更多，看看你们的天生的灵性是否能在其他信仰中找到表达。与孩子谈论这些可以使其学会讨论其他灵性形式，并让他学会探讨个人选择与观点的措辞。

简（前文中提到她在6岁时在草叶中看到上帝的那位女士）在一个只有百十名居民的农场小镇长大，周日时基本都会去社区教会和主日学校。她说，"在那里我感受到上帝无限的爱，没有教条，只是相信全能的神圣力量，祂的存在决定了宇宙的善。"

这种充满爱与开放的宗教交流"永久性地改变了我对灵性的看法，使我相信我们和宇宙或上帝的联系是非常个人化的，不受任何教派的界定。"简说，"我非常感恩，因为我相信它帮助我在了解各种信仰方面保持开放心态——包括佛教，30年后我丈夫接受了佛教，他以前是天主教徒。它还在我对各种宗教感到疏离时给了我希望。"

灵性的多元化不仅帮助你接纳他人，当我们作为灵性个体成长时，我们作为人类的体验将会更完全。年仅30岁的男子罗兰告诉我，他8岁时祖母得了急病去世，老人生前住在故乡印度，信印度教。而罗兰家住在美国，是浸礼会教徒，父母讨论祖母的葬礼安排时，罗兰才知道有这个宗教。他祖母很受家人爱戴，大家十分悲伤，罗兰第一次开始思考自己的宗教和其他宗教对生与死和来世的看法。了解印度教之后，罗兰学会通过祖母的灵性视角看待超然问题。

随着孩子的成长，对世界越发了解，包括对本地事件与全球事件、辩论和冲突时，对灵性多元化的尊重将帮助他们不以宗教或灵性方式来评价他人，而熟悉多种灵性话语可以深化和永远加强他们的感受能力，包括从超然层面看待其他宗教的信徒。

越来越多的学校试图将灵性多元化纳入其全球化、多文化教育范畴。康涅狄格州纽黑文富特学院（Foote School），一所进步的多元文化走读学校，就让十一二岁的六年级学生参加研究世界宗教的实地考察。该项目是人类学课程的一部分，目的是让学生成为多元化的世界公民。我受邀参加了他们的考察，考察的重点是犹太教、基督教和伊斯兰教的亚伯拉罕传统。

要了解这些信仰，除了课堂学习，学生们还被带到纽约市3

处有代表性的崇拜场所：圣约翰大教堂（美国最大的天主教堂）、马内利犹太会堂（通常被认为是建筑最壮观的犹太改革派会堂）、伊斯兰文化中心清真寺（纽约市穆斯林社区的精神家园）。这3个地方每年都接待无数国际游客，每座建筑都令人惊叹，具有特殊的意义。

从宏伟的大教堂到犹太会堂，再到清真寺，孩子们都伸长了脖子参观宗教仪式，齐声惊叹。每一站，我们的学校导游和热情的神职人员带着学生游览这些壮观的崇拜场所，指出建筑的亮点及其灵性特色：在圣约翰大教堂，耶稣受难像和彩色玻璃窗描绘了基督教的圣经本源；在伊曼纽尔会堂，历史悠久的手抄妥拉经卷向学生讲述了古老的灵性传统与前人的故事；在清真寺，人们跪拜祈祷的场景让他们看到灵性奉献与众人集会的力量。

在沿途的游览中，这些青春期的孩子向神职人员详细询问各种祈祷、仪式及其象征意义，专注听取解答，了解不同宗教的特点与共性。他们的问题和评论反映了思考能力的不断提高以及好奇心与灵性感受的增强。老师要求孩子们在日记中画出这些建筑里对他们有特殊意义与重要性的东西。一个犹太女孩画的是圣约翰大教堂的奉献蜡烛，一位不是犹太人的男孩画的是伊曼纽尔会堂的妥拉卷轴，五六个孩子经过一番思考之后，画下了人们跪在清真寺祈祷的样子。

当我们站在外面等车时，一位老师对我说，"学校希望孩子们尊重差异，但更要找到不同信仰的共同点，"她说，"我们希望在这3个地方能够有宾至如归的感觉，而不是仅仅浏览一番，不知道里面做什么。"从学生的积极性来看，此行做到了这一点。同样重要的是，从他们日记里的画来看，所有的孩子都发现了一些对自己有意义的东西,和许多之前并不熟悉相关的宗教内容。

你不必等待学校推出实地考察计划就能拓宽孩子的灵性视野,你们可以一起散步,参观宗教场所,带着敬意探索内部,或在网上搜索信息和评论以及在世界各地的历史宗教场所、灵性社区进行虚拟参观等。鼓励你的孩子用自己的耳朵倾听信仰世界的智慧,并在自我的灵性之旅上有所发现。

你无法决定孩子何时接受超然的启示,但可以随时让他们感受无处不在的灵性意识——在世界各地的人身上找到它。你拥有内在的灵性智慧,通过它体验我们身边的传统中的智慧,连我们的家庭中也存在这样的智慧;我们还可以从其他灵性传统中学习,它们对于我们理解灵性非常宝贵。

如果你欢迎孩子提问,他们会提问,他们要搞清楚来自外部的信息,试图将这些信息与心灵的体验联结起来。孩子是对灵性具有敏锐体验的科学家,在家庭与文化环境中观察和接收各种信息:有时它们是道德问题,有时则是宏观的宇宙结构问题。孩子时常会用自己的心灵来拾取信息。

因此,他们会问你一些基本问题:例如,孩子听说"转世"这个词之后,会问:兔子能转世成人吗?你无须是世界宗教问题专家才能回答他的问题,只要对孩子的问题表现出尊重,和他一起探讨答案即可,比如上网搜索或者自己思考。你可以这样问:你怎么看?你是否感觉自己曾经可能是一只兔子?为什么会有这种感觉?让孩子的好奇心驱动探索,如果你能和孩子一起探讨这些问题,那么最后的发现对你们两个都有重要意义。

沉默是你对孩子的灵性探索所做出的最糟糕的反应,沉默让孩子觉得他的超然经历和感觉"无关紧要",不是"真正的现实"，或者是对家庭不够重要，不值得讨论，所以家长避免谈论灵性宗教和文化等问题会产生副作用，会给孩子造成天生的灵性方面的损失。一位十几岁的小女孩说：

> 我母亲在印度教环境中长大，但她读的是天主教学校，相信耶稣，所以她是正宗的基督徒。我父亲出自犹太家庭，但小时候并不信犹太教，因为他们没有共同的宗教信仰，我们在家不谈宗教——似乎是无神论者，但不是真的无神论，我们只是不谈论宗教。

这位口齿伶俐的女孩说，学校组织参观一座美丽的大教堂的时候，她感到十分喜悦和振奋，但并不理解这种来自内心深处的感觉是什么。她父母拒绝谈论宗教导致女孩不知道灵性是与生俱来的直接认知功能，能使她和宇宙连通。比起沉默，对灵性多元化的尊重更能支持这种直接认知，如果一个家庭中存在多种信仰"语言"的话。

无论你觉得这种灵性对话多么复杂或是自己没有准备，总有办法实现它。如果父母双方的宗教信仰不同，选择何种灵性话语并不重要，关键是给孩子提供探索灵性的途径。你甚至不必给自己的灵性选择明确的立场，你只需要证明你尊重灵性追求，支持灵性探索。灵性的多元化开启视野，扩宽心灵感受的渠道，增强孩子的内心罗盘。现在正是时候，在孩子的第一个十年保持灵性对话，欢迎孩子提问和讨论。作为学习者和灵性生物，孩子需要自由，不受话语和社会化的限制。

优势五：赋予孩子创造"爱的文化"的能力

孩子每天都要体验人世生活的各种细节，在家庭和学校中会遇到好的、坏的和各种复杂的事情。当遇到欠缺考虑、污秽或自私的事情，小孩子们往往以宽宏大量的态度对待，在看到有人需要帮助时愿意提供帮助。经过第一个十年，随着对社会的了解和世界观的发展，他们也会更了解自己的力量有多大，爱的场域不仅是一个提供支持的地方，孩子也能创造它。你已经为孩子展示了如何在家中创造爱的场域，他们有能力去创造并加以拓展，无论身在何处。

意识灵性力量日益增长是形成同理心的基础，同理心是指有意识地从别人的角度理解某个情况并敏感地做出反应。儿童在许多方面被认为没有力量和权利，尽管在很多方面情况确实如此：他们不能开车、不能控制家庭的决策、不能阻止你发脾气，然而他们的灵性力量却是另一码事。灵性力量来自内心，无论年龄多大，儿童每天都有机会行使灵性权利，在抉择方面的自主意识也会随之加深。

如果你曾经见过（或听说）孩子们在校园里的日常表现，就会知道他们明白什么是作弊、卑鄙和伤害人的行为。"那样太卑鄙了！"一个孩子在游戏时很可能这样说，因为他看到高个子同学发球时利用身高优势不让矮个子同学够到球。有人可能认为这只是比赛策略，并不违反规则，但孩子们会觉得这种肆无忌惮的行为有悖公平竞争的原则：头脑告诉他们，这不违反规则，而心灵却说，这样做不对。防止欺凌研究已经证明，教育孩子了解社会的残酷有助于让他们认识到自己拥有在正确的时刻向成年人发声的力量。拥有指向正确行动的心灵罗盘，并且得到成人的鼓励而相信这个罗盘，孩子就具有了行动力——如果你可以在操场上为自己和他人坚守原则，那么你是坚定的。

因此，比赛不仅是比赛，在学校里它能帮孩子了解社会，认识规则和竞争，熟悉成年人的世界，最终根据自己的价值观选择参与的方式。虽然根据规则高个子同学的做法并不犯规，但利用别人的身体限制取胜的做法显然称不上善良，甚至用孩子的话说是"卑鄙"，这样做带有乘人之危的恶意吗？我觉得是。灵性标尺和规则总是平行出现，六年级的孩子都知道游戏的准则有两种，"正确"的玩法是两种准则都遵守。

我们都知道，孩子的行为方式深刻地塑造着他们的精神，引导了价值观。父母有权决定是否培养这些价值观，使其成为孩子做出选择的基础。孩子可以感受到来自两方面选择的冲动：残暴的满足感和强大的爱，他们也很想背过脸去忽视它们，对错误行为沉默旁观，而正确的行动是寻求帮助或告诉大人，所以我们应该教给孩子负责任，让他们知道自己精神力量强大、有能力做出选择，他们已经做好了准备——只需我们从生理和心理上加以培养。

与教育工作者和青年顾问共事时，我发现"爱的文化"是个术语，非常直观，将更高的行为标准加以规范化，提高了社会互动的水平。在一个社群内，形成爱的文化不像建造大楼，而更像搭建导线，建造一个富有同情心的系统。爱的文化就是将爱的场域从家庭拓展到更广阔的世界，包括学校、运动队、周末活动场所等等，让孩子将接触的人视作生命和灵魂，而非简单地视为胜利者或失败者。爱的文化是互相鼓励和帮助的，每个人都需要彼此。我们承诺一起实现目标，承认每个人都有贡献。最终，爱的文化是庆祝和创造生活，而非控制和"只为自己"。爱的文化属于更高层次的生活，关乎人生旅程的分享，让人知道我们拥有彼此，我们并不孤单。

《石头汤》讨论课上的孩子们知道自私和善良的区别，尽管他们只有3岁。"自私"不属于爱的文化，如果学校弘扬爱的文化，学生就不会以自私为荣，而是自然地渴望共同创造爱的文化，他们就会迫不及待地把自己的胡萝卜放在锅里去帮助别人。当家庭中的爱的场域拓展为爱的文化，孩子就会主动依据自己的核心灵性价值制定标准。

这就是灵性力量。

优势六：梦、神秘经验和其他特殊觉知帮助孩子处理日常压力

孩子天生具有参与到对人生最重要的事情之中的倾向：爱、联结与合一。他们的头脑和心灵对超然、极限生命体验和生死等极为敏感。对幼儿来说，梦、神秘体验和特殊觉知属于现实的一部分，有意义而且很重要。他们重视超然经历，可能怀着热情与惊奇向家长报告这些事件。作为心理学家、科学家和母亲，我将这些时刻归类为"特殊觉知"，是尚未社会化的孩子天生灵性使然的。

梦等超然经历以及各种觉知方式尚属科学探索的前沿，但对你的孩子而言，他们的这些觉知能力已经得到了充分开发和实现，它们可能是孩子处理压力和日常生活问题的一种方式。

第一个十年中孩子的变化是巨大的。以学校生活为例，孩子

仿佛得到了一个新的老板,需要遵守各种新规则,融入组织文化,与一群新同事共处。其心理随着年级的上升而转变,其间还有不少里程碑,如"进入小学,需要和家人分开,与同学相处",为此孩子可能会担心或困惑。梦境常常帮他们认清现实,将现实的多个方面凝聚在有象征性的故事情节中,提前为孩子指明内心成长的方向。

有些梦具有启发性,可以帮助孩子明白和适应当前的道路;有些梦则让孩子认清难以消化的现实,他们遇到过的沮丧或卑鄙的人也许会以可怕的小丑或骗子的形象出现在梦里。梦中的意象和情节是无限的,介于无意识和有意识之间,由超然觉知塑造剧情。无论如何,孩子天生热爱和尊重梦境。虽然梦没有实质,但不意味着对孩子没有意义或影响。父母必须尊重这一点。梦是一条持续终生的路途,就像高速路,伴随孩子成长和认识世界,是人生道路上的"引路人"。

孩子会自然地透过表象理解梦境的意义,父母则可从旁指导。例如孩子梦到死亡,这是最令人震惊的,这种梦并不平常,如果孩子告诉你他梦到有人死了,你可以帮助他寻找其中的象征意义:你的某个部分变老了、过时了吗?你梦见的那个人从我们的生活中消失了吗?那个人与你最近生活中的变化有关吗?孩子将整个世界都看成象征性的,梦是他们成长的完美养料。

重视梦境意味着父母应表现兴趣,鼓励孩子反思。每天早晨不妨先从充满爱的欢迎和感兴趣的问候开始:

◇ "早上好!欢迎你从梦幻世界回到爸爸妈妈这里。"
◇ "你做梦了吗?"

听孩子讲述梦境很重要，让他畅所欲言，和他一起探讨梦的意义。

◇ "你对梦见的那个人或者那段情节有什么感觉？"
◇ "你的梦和现实生活有什么关联？让你想起了什么？"

随着孩子年龄的增长，他可以用这种方法进行自我引导，通过梦境获得自我意识和知识，父母的作用是帮孩子解读梦的象征意义，关注和享受生活的深层含义。其他特殊觉知包括神秘体验等（孩子确实会有神秘体验），如果得到你的支持，他们愿意把这些经历讲出来——他们正在等待你的点头！

玛丽亚3岁时，她对母亲艾莉说，当她待在幼儿围栏里的时候，有个女人经常来和她玩，陪伴她。艾莉总是待在围栏附近做家务，她知道并没有什么女人来找玛丽亚，也没人偷溜进房子，她以为女儿产生了幻觉，像某些很小的孩子那样有"想象中的朋友"。后来，她们整理阁楼上的相册时，玛丽亚找出一张她从没见过的照片说："就是这个女人，妈妈，就是她来和我玩。"——那是玛丽亚的曾祖母。

重点是要明白这些都属于爱的场域的一部分，没有什么好怕的，这并不黑暗，也不奇怪。艾莉就告诉玛丽亚："这很美，因为它是爱，是曾祖母的爱，你和曾祖母的联系多么奇妙，我知道她非常喜欢你和爱你。"

作为父母，我们可以鼓励和支持孩子，将超然经历编织进一个非常积极的宏大图景中，让孩子知道他们的体验十分特别，也很正常，而且非常好，世界的某一部分就是这样运行的。孩子推开门，光线进来，我们将如何用它来照亮黑暗？相信你的直觉，听从你作为父母的本能。我相信，我们必须带着深刻的赞赏和兴趣面对这样的时刻。

我们将在后文继续讨论青少年的生活、梦境、直觉、特殊觉知等等超然经历。如果在第一个十年我们能支持孩子成为觉知者，那么在青春期他们会做好准备整合各种引导，赋予人生清晰度和目的感。如果能够运用感知，他们的资源就是无限的，因为这是来自直觉和内心深处的智慧。

如果你的孩子已经在第一个十年发展出"六大优势"，可以肯定的是，他的超然联系维护得很好，毫无疑问，你已经为他打好了基础，现在孩子能够自觉地在青少年时期努力奋斗，成为自由独立的个体。

PART II
ADOLESCENCE
AND BEYOND

第二部分
青春期和以后

第 8 章

青春期的灵性科学

灵性以热烈和激情的方式在青少年体内觉醒。青少年充满好奇心、情绪敏感且喜欢冒险。然而这些倾向也带来了风险,家长们常常觉得青春期的孩子会犯许多错误,比如父母亲总是担心儿子或女儿参加完派对后把车撞到墙上,或者在考试中作弊。一般情况下,父母会给青少年试错的余地——假如后果并非不可挽回的话。人们通常认为青少年对风险的判断能力弱,所以青春期出现各种成长问题并不奇怪,但很多时候青少年的心理痛苦超出了我们的想象,与这些痛苦相关联的风险也远比大多数人想象得严重。

在某种程度上,青少年的痛苦没有被正确地理解。我们只看到行为,往往会让他们独自尝试,却不明白青少年需要我们协助度过这充满风险的阶段。而孩子也会故意抵制权威,经常违背父母的意愿,这种行为往往被父母视为孩子第一个十年的故伎重演,以为他们还是两三岁的小孩。"真的很难预测他接下来会干什么。"一位父亲在某个青少年家长会上表示,"我妻子和我会面面相觑,好像在说'现在怎么办?'。"一位明星高中运动员的母亲说,"我儿子一直反对我的意见,和我对着干,让我想起他小时候拒绝使用儿童汽车座椅的样子!"

这些行为通常被认为是十几岁阶段的典型表现,可被人们忽略的是青少年的内在发展,它是成年生活的早期基础。动荡的青春期是价值观的形成期,孩子逐渐发现人生的意义和目的,打磨心灵罗盘,而塑造自我的关键则在于帮助青少年确定自我与世界的关系。

然而,我们的文化却无视了最重要的东西:青少年痛苦的背后是灵性的挣扎。理解这一点是理解青春期灵性发展的关键,青春期是精神觉醒的时代,与灵性经历互动的关键的窗口。

我们很快会在下文看到我的实验室和其他著名大学实验室的研究成果,它们表明,与超然的高层力量——宇宙之灵、上帝、安拉或自然界(无论其称呼如何)——的关系将是保护青少年远离痛苦的最强大的力量。灵性是年轻人的安稳与意义感的基石,而无论他是出身于帕洛阿尔托的富裕家庭还是布鲁克林大桥下无家可归的青少年。

我的实验室的研究,以及越来越多的科学文献显示,灵性是应对青春期三大危险:抑郁、物质滥用和高风险行为的最有效的保护元素。总之,灵性较强的青少年患抑郁症及抑郁症复发的概率会降低80%,物质滥用的概率降低60%。灵性强的女孩进行不安全性行为的概率会降低70%。纵观人类经验,没有任何其他因素具有对青少年如此强大的保护力。最近,前沿的科学研究从整体上描绘了一幅明确无误的图画:青少年的大脑是精神的大脑,对于个体灵性的保护作用天生敏感。该研究以及前文看到的灵性互通和爱的场域等科学理论让家长们意识到，无论是否信仰宗教，都可以支持青春期的孩子走上灵性发展的道路，帮他们避开人生第二个十年中常见的陷阱。

个体灵性的益处很大，我将其比喻为支撑青少年（及其成年后）身心健康的"双腿"。抑郁和物质滥用，甚至高风险性行为都可以被看作是健康欠佳，精神挣扎的症状。突破性的研究结果表明，青少年在精神挣扎中所产生的脆弱性是灵性觉醒的一种表现，这种觉醒存在生物学的基础，来自他们本身的超然机能。

这说明青少年的挣扎不仅是身体和心理的，根本上还是灵性上的挣扎。其实，许多青少年面临的困境是他们的精神提出质疑的表现，父母应该知道，你的孩子必须经历这些挣扎才能长成大人。好消息是，你可以帮助他们做好准备工作迎接挑战，使其大大受益于这段经历。在这一章中，我将介绍以上理论的科研基础，并在接下来的章节深入研究青少年及其灵性探寻。但首先我们需要理解，为什么青春期是如此重要的机会窗口。

青春期的必经之路：个性化和精神个体化

青少年获得灵性的过程证明我们一直以来对青春期心灵发展的研究结论是正确的。青春期的情绪特点、敏感性和时常出现的叛逆说明孩子正在完成人生必需的步骤：个性化。个性化是青少年意识到自我内核的过程：对世界形成大致印象，并为生活在世界制定计划，他们充分运用童年时学到的东西，结合青春期的经历来认识自我。基于直接的个体经验（以及一定量的试验），青少年开始培养出独特的自我意识：我学习努力／是异性恋或同性恋／热爱和关心动物／对同学不错／想出名／只和这种人约会，不和那种人交往／有能力领导小团体／为球队打球／想当班上最有趣的人／最聪明／会变得有钱／为正义而战。他们只承认自己的感觉，删除任何自己觉得不准确或虚假的东西。所以你可能期望孩子长大踢球，他却选择学术研究或加入辩论队。无论你是故意不信教还是相当虔诚，你的孩子都有他自己的体验，进而对灵性产生自己的看法，并且可能与你的完全不同（有时是故意叛逆）。

青春期的孩子明显完全以自我为中心，家长可能将此解读为自私，其实不然。因为自我的发展至关重要，这种自我不是简单的"喜欢"和"不喜欢"的混合体，而是青少年认识世界的工具。弄明白我是谁、我的感觉与感知如何、我想要什么以及我的价值观，这一切都是自我的一部分。要做到这一点，他们需要形成道德观、关系、身份和工作热情，以情感和洞察力为装备，用心感知生命，通过情感认识世界。求知欲和对抉择的渴望是青少年在个性化道路上努力的表现。

个性化的主要形式之一——灵性，经常被家长或社群忽略，精神个体化是个体对灵性观点的选择，关乎自我、他人和现实，还包括"我"和"非我"看法，这些全由青少年透过灵性视角，通过内在体验做出决定。这就是灵性的我，这是灵性的你。这是我透过灵性看世界的方式。什么是好的，有价值的，满足的或空虚的？什么是生命的给予？我如何参与以及成为"善"的一部分？精神个体化是青少年寻找深层个体意义和目的的驱动力，因为这属于灵性问题，青少年需要在更大的范围内探寻，开启更宽广的生活视野。例如，他们会寻求深层次的东西，而不满足于简单地了解自己的才能或用GPA衡量自身价值，他们希望听到意识深处的召唤，思考如何部署自己的才华，并将其天赋视为实现更高的目标的工具或高层力量的安排。

在前面的章节我们详细审视了童年时代天生的灵性、孩子的内在灵性资产，以及他们在支持下获得的灵性优势：强大的灵性罗盘、深刻的家庭观念和爱的场域的拓展、灵性多元化、改变世界的灵性力量或能力、超然觉知。这些优势是青少年与灵性自我互动的工具。对超然的渴望，对意义和目的的追寻，分辨善恶以及"什么是真正的善"都是个体灵性需要解决的问题。这些灵性驱动和情感因素可以成为孩子的动力，与性冲动、同情、信任和愤怒等情绪是相似的。

个体灵性发展是第二个十年的发展基础。在我看来，这是孩子青春期时父母当务之急的功课。它是身心健康的基石，这一点得到了几十所精神卫生和健康研究机构的证明。个体灵性发展过程对青少年十分关键，它首先是从大脑的发育开始的。

涌现出的各种"大"问题

青春期触发了精神觉醒，就像生长激素触发性发育一样促使大脑迅速成长。劳拉·柯尼希的双胞胎研究发现：在青春期，灵性基因表达会增加50%，与生俱来的灵性大幅提高，对感觉和刺激的欲望大增，并前所未有地渴望追寻深层次的意义和目的。这些发展会让十几岁的孩子感到震惊：这到底是怎么回事？

人们一度认为孩子的大脑神经在5岁时就停止生长，但现在我们知道就算在青少年时期，脑神经仍然生长，它会出现大量连接神经元的突触；从大脑的质量看，青少年的脑白质和灰质也会迅速增加，神经敏感性和传导性增强。如果将青春期的身体发育比作波音747客机起飞，大脑的神经敏感性和传导性增强所带来的感受就像新手飞行员驾驶飞机一般备受挑战，他们的大脑也因此以前所未有的状态成长和解读世界。

一位20岁的学生讲述了她17岁时的经历和那种747客机起飞般的感觉，其中不乏情感上的敬畏、惊奇和赞叹，以及那种紧迫而向上的驱动力：

> 浩瀚的宇宙对我而言突然变得过于浩瀚，似乎无法理解。我被求知欲战胜，渴望旅行，尽可能多地拥抱世界——在它从我眼前消失之前。我有一种紧迫感和失落感，想到我永远无法看到整个世界，我就悲恸欲绝，我感觉自己就像星系中的一个微不足道的尘埃，宇宙对我来说实在太大。

这就是青春期的灵性觉醒，既奇妙又狂暴。"充满各种情绪和不确定性"，她告诉我。但它也带来了礼物，她说："它让我更加了解周围的世界，更愿意为了体验它而离开自己的安乐窝。"这是青少年的典型经历，这为他们提供迅速成长的窗口，实现大脑和超然感受的成熟。

21世纪伊始，美国心理健康研究所（National Insitute of Mental Health）的杰伊·基德（Jay Giedd）及其同事发现，青少年的大脑生长迅速，某些特定脑区的灰质显著增多，10岁时开始生长新的细胞，并在整个青春期持续生长。新细胞激增的地方包括额叶——负责"问题解决"和"决策"的脑区，在这里会形成新的灰质，直到12岁。顶叶脑区的细胞会生长到14岁。处理情绪的颞叶区域的新细胞生长到16岁。奇妙的是负责直接感知的枕叶，细胞生长会持续到20岁。当孩子出现突发的危险行为，某些人物、地点或事物对他们产生不可抗拒的吸引力，或者误解了他人及其动机，或在挣扎中管理自己的情绪，感觉他的内心生活不堪重负的时候，这都是他的额叶、顶叶、颞叶和枕叶迅速发育的表现。脑容量增加和处理能力提高之后，大脑硬盘需要格式化和改制，脑区之间需要互相联系和同步，实现高效协调。

青少年的大脑必须将神经机能与身体、认知、社交和情绪处理和调节等能力整合起来，这是第二个十年的任务。通过修剪较少使用的神经联结和深化更常用的联结，青少年各个脑区中的神经网络被刻画成型，该过程叫作"髓鞘化"（myelination），髓鞘是神经纤维周围的组织，其作用是加速和保护电脉冲传输，防止脉冲信号丢失，使其更有效地传输。

青春期的大脑就像一台加入"高级辛烷燃料"（实际上是富含多巴胺的神经化学物质）的涡轮增压发动机，多巴胺是一种负责管理大脑里激励与愉悦机制、调节情绪的神经递质。多巴胺调节脑区里（额叶、顶叶、枕叶区域，以及岛状和纹状皮质下区域）与体验相关的功能，如感觉、知觉和驱动力。

额叶以稳定的速度成熟，同时，管理感觉、联结和超然能力的中枢也在加速成熟，因此"经验大脑"和"解释大脑"之间的差距变大（比健康的成年人大）。随着处理感觉和体验的脑区迅速生长，额叶也在加快步伐跟上发展的速度。

康奈尔大学萨克勒研究所的神经学家B. J. 卡西（B.J.Casey）的创新团队总结了百余项MRI研究的结论后发现，脑区活动（与反应）的加速，正如我上文所说，会给情感和动机带来巨大报偿

（在边缘系统的皮质下区域、神经核聚集体和杏仁核），而大脑的控制和约束中心前额叶皮层则稳定地呈线性生长。青少年在情感、动机或目的之间存在明显的差距——强烈的友谊与迷恋、挑战权威和冒险行为与较弱的约束与控制能力，容易造成冲动行事或对事物做出强烈的情感反应与判断。

青少年的大脑不仅能更多地接收和回应刺激，并且也很敏感和迅速，但他们的控制能力却不稳定，所以 10 岁的孩子看上去可能比十五六岁的青少年更自重可靠，具有更好的判断力。青春期的任务是将大脑灰质磨炼成运转良好的系统，以适应青少年所处的环境，所以大脑的关键步骤是构建神经纤维连接脑白质，尤其是加强前额叶皮层等处理动机和情感的脑区间的联系。这种塑形以及区域内和区域间的神经元连接的发展很重要，而你可以对其施加影响。

大脑正在改变：神经连接用进废退

大脑的中心和结构的形成是基于我们如何使用它——使用得越多，神经网络就越发达，因此青春期是关键的阶段，大脑正在改变自己。如果青少年不运用他的能力，例如他避免做算术或阅读，甚至不愿意和人面对面地谈话，相关的神经联结就会被修剪掉。这种集约型增长和修剪的过程使大脑更有效率，更适合青春期的生长发育。经历青春期神经联结发展和修剪过后，大脑在应对认知任务、价值观、文化、反思、关系、情感和灵性方面变得稳定和熟练。

匹兹堡大学精神病学与儿科学教授罗纳德·E. 达尔（Ronald

E. Dahl）一方面强调父母和社群对青少年大脑的影响，另一方面也认为青少年的个人行为与生活习惯，无论是心理，还是生理习惯都很重要。他将这些因素的组合称为大脑发育的"神经—心理—社会途径"（the neuro-psycho-cocial pathway）。达尔认为，家庭、学校、社区和青少年的个人选择塑造了青少年的大脑环境，因此青少年及其家长的责任重大。孩子选择如何使用大脑，对其大脑发育的影响很大。举例来说，达尔反对用看电视和玩游戏来代替思考、数学训练和运动。他呼吁家长、老师和青少年主动创造有利于青春期发育的环境，大家应该认识到这些选择对大脑发育的影响。在灵性研究方面，达尔强调践行灵性、修养生命的内在以及创建通往超然的途径。

神经系统的另一个关键是大脑的命令中枢前脑（前额叶皮层）和掌管体验的"后部和底层"的脑区（边缘系统、伏隔核、杏仁核）。这两部分脑区需要彼此交流，所以在前额叶皮层内部有结缔组织连接"后部和底层"的脑区，这样它就能接收"后面的"信号，并且直接以强烈的体验做回应。

来自华盛顿大学圣路易斯分校的神经影像学创新团队的一项奇妙研究显示，通过fMRI，研究人员发现，前额叶皮层的神经纤维可以覆盖大脑神经系统，这些神经纤维就像大脑结构中的"连线"，使前额叶皮层成为整个大脑的命令中枢。华盛顿大学的研究小组发现，前额叶皮层正是这样控制抑郁患者的：黑暗和焦虑的反刍取代了正常的情感与认知。

这项研究并没有专门针对灵性，但这种"取代"对灵性大脑的影响十分显著。针对冥想的MRI研究表明，前额叶皮层对大脑有安抚、协调作用。科学研究表明，日常超然体验的益处是可以量化的，如它对精神健康、共情、人际关系、身心发展、对风险的应变能力都有积极作用，同时它也带来意义感。可以推测，在超然状态下，整个大脑都会出现改变，灵性觉知是这些改变的主要力量。前额叶皮层能驱动青少年通过灵性引导觉知、情感和情绪去体验每天千变万化的世界，而通过注入超然体验去塑造前额叶皮层的"连线"，也能让不同系统的体验很好地融合起来。

以上过程的重点是脑白质的生长。脑白质是支持脑区间交流的物质。你想让孩子的大脑的各个脑区建立强壮、积极的联系，那么那个掌管现实认知、会"讲述"经验、集中注意力的前部脑区（额叶），和觉知超然的后部脑区（顶叶和枕叶），便是开启连接的关键。如果这种连接没有得到发展，或是反过来阻碍了超然信息的传递，它就会萎缩或变弱，从而阻碍灵性经验的传递。因此神经通路封闭或不完整的成年人往往会发出哀叹："我想感知灵性，我已经试过了，但就是感觉不到。"

正如我们从前面的章节中了解到的，如果灵性联结得到支持，那么它会增强其他方面的发展，成为枢纽。举例来说，前额叶皮层拓展批判性思维的能力，灵性机能的深化增强道德推理的能力。青少年往往陷入的困境是，当他们知道怎样做才是正确的时候，头脑却说"不要那么做"，内心的感受似乎也没有催促他们那样做，这说明前脑和后脑连接失败。如果头脑和心灵联结成功，内心的声音就会出现，并帮助他们抵制诱惑，积极应对。例如，用爱的关系和健康的性取代滥交，用诚实取代作弊，做出为他人着想的选择或行动等。

通过抽象练习或象征实践连通前后脑还能使身体放松、获得平静。fMRI研究表明，看到一个对你来说意义重大的宗教符号时，前脑会参与神经识别过程,并且引发后脑减轻身体上的痛苦。对有些人来说,看到一个宗教符号也能促使前后脑连接并改善心血管功能,这是身心灵融合的形式之一。与宗教信仰有关的符号也能使人克服困难、坚持任务。

研究的结论是明确的:前后脑的连接是帮助青少年处理自己的经历和感受、调节冲动、做出良好决策(兼顾头脑和心灵)的关键。而灵性丰富了这一过程,灵性对青少年的帮助不言而喻。另外我们还知道青少年会爆发出探寻灵性的行为,这是青少年的大脑发育非常重要的机会,髓鞘一旦形成,就变得稳定。这一时期,前后脑连接互通、髓鞘形成的窗口打开,这意味着这一时期的青少年的各个系统强有力地运行、神经突触高速发展。过了这个时期,这些发展则会变得困难。

总之,家长的影响是显而易见的,青少年的大脑发育取决于实践和环境。从本质上讲,结构由功能决定,大脑根据身体、社交和心理的需要以及青少年的经历来构建自己。当他们学会了新乐器、认识新朋友或与朋友言归于好,大脑就会运用这些体验和经验去应对未来的情况。通过实践,大脑的各个脑区建立连接,为日后生活所面对的各种情况做准备。作为父母,我们往往担心那些生活和环境中显而易见的方面:他们的动机和学习习惯足够好吗?他们的朋友怎么样——如果交了坏朋友怎么办?当然这些担心很有道理,但我们常会忽略更重要的部分:环境还包括精神生活,即你的孩子如何使用大脑。有意识的思考、自我反省和内心体验都能塑造大脑。

你家的情况是什么样的?例如,你的孩子会不会呼朋引伴,在你家地下室里聊起当天发生的事件:别人如何对待他人、谁喜欢上了谁、谁在测验中作弊、网络上的谩骂或嘲弄？这些对话可能会不自觉带入对生活的思考，从残酷、爱、恐惧与信仰，到宗教与怀疑，再到传统的选择或改变等等。青少年喜欢讨论这种与灵性相关联的话题，并且投入很多时间来思考。

如果青少年在第一个十年已经建立了最初的超然体验，那么他们就准备好去主动追求和探寻。后脑区可以为前脑区提供答案，而前脑区通过分析和概念化则可以识别后脑区的各种感觉并将其融入日常生活中。

灵性发展得晚并不是问题。这意味着青少年和家长需同时完成两个任务：精神个体化发展，命名和实现各种超然体验。家长要帮助青少年判别不同的超然体验、为其命名、邀请他们分享对灵性问题的看法。

青少年会根据内心感觉测试各种理论、文化和观点，所以更需要得到家长、教育工作者和社区的支持。青少年需要（同时我们可以提供支持）精神个体化发展的语境，和其他语言能力发展一样，灵性语言从童年开始发展，青春期是一个迅速提升的时期。

无论孩子童年时代是否表现出灵性，在青春期给他们支持都很关键。持续感知超然将帮助他们走上有益的人生道路，如同我们希望孩子有适度的体育活动、优质的食物、好的学习习惯和良朋益友一样，我们也希望他们养成良好的精神生活习惯，积极发展灵性，提出和理解各种灵性问题。

被切断的灵性：生活与精神脱节会发生什么事？

从发育角度讲，青春期为孩子架设了人生的基础：身份、工作、价值观、生活观、个人的和职业的选择、关系等。精神个体化发生那一刻起就成了生活的组织原则，到成年为止，孩子会搭建起起属于他自己的灵性。

如果青春期的发展过程没有超越自我，灵性就会被切断，人生便会失去以其为基础的力量、联结和灵性指引。如果在打地基的时候切断了灵性，根基不稳，结构不完整，将来的房屋就会缺少温暖和光线。

2007年的皮尤论坛（Pew Forum）表明，社会文化对青少年的精神个体化发展支持较少，得到支持的青少年数量有限。20世纪青少年的灵性发展不受重视。"典型的'下一代'"（A Portrait of "Generation Next"）报道说，青春期后期和成年期初期（18岁到25岁），80%的人每天平均发20条短信，75%的人活跃在Facebook上。相比之下，不到4%的人表示，他们更重视追求灵性目标。与此同时，一份相关的皮尤论坛报告《流动的信仰信仰》（Faith in Flux，发表于2009年，2011年修订）显示，约一半的美国人通常会在24岁左右改变宗教信仰。虽然原因各异，但这说明他们有满足灵性发展的要求，需要得到精神上的支持。

我们的文化常会忽视青少年的天生的灵性，不重视灵性和精神家园的建构。我认为这是导致青少年和年轻的成年人身心健康问题的原因之一。鉴于灵性对心理健康保护方面的好处，这种忽略可能导致18岁到25岁人群抑郁症高发，以及产生物质滥用和风险行为问题。

青春期的大脑必须将底层脑区的超然功能与作为控制中心的前额叶皮层连接起来，使这些脑区功能协调运作，青少年才能在生活中通过日常事件、自我和各种关系感知和解读超然，并且形成双向联系：控制中心诱发超然感觉，并且识别和认知灵性感觉，从而使我们达到灵性觉醒。

对于青少年，如果无法将超然经历与其他生活经验联系起来，就会失去灵性内在的能力。后果可能是将性与爱分开，缺乏同理心，感到孤独、空虚，灵性被切断；生活无法达到超然，识别不了内心感受，体会不到至善、家庭的神圣和爱的场域，也感受不到大自然与众生的智慧。我们在后面的章节中将会看到，青少年的个性化也决定了你与孩子的关系，同时也包括孩子的生活准则、现实感、自我认知，以及他的人生意义：是空虚的还是充实的。被切断的灵性不能满足与终极力量的联结，健康的灵性发展就会减弱，而最糟糕的是感知失灵，无法分辨生活中的善与恶。

精神个体化的过程中，超然贯穿了广泛的日常选择，它确保了青少年的发展。从灵性的角度来看，世界将会有所不同。青少年的内在超然能力、与灵性禀赋相关的神经连接将会稳定发展，直到成年。正如我们之前所讨论的，青春期前后脑连接的基本固定，灵性觉知形成，超然与关系、愿望、意义和目的结合，构成了孩子的灵性认同。自我认同是青春期的重要发展特点之一。灵性认同就是对在灵性上我是谁、如何设定方向、如何以灵性眼光看待内心深处的呼唤等问题的看法，它属于深层的自我，所以需要优先发展。但这并不意味着马上要向宗教求助，而是要在日常生活中感知灵性的维度，培养孩子思考人生大问题的能力，重视生活中看似微小的奇妙事件以及生命的复杂性。灵性身份的确认并不必与宗教参与相关。

金钱富足与精神空虚：边缘青少年研究

灵性被切断会付出巨大的道德和伦理成本，而且往往会使生命的意义得不到满足。美国人追求财富的文化经常成为阻断灵性的罪魁祸首。为了不惜一切代价取得成功，道德发展受阻，内心的精神生活受到狭隘目标的限制，所以许多青少年外表光鲜，心灵痛苦。毕业于耶鲁大学的心理学家马德琳·莱文（Madeline Levine）在她的书《给孩子金钱买不到的富足》（*The Price of Privilege*）中就描述了这些现象。她说，一位家境富裕又有才华的十几岁女孩找她做心理治疗，女孩手臂上纹有一个单词"空虚"。我认为这是灵性切断的表现：不知晓灵性存在于我们心中和整个人生中，因此生活看上去空虚凄凉。

作为家长和教育工作者，我们能做些什么？研究指出，我们可以帮助青少年完成灵性发展，凭借与终极力量的关系战胜周边的文化。这是必要的，因为当整个社会都在避免谈论灵性，青少年的生活就变得艰难。

尚雅·卢瑟（Suniya Luthar）是一位非常杰出的发展心理学家，对看似拥有一切却十分痛苦的青少年有超过15年的研究，这些孩子都生活在大都市的郊区，生活富裕。在研究中，她考察了父母的教养方式、孩子接收到的社会信息，以及它们随着时间的推移对发展的影响。

在一项里程碑式的研究中，卢瑟选取了252名纽约市郊区富人家庭的学生（从六年级到高三），直到毕业，这些学生依然和卢瑟及其团队有联系。大部分学生在大学毕业若干年后仍在学习。在一系列的报告中，卢瑟总结了他们的发展路径，以及其他美国富裕地区人口的焦虑和抑郁发生率与父母教育方式的关系。结果发现,大多数家庭的父亲经常不在家,只在周末出现,母亲则是全职家庭主妇和完美主义者,一心想让孩子取得外界认可的成功,并督促他们参加许多活动。卢瑟担心,这些父母不太重视孩子的道德培养和家庭团聚的意义,家庭成了培养技能的场所,而不是灵性和爱的场域。

这样,孩子们就感觉不到无条件的爱与灵性的指引,而是一味追求功成名就来取悦父母,认为父母的爱是有条件的,缺少对内心生活的反思,更不关心道德或灵性的价值,他们将大量资源投入到成绩上,最终的结果是儿童和青少年的精神发展被忽视了。

社会文化对青少年灵性的切断很常见,卢瑟的数据显示,外貌是预测女孩受欢迎程度的首要因素,而女孩的性格善恶则屈居第二。对于青少年中的男孩而言,物质滥用最有可能让他们受欢迎,其次才是他们是否上进和对待女性的态度。

卢瑟的数据进一步表明,在这种恶劣的环境中,城市中心区的青少年物质滥用率较高,她认为这可能是因为他们希望改善抑郁和焦虑,而焦虑的原因是急于取悦父母。用外部世界的野心而非无条件的爱来喂养孩子,其实无法使其获得任何方面的成功,反而会引起心灵的苦痛,损害其成年后的关系、伦理道德甚至工作习惯。

带着同情心,从现实的角度观察:这些富裕的青少年可以说什么都有,却精神空虚,只渴望拥有肤浅的成功,将才华视为换取财富的金砖,而非实现个人目标或服务社会的途径。无论男女都以女孩的外形判断其价值,而非她们的性格与善良的精神力量。在这个空虚的世界里,让人有些许惊讶的是那些富裕的青少年有较高的抑郁水平和物质滥用率。研究报告说，灵性被切断是导致抑郁、焦虑和物质滥用的主要因素。

为了直接测试该结论，我加入了尚雅·卢瑟和山姆·巴金（Sam Barkin）的团队，我们的研究课题是：在这个对人做评判的文化环境中，尝试支持孩子灵性发展的家长会不会取得成功？

我们考察了卢瑟样本中12%—15%的青少年，他们在高中毕业前就与高层力量建立了超然联系，认为生活的目的就是为世界做贡献。我们的问题是：他们是怎么做到的？

我们发现，大部分灵性丰富的青少年都会参与家庭的灵性活动，定期加入校外的灵性社群，如宗教活动，但并非总与宗教有关。

这些青少年从灵性的角度，以与其他人不同的眼光看世界，抑郁和药物滥用率较低，而这种差异一直持续到毕业后很久。高中毕业7年后，他们仍然保持稳固的超然联系，认为自己是在为高层力量服务，其同龄人则很多都表现出反社会倾向（超过国家平均水平的8倍多）、滥用药物。

家庭圈子和灵性社群抵御了崇尚评价的社会文化，让青少年生活在充满意义、温暖和光明的世界中，尽管外面就是冷酷、黑暗、空虚的文化环境。家长和灵性社群的价值不可估量，我们应该对现状高度警惕，因为精神个体化是青春期的首要工作，如果我们任由孩子在空虚、诱发抑郁的环境中长大，而不去支持他们，他们很可能一辈子都活在迷失中。

精神个体化比任何技能或资产都宝贵，它将使青少年的生活更健康、更有意义，让他们顺利进入蓬勃发展的成年时期。假如缺少灵性资源，青少年就会不计代价地追求超越的刺激：从事危险行为，包括鲁莽驾驶、滥交、无保护的性行为和物质滥用。

药物滥用成因的新发现

个体灵性的内在挣扎是发育性抑郁（Developmental Depression）的一个成因，我们将在第十章讨论。物质滥用跟抑郁很像，它源于青春期无法满足的精神需求而导致的精神个体化发展失败。但两者有区别，发育性抑郁是因为对灵性的叩问得不到解答，治疗方法是发展灵性。如果精神个体化发展的过程停止或者被忽视，灵性就被切断，人将会陷入抑郁。青春期滥用药物反映出孩子存在非常具体的精神需求：超然体验。青少年的身心迅速发育触发了超然能力，他们希望体验启示、天人合一的感觉。当青少年灵性发展得不到满足而选择了药物滥用，结果就会导致终身的依赖。

美国本土的第一位心理学家威廉·詹姆斯（William James）在1904年将物质滥用视为精神饥渴的结果。"酒精对精神的操纵是因为它能激发人类的神秘体验……醉酒加深这种感觉，让人产生一种积极的幻觉，这是人体内在机制使然。"

问题在于，这种积极的感觉并非植根于头脑和心灵的联结，它无法维持强大的灵性或超然联系。

目前的研究支持这一观点：药物的使用是一种受到误导的超然尝试，盖普特（Geppert）领导的小组综合考察了超过1300篇研究成瘾和灵性的论文，发现灵性是一种永远有效的复原力和保护力。药物滥用的本质是精神的挣扎，其解决方法往往是灵性的萌发和成长。

第二章介绍过的我们与耶鲁大学团队的合作的fMRI研究表明，大脑主管欲望的部分（脑岛和纹状体）会在超然中平静下来

（欲望停止了）。与大脑关联的欲望包括各种各样的事情，如赌博、色情、酒精或毒品，而瘾君子负责欲望的脑区会特别活跃。我们团队和其他实验室的fMRI研究表明，与超然联结能缓和欲望的神经反射活动，减少欲望，包括对药物的依赖。

帕特里克·弗林（Patrick M. Flynn）及其同事在发表于《美国成瘾期刊》(American Journal on Addictions)上的文章中指出，63%的正在戒除可卡因的瘾君子表示，灵性是其戒毒的关键。灵性还有助于戒酒和减少药物使用，无论短期还是长期都有效果。安妮·弗莱彻（Anne Fletcher）在她的书《清醒为好》(Sober for Good)（针对戒瘾成功者的广泛研究）中写道：人们普遍承认，灵性是戒瘾的五大重要因素之一。

然而，当涉及酗酒和吸毒成瘾的青少年时，我们却看不到放弃发展灵性正是导致他们物质滥用的主要原因。

我的实验室做了一项研究，比较了青少年和成年人通过超然联系对抗物质滥用的效果。在每组人群中，我们通过示范对超然存在的表达，如"当遇到困难时，我向上帝求助"，或"当需要做决定时，我问上帝希望我怎么做？"发现与超然联系的联结越强，使用药物和物质滥用的可能性越低。特别的是，与超然联结薄弱（含糊或缺失）的孩子相比，和上帝关系密切的青少年滥用药物的概率减少了80%。该研究的样本是全美范围内抽取的犹太教与基督教人口，其结论证明了灵性发展的模式：人在青春期出现对超然的渴望，如果不加以重视，就会缺少追求超然的能力。超然联系对青少年的保护作用是成年人的2倍，换言之，超然联系对脆弱的青少年时期的保护作用更显著。

自从我们的研究结果发表在《美国儿童与青少年精神病学期

刊》上，世界各地的实验室也都相继证明灵性比药物有更强的保护作用。香港理工大学公共政策研究所的杨伟强（Jerf Yueng）及其同事综合了超过22项研究的元分析显示，从世界范围看，拥有较强灵性的青少年滥用酒精、尼古丁、大麻或其他非法药物的概率更低。

吸毒、酗酒、寻求刺激、高风险性行为以及其他危险的行为往往被视为青春期的好奇或鲁莽的表现。通过观察灵性发展的过程和对超然的追求，我们可以从不同角度了解青少年的动机和感受。对他们来说，药物或酒精、高速驾驶和从事刺激行为都是寻求超然的捷径，而我们的流行文化鼓励这种实验，电视和音乐鼓励饮酒、性和刺激的行为，没有任何青少年文化（在这个问题上，甚至成人文化）鼓励内省或灵修。

当赋予青少年自主权，规则可以帮他们构建道德生活，就像脚手架一样帮助他们认同和实践自己的灵性。但规则的力量不如个体的精神力量强大，不足以把直接觉知和内心的道德感整合起来。严格遵守规则可以让人摆脱困境，然而一旦进入未知的领域，规则就不一定适用。尤其是青少年，他们一旦尝试酒精、药物或高风险的行为并且被吸引了，哪怕仅仅为了得到同龄人认同，父母或宗教给出的规则（例如说"不"或宗教道德绝对主义）的作用就不大。只要青少年尝试过，他们的行为就被排除在规则之外，他们就变得孤立。

大量的研究显示，灵性能够有效预防药物滥用，心理学家和无数戒瘾成功者都认同这一点。匿名戒酒会支持灵性联结的方法，这种方法让那些为了追求超然体验而使用毒品、酒精的人成功恢复正常。

我曾在《纽约时报》博客论坛上发表了一篇文章探讨青少年通过药物寻求超然体验的问题，在那里许多人回复说"那就是我！""终于有人理解我了。"这里面有成人也有青少年。尽管也有成年人批评或不认可，但没有年轻人或青少年的回帖否认对灵性联结的追求和药物的滥用之间的联系。许多人跟我讲了他们和高层力量联结的体验，他们认为灵性价值观是身心复苏的关键。

"当我15岁开始喝酒时，灵性是我丢失的第一件东西。我40岁开始治疗，灵性是给我带来希望。"一位读者说，"这么多年来，我一直认为去教堂（与清醒的人待在一起）是我保持清醒的主要动力。"

一位中年妇女（受过良好教育的卫生保健专家）说，酗酒毁了她的职业生涯和个人生活，给其家庭造成了不可估量的伤害，现在她已经戒酒一年半，她说"上帝带来的爱、感动和团契"治愈了她。

灵性与积极心理学的联系

最近已经有很多关于青春和积极心理学的讨论。积极心理学着眼于我们积极的一面，如坚毅、宽容、乐观和各种心灵资产。那么灵性与积极心理学有什么联系？灵性得到个体化发展的青少年在这些功能强大的资产上与其他孩子有什么不同？

该问题最早由彼得·本森提出，他是明尼苏达青年研究所的负责人。本森和他的同事发表的十多篇文章指出，从数以千计的年轻人身上看到，灵性与人的各种心灵资产密切相关，如承诺、奉献和执着等。

一旦科学认定超然联系是灵性中的"活性成分",个人超然联系就能产生积极心理。我们和哥伦比亚大学的研究人员雅科夫·巴顿在美国和印度招募了 4000 多名较大的青少年和年轻的成人,请他们谈一谈超然的感觉。研究重点是他们的超然联系,并测量积极心理学范畴的指标,如坚毅、乐观、宽容和积极关系。这些指标之所以重要,是因为它们决定了人生的满足感。然后我们研究了各种数据模型,将其分成 5 组。其中 4 组的结果基本相似,即是超然与各种积极心理学特征密切相关且成正比:超然程度极高—心理积极程度极高、超然程度高—心理积极程度高、超然程度中等—心理积极程度中等、超然程度低—心理积极程度低。

这一点也不奇怪,因为积极心理学的特质(执着、坚毅、乐观)是从超然的价值观中演变出来的,它是一种灵性世界观,决定我们的终极价值取向。过着灵性指引下的生活意味着一切都具有更多意义和更高的目标。例如,玩棒球或学习功课不仅是为了赢得比赛、考高分,更是为了放松和获得知识。强大的、支持性的灵性生活使青少年更有毅力和决心,更关注内心。同情和无条件的爱的理念帮助我们定下承诺,促使我们原谅别人,并鼓励我们建立有意义的关系,而不是侧重于空泛的功成名就的理想。这一切都发生在更广大的意义层面上,青少年有更多的理由去坚持。因为一切都被赋予了灵性的存在,我们有理由感到有价值、乐观、希望,为长期目标工作而不短视。可有一组是例外,有大约 16% 的青少年和年轻成人超然程度低,但却保持较高的积极心理水平。我称他们为"品格高尚的人本主义者"(virtuous humanists),他们也许是从"正确行为"中获得灵性满足,抑或只是与众不同而已。

科学告诉我们，青春期是踏上"生理上的灵性追求"跳板的时期，此外，青少年许多令人不安的行为，如寻求刺激、滥用药物是旅程（被误导的）的一部分。根据前面的章节中的对第一个十年的研究成果，我们知道，灵性生活得到支持是非常重要的。从灵性互通、联合作用和爱的场域来看，父母与社群也是青少年塑造大脑的不可或缺的部分，因为他们的大脑不断成长，神经通路成形。重点是，在青春期，我们必须继续将灵性与孩子的生活整合。我和其他人的研究表明，父母的帮助会使效果更好，只是你觉得自己显得很多余，以为孩子对你不屑一顾、置之不理，或干脆把你推开，但你需要知道，父母在青少年的灵性发展过程中是必不可少的。

第9章

对人生呼召、意义和目的的追寻

假设你生活在一个安宁的家庭,你家有个安静的后院,你每天都在那里度过悠闲的下午,大自然是生活可爱的背景,它透过季节的变换展开生命的律动。你的家庭充满爱和温暖,当然也难免有些小缺点。你有很好的邻居,除此之外,你被一群善良、大方、热心的人包围。大多数情况下,一切都很熟悉,生活很安逸。这些正是孩子第一个十年中灵性体验的典型写照。

现在,假设有一天你突然醒来,发现以上的生活已经荡然无存,你被蒙上眼睛带到一个新的地方。你剥开眼罩,发现自己站在第42街和百老汇大道的交叉口,来到了时代广场的中心。

你看到以前从来没有见过的东西,甚至连熟悉的事物都显得陌生,一切变得生动、混乱、不和谐。人行道上熙来攘往,人们从你身旁匆匆走过,有的人表现出不耐烦,有的人视你为无物;无家可归的人索要钱财,有的人会扔给他们零钱,有的不会。你看到情侣在人行道上接吻,工人成群结队,偶尔还会瞥见毒品交易。有人骑着自行车在车流中穿行，躲避着黄色的出租车和过街的行人。一些家庭到百老汇看演出，人权示威者挥动标语抗议。来自中国、日本和德国的游客信步闲逛，欣赏风景，他们的语言和街上的各种声音汇成一首交响曲。

这个地方既惊人又迷人，你身体的肾上腺素激增，虽然令人兴奋，但也很混乱，甚至有点吓人。你怎么会在这里？你应该怎么做？你怎么去适应？你能相信谁？你怎么结交朋友？你如何保持安全感并与这个世界联结？这些大问题对你来说很新奇，你以前从未思考过。于是，尽管实际上没有人告诉你什么，但你似乎对现实产生了新的认识，你不知道这是怎么一回事（你怎么会来这里、你应该做什么），但你清晰地感觉到，现在你必须把所有问题弄明白。

有许多不同的方法来创造你在时代广场的新生活，它们会带来完全不同的结果，也许还包括很多麻烦：使用药物、吸毒成瘾、危险的性行为等等。但是，如果你能得到引导，保持专注，就能得到创造自我、表达自我和与其他人联结的巨大机会。

你的旧我被新环境和新感觉包围：痛苦、欲望与性、爱和喜悦、突如其来的幸福。新世界带来的刺激生动辉煌，是很有意思的。然而，世界也很大，混乱和强烈诱惑干扰了你的感官，在时代广场上找到方向似乎很难。

正如我们所看到的，青少年的大脑会发育出各种新的能力，前所未有地充满感情和各种驱动力：因为感知能力变强了，他们的生活在眼前闪闪发光。心理学家和杰出教授劳伦斯·斯坦伯格（Laurence Steinberg）在他的书《机会时代》（*Age of Opportunity*）中指出，青春期的大脑"极其敏感"，它充斥着性荷尔蒙和各种引起强烈情感的生化成分,这个阶段的经历很容易被记住。这种强大的青春期的情感记忆是由多巴胺这种神经化学物质与我们的超然体验密切相关而引起的。

因此,青少年仿佛突然感知到这个丰富多彩的世界,被全新而强烈的情感、思想、政治、社会、性和道德选择所震撼,这一切一下子出现在眼前,他必须弄明白每件事,而曾经成长缓慢的前额叶皮层现在正全速生长,这个抑制冲动的分析决策部分则希望他采取"公正行动"。接下来的任务是前后脑同步,这个生物过程提升了感知能力和情绪敏感度,使青少年实现超然觉知和灵性成长,从而进入全新的长期发展阶段:灵性驱动下的探索。

人生的探索:你准备好了吗?

青少年提出的问题有80%由"我"字开始,这并不是成年人认为的自我中心,而是他们正处于个性化阶段。他们不得不弄明白"我"的身份:我如何生活?我怎么知道并且相信?我是谁?

心理学家早就指出,个性化是青少年成长的基石,十分重要。爱利克·埃里克森(Erik Erikson,为了展现自我定义,他给自己改名为"埃里克森",即埃里克的儿子)在一个世纪前就提出了他的著名定义:自我同一性是一个提问的过程——我是什么?什么不是我?我该如何定义自己?青少年需要通过文化、习俗和社会测试自己的内在感觉。

《麦田里的守望者》中的霍顿·科尔菲德宣称,青少年难以忍受"虚假"(虚伪和矛盾),因为他们追求的是和谐的真理、个人的价值观与现实的整体性。在与父母、老师一起的时候,有时会提到"我、我、我想……"或"不是我……"。这些说法听起来冒犯人,以自我为中心,有些自我迷恋,可事实并非如此,这是青少年(或我们每一个人)了解内心的唯一手段。表面上,青少年在日常生活中的疑问和争论听起来似乎比较夸张,但鉴于他们的身心经历的巨大变化,有这些情感也无可厚非。

日常生活中,外部环境给青少年带来的冲击巨大得如同从宁静的田园之家被空投到时代广场一样,所以他们对外界的看法难免激进。他们对青春期的各种变化尚不熟悉,但通过一系列的经历,他们会开始设计自己路线,筹划前进的方向,同时他们必须做出各种选择。

其中一些选择与个人道德有关:

◇ "喝酒对不对?如果欺骗父母去喝酒呢?我有责任阻止朋友在聚会上酗酒吗?"
◇ "我的性道德观是什么?我要和新男友(或交往一年的男友)做爱,还是告诉他暂时不要?"
◇ "如果我帮朋友做带回家的试卷——就几道题,是否违反校规?"

这些问题可扩展到更大的范围,如关于道德的本质、自我、人际关系和现实等:

◇ "是否存在一位知道我在做什么的上帝?"
◇ "我们在道德上要对高层力量负责吗?"
◇ "我要对自己、对我自己的标准负责吗?这些标准是什么？"
◇ "别人有权试图影响我吗？"
◇ "如果我在一个完全不同的文化里长大，是否会有和现在相同的道德观？"
◇ "是否有终极的道德准则？"
◇ "为什么我们会生活在地球上？"

青少年也不总是专注于这类大问题，他们还需要面对各种具体的日常决策，如人际关系的选择等反映深层价值观的行为：

◇ "我应该去参加训练营，还是看望祖父母？"
◇ "我应该试图融入小圈子吗？如果这意味着我要疏远那些他们不喜欢的人呢？"

通过一个个或大或小的选择，孩子的路线图逐渐形成，他们根据自己的世界观认识到一些基本的概念：我是谁？我希望自己的人生是什么样子的？我的目标是什么？

青少年的个体化自然涉及灵性等深层次的挑战，尽管这个过程没有精神个体化也能进行，但效果只体现于外在表现、成就和物质成功等方面。科学发现灵性具有普遍的保护作用，所以我认为，作为人类，我们天生就应将灵性作为核心规律，在人生的各个方面，完全的个体化最终能追寻和回答精神上的"大"问题。

灵性追寻不仅与智力有关，还要通过人类的知识、情感、关系和身体渠道实现，每一个青少年都拥有这些渠道，虽然侧重点因人而异，但凭借这四大渠道都能获得超然体验，简单来说：

智力。对一些青少年而言，个体化意味着智力上的挣扎，建立在青春期基础上的哲学、神学或者说存在主义的观念驱使了挣扎的发生。他们渴望了解，并且通过质问去解决问题。

情感。强烈的情绪存在于大多数青少年身上，这是一种对超然的饥渴感，表现为空虚、焦虑或渴望，目的是寻找爱、温暖和归属感。

关系。关系是精神活动，是许多青少年的灵性基础。爱和日常互动成为灵性联结和满足感的基础，对关系的追求让青少年感到被接纳，完全接纳。

身体。对于其他青少年来说，个体化是从身体意义上感受到的，因为身体生活在自然世界，可能感觉沮丧、愤怒或焦虑，这种物理的紧迫感可通过觉醒、喜悦的感觉，或身体的旅行加以解决，以超越先前的限制，或通过感官体验天生的灵性精神的觉醒。

对超然的渴望可以通过所有这些渠道表现出来，青春期的快速发展不仅提升了认知能力，还让人因明白了周围的世界是灵性现实而渴望灵性超然，最重要的是，这种驱力促使我们探寻灵性意义上的自我，追求与终极宇宙的关系。

遗憾的是，大多数青少年都完全没有准备好做这个工作，更谈不上确定其性质。

灵性资产是青少年探索的工具

青少年体验这段过程的感觉犹如置身暴风雨，被没有答案的问题包围，迷失在茫茫大海一样的外部世界，无力应对心灵深处的饥渴，给他们造成挫折的往往还包括父母。因为超然体验和灵性知识缺失并且得不到统一，他们会感到空虚和痛苦。

支持青少年最有用的方法是将这种寻求定义为灵性上的，视其为走向成年的根本和核心。对灵性统一看法可以带来平静、目标和稳固感，父母应让孩子知道，这段过程是通过洞察获得灵性觉知的机会，困难会过去，答案会来的。

第一个十年理解灵性生活的基本语言在第二个十年也相当重要，因为该阶段青少年的灵性觉知迅速发展。无论旅途如何喧嚣，青少年应有基本的信心，相信自己能够直接实现超然，因为这一直是他的人生经历的一部分，他的觉知渠道比以前更宽广，可以从更深的层次对那些顽固的问题做出回应。

面对新的思路和新情况，他能给宏大的问题带来灵性觉知：生活应该是怎样的？我希望我的我的生活这样吗？我希望成为这样的人吗？

这是精神个体化的挑战，但青少年有自己的工具：明觉、直觉、爱的场域、父母对高层力量的认可以及灵性罗盘。有了这些，他们可以了解高层自我并在该层面看待世界，而不是陷入混乱中。青少年将在自我之内拥有更真切的灵性现实感，并掌握持有这些经验的语言。

灵性觉知是孩子进入青春期的基石，用以打造个性化的大厦，没有这种意识和灵性的生活常识，孩子便可能为了追求超然而找一些所谓捷径，结果误入歧途。发展必定会发生，无论他们是否准备好，实现超然的快捷方式，如追求冒险、草率的关系、饮酒或尝试药物只能获得风险。

探索灵性身份的强烈欲望

脑科学表明，在第二个十年，青少年的大脑是为精神个体化而设的。成年后的神经网络和思维模式已经定型，而青春期时的大脑和心灵则相当于是打开了一个宝贵而稍纵即逝的窗口，它们准备好了敏感的调适能力以及大量热情去投入到此项工作。青少年有强烈的欲望去探索、发现、反思。

对青少年而言，"时代广场"般的体验就是灵性觉醒的过程，无论他是否意识到，青春期的基本特征是各种能力的发展启动了青少年的个性化过程，包括精神个体化，这一生物过程和发展引擎的核心特点是：

- 青少年的大脑是灵性的大脑，超然功能（感受和与超然世界互动的能力）具有生物基础，旨在与青少年发展的各个方面进行整合，正如第一个十年的目标是整合儿童发展的各个方面一样。
- 生理功能的迅速发展决定了灵性目标和超然联结植根于符合生物和心理学规律的时间表。
- 大脑的迅速发展包括元认知和高层次思维，它允许青少年反思内心体验，寻找意义，这种"思考我们如何思考"的能力包括质疑、检视和重新思考人生、世界与现实。通过这种主动、周到、有时改变生活和创造意义的反思工作，青少年全面认识世界，将其视为丰富或虚无的，进而找到意义、目的和呼召，或感到迷失并发起对抗。
- 个体灵性（青少年自己选择的灵性参与路径）成为终生的

个人成长、成功、满意度和幸福的基石。在第二章中，我们知道，研究已经发现个体灵性不仅与同情、宽恕、坚韧，以及研究人员安吉拉·达克沃斯（Angela Duckworth）所说的"达至成功的坚持和热情"（grit）有关，个体灵性还是降低青少年常见的严重健康风险的最有力保障。

请记住"时代广场"这个比喻，进一步观察孩子的现实生活，了解青少年大脑功能发展的各种特征，将重点放在支持他们寻找有意义的个体身份，整合多种个体角色（学生、家庭成员、进取者、梦想家）实现个性化方面，帮助他们抓住发展的机会，利用超然功能和渠道实现个体灵性。

大量科学研究表明，灵性和灵性价值能够抵御各种心理和生理疾病，甚至能抑制与疾病相关的基因，选择性地转录更健康的DNA进行蛋白质合成。哪怕撇开各种大问题不谈，神经关联、细胞健康以及身心整体健康等各个层级无不与灵性有关，我认为灵性是身体组织和执行能力的最高枢纽，是健康和人体自然构造的核心。

青少年在以上过程中的每一段经历都具有个人意义：我怎么看待这个问题？我有什么感觉？我会怎么做？他会在学校、家庭和社区中观察与思考：我要对新同学打招呼吗？我要和他一起做作业而不是和朋友们一起吗？我要遵守承诺和妹妹看电影而不是借故和朋友出去？假如我朋友做了我认为错误的事情怎么办？他们透过对每段新经历做出判断，认清自我：这是属于"我"或"不是我"的经历？"时代广场"为他们提供了五光十色的机会，来势汹汹，并且有太多东西需要处理和消化。

作为父母，如果我们在子女前往"时代广场"之前可以给他们带上一件东西，那么最应该带的是什么？根据过去 15 年的研究，答案就是灵性。

"我是谁"：灵性对自我认同的作用

如前所述，青少年需要身份认同和整合，将个体化作为发展的迫切需要，但如果不把灵性置于中心地位，他们的任务至多完成一半。青少年性格善变，往往为了追求独立而疏远了父母、友情和恋情。拥有了各种新能力——批判思维、自主性、性成熟和对世界的认识提高之后，仍然满足不了他们对灵性与归属感的饥渴。

人生最深刻的问题突然让青少年觉得压迫：我是谁？我为什么这里？我有什么作用？我们的文化无法帮助青少年回答这些问题，所以引起他们的焦虑和不满，而我们却认为孩子顽固，难管理，"情绪化"，或者觉得：噢，青少年，他们永远不高兴，没法做什么来取悦他们，或者他们就是会把我们气疯，或者他们会挺过来的。

青少年的混乱状态实际上是灵性觉醒，是对意义和目的的追寻，他们的灵性功能已经发育成熟，渴望超然和建立超然联系，实现内心的平衡，这是精神个体化的表现。

正如我们在前面的章节中所看到的，天生的灵性是情绪心理构造不可或缺的重要部分，无论从生物、心理和发育角度看，它都渗透于我们的存在，充当成长的催化剂和组织原则。如果我们把发展视为一张蜘蛛网，那么位于中心的灵性在强度、范围、韧性和连续性方面就延展到整个网络，从这个中心开始，灵性价值和原则塑造了青春期自我的其他所有方面。我在关系中扮演什么角色？我如何对待"另一个人"？我的价值观是什么？平时如何应用它们？

灵性中枢就是超然自我，是高层自我的所在地：青少年和宇宙的关系感、认为自己是宏观事物的一部分。通过超然自我，他们得以接触超越物理世界的天地并与之对话，从上帝或自然那里获取指引。超然自我会改变身份认同和个体化的过程，灵性自我每天参与生活和表达的背景就是青少年的个体灵性伸展翅膀的过程。

脑科学告诉我们，当个体灵性强大到主宰大脑运行的时候，它可以克服其他基于遗传的风险，如失控的基因易感性、抑郁症、物质滥用以及冒险心理。灵性增强的积极方面，有助于避免范围极其广泛的基因风险，其影响是无与伦比的，同时体现在对发展核心的主宰作用中。

不仅如此，灵性的组织作用意味着它会借鉴并影响其他能力，包括青少年如何看待世界和自我，如何从经验中学习，如何运用判断去克服冲动，运用直觉面对环境、他人和机会。如果得到发展，我们与灵魂的联系就是精神世界的最核心的组织原则，青少年应该拥有超然自我，让这种稳定、坚固的组织能力指引他们前行，尤其是在这个讲求成功和表现的文化环境，更需要用它应对学术和专业环境中异常激烈的竞争。研究表明，这种精神内核的正面效应已经越来越明显，从长期来看，精神内核影响一切，包括生活中最亲密的关系、对工作和生活的愿望、个体以积极方式参与社会的行为模式或反社会倾向，灵性发展是我们在第二个十年最重要的工作，最需要家长和社会各界的支持，如果没有这些支持，青少年的发展就失去基础。

拥有灵性的精神世界向青少年展现了明智而强大的图景，让他们顺利度过动荡的青春期；没有灵性作为核心组织者，情绪、社会和认知资产就缺乏组织、凝聚力、协调和使命感。研究表明，缺少灵性的青春期只会增加抑郁、物质滥用和高风险行为发生的机率，灵性空缺导致青少年一辈子都有空虚感，没有根基，感觉焦虑，承受能力低，使成年期变得无意义。

下面的表格展示了作为青春期追寻核心的个体灵性给人生发展的每个阶段注入意义、目的和对生命的肯定，将发展的任务转化为丰富的灵性体验。有了灵性，自我认同感便在意义和目的中成长，没有灵性，为了获得自我认同感就只能追求所谓的"成功"（见表格最右侧）。个体灵性使奋斗成为青少年驾驭内心力量的方式，满足其召唤，没有灵性，奋斗的目的只是为了感觉自己有才华和特别，陷入自我迷恋。孩子们告诉我，在日常生活中，潜在的灵性让他们觉得自己活在一个有目的的宇宙中，而不是茫然的宇宙。

对于每一重大发展任务，灵性带来了积极的发展结构，如下图所示：

灵性内核塑造发展：意义、目的、呼召和联结

发展任务	有灵性内核	无灵性内核
自我	内在价值	外在能力
身份	意义和目的	获取成功
关系	神圣、分享的爱与成长	取悦、满足需要
道路	向上、引导	不确定
世界上的位置	总是联结	最终孤独
存在现实	有目的的世界	茫然的世界
自然现实	爱、赋予生命	未知
好事	祝福	应得的、幸运
坏事	机会、学习	随机的、失败

灵性内核改变所有方面，精神个体化让青少年认识到自己（和他人）的价值——与成功或失败、是否得高分、成年后是否赚大钱、住豪宅、出名无关。灵性观念让他们投资个人才华和特点，实现更高的目标和至善。

精神个体化涉及分析头脑和直觉，或在超验头脑之间构建强大的对话，连通大脑和心灵。

我们可以在孩子抵达"时代广场"之前提早准备，毕竟这样做有益处，好比有人在你去旅游之前给你一副罗盘，告诉你如何使用好导航工具。

如果不知道这就是目前的任务，青少年会吃苦头，如果没人告诉他们灵性的猛烈觉醒，他们会被那种力量压倒。他们对意义、目的、呼召、关系和终极本质的疑问也具有压倒性，因为没人告诉他们应该与超然建立关系。我们的文化已经在这方面放弃了青少年，我们需要做得更好，幸运的是，我们能从一些历史悠久的文化中找到丰富的灵性意义，帮他们度过青春期。

传统仪式："超然教育"的模板

许多文化的确会帮助青少年踏上身心融合这一重要而令人兴奋的旅程，在这些文化中，青少年不仅得到一张罗盘，还有工具包，并且获得了茁壮成长所需的技能培训。父母和其他成人导师显然有责任——神圣的责任，为孩子做好准备进入发展通道。

心理学家和人类学家理查德·卡茨（Richard Katz）在他的书《沸腾的能量：卡拉哈里的社群治疗》（*Boiling Energy: Community Healing among the Kalahari Kung*）中，指出非洲布须曼人的以灵性为基础的文化是"超然教育"。布须曼人会用仪式化的鼓点和舞蹈进行治疗、庆祝和获得超然能量,他们的孩子自小就通过部落仪式体验到这种超然能量,进入青春期后充分认识到自己的先天灵性,并被鼓励使用它。他们的超然教育从出生开始就和日常生活结合在一起,是终极"综合课程",比给孩子买一台新笔记本电脑带到学校有帮助多了。

在许多土著传统中,包括北美土著,青春期是普遍公认的灵性觉醒阶段,已经做好接受代际知识的准备。如美国本土的太阳舞和青春期男孩的曲棍球仪式、灵性小屋、日出和女孩的巴拉斯乔纳斯青春期仪式,都是通过神圣仪式庆祝成年即将到来,强调自然是智慧的源泉,年轻人天生有灵性能力,现在获得了新的力量和责任。

在世界宗教中,类似的仪式有天主教的圣餐,使圣灵进入青少年心中。在犹太教,成人礼或受诫礼标志着青少年已经长大,在宗教社群担起责任,与上帝同行修善世界。在印度教中,入法礼(Upanayana)或"再生"(Dvija)标志着青少年作为成年人加入宗教团体。在伊斯兰教中,从青春期正式开始践行礼拜(每天5次)等其他神圣的承诺。在"成熟的年龄",巴哈伊教的青少年公开宣誓遵行宗教戒律。佛教的新标(Shinbyu)庆典让年轻人以新信徒身份进入寺庙。在神道教仪式上,青春期男孩获得成人的衣服并理发,然后被带到守护神的神龛前,纪念进入青春期。通过所有这些仪式,青少年被公认为得到了灵性守护,有了作为灵性成人回馈社会的责任。

这些传统不仅具有集体身份的象征意义或只是古代的辉煌文化和神学的复杂仪式,还能提高灵性,赋予青少年应对超然联系的知识，是一种经过时间考验的精神个体化的机制，使青少年的各项能力（生理、性、认知、社交、情感和亲社会方面）得到整合，最终与灵性意义融为一体。

这些长期存在的文化和宗教传统早就理解了西方科学最近才理解的东西：人生第二个十年，内心闪现追寻灵性、与超然建立关系的渴望，希望认识宇宙的终极力量。这对世界文明而言并不是一个新的想法，只是被当代西方文化遗忘而已，结果让孩子们付出了极大的代价，变成乖戾、心神不宁的青少年，他们的身心灵亟须得到整合，以结合成一个连贯的整体。

每一个青少年都是个性化道路上的英雄，像神话那样，他们必须走出去，杀死恶龙，带着恶龙的首级回来，以全新的方式加入社群。从心理学角度看，我们将该过程理解为青少年应对内心测试和挑战，以自己的方式进入成年。有时他们需要外出很远才能做好回归的准备，带着强大起来的灵性自我重新融入家庭和社群，无论通过宗教仪式或家庭文化的方式，他们都要完成需要完成任务，回来，以个性化的方式归队，展现出更成熟的面貌。

环境是如何影响孩子的灵性追问的？

人在青春期通过努力工作和独立决策完成身心灵的整合——头脑与心灵的联结。在很大程度上，这是一出独角戏。然而，研究表明，对于天生具有社会属性的青少年，父母、朋友、学校等周边环境以及流行文化都对其个性化具有显著的影响。

山姆·哈迪（San Hardy）是杨百翰大学的发展心理学家，6年多来，他研究了来自16所高中的学生的身份发展。通过观察他们对宗教社区的贡献和服务，他发现，参与社区服务和（或）宗教活动的青少年个性化效果更好，对于诸如"我是谁"和"什么是生命的意义"等问题，他们不会回避、忽视或搁置，他们最深的疑问已经得到积极处理——无论是否完全获得答案，至少进行了认真思考。通过良好的行为，他们实际上使自己变成在服务中按照灵性价值生活、听从内心感觉和超然联系指引的人。

青少年的精神个体化受到多种年龄段的社区成员的积极影响，如宗教群体或基于服务的组织等。他们需要学会如何在复杂的日常生活中平衡头脑和心灵，以个性化过程为中心，通过祷告、良好的服务行为和服务的关系找到答案。哈迪强调，社区成员的个人经历是青少年的指引来源，因为他们中的许多人已经实现了精神个体化。20多岁的宗教团体成员可以和10多岁的孩子谈谈自己的个性化过程，分享其灵性价值，为孩子提供养分，使其不轻易放弃个性化的奋斗过程，而是从关心自己的成年人中努力寻找支持和指引，因为他们也曾面对与自己相似的灵性挑战。

一项关于精神个体化的研究（基于著名的北卡罗来纳大学千名青少年实验）考察了同龄人和学校文化对青春期个性化的影响，发现同龄人在该过程中的影响力等同于父母，而学校的影响力则更加强大。学校中的同龄人、规范和文化环境，以及如何在学校环境中茁壮成长，所有这一切都与父母和亲密的朋友同样重要。这就是爱的场域扩展到了学校和社会的表现，正如我们在第五章看到的。

这项研究还发现，拥有慈爱的父母的青少年（与父母灵性互通）更容易在个性化时形成灵性路线图。在很大程度上，这是一副指向家庭之爱、承诺和关怀的罗盘，使青少年能充分感受到爱的场域和家庭成员间的精神联系,他们从中汲取力量,以建立自我意识的世界。

随着孩子离开父母而独立(这是其使命)灵性赐予他们另一种资源,另一个人听他们倾诉,使其能够寻求建议和指导。虽然他们没有准备好一切,但他们确实希望自己做主,而不是做什么都要听从父母的意见。

青少年天生能够感觉到自己的心灵需要,迫切希望建立最深层的价值观,找到自己内心的声音,无论是否得到支持,他们都可以通过友谊实现该过程。上面的研究数据显示,朋友、学校文化都有促进或抑制精神个体化的作用,但在同一所高中的两个少年之间,如果其中一个的灵性曾经得到家长的培养和支持,他的体验与另一个会有很大的不同。耶鲁大学医学院教授、临床科学家阿勒西亚·戴斯罗士(Alethea Desrosiers)带领我的实验室所做的研究表明,在一定程度上,青少年有能力构建支持精神个体化的关系:换句话说,他们会选择倾向于追求灵性价值的朋友,这些朋友就像重视灵性的父母一样。在相互交流中,青少年们讨论道德问题,分享是非善恶观念,就解决生活中的重大问题等严肃话题发表自己的看法,这种朋友之间的交流方式最初是从家长那里学来的。

我们采访了数百名青少年,问他们平时都会和谁(如家庭、老师、队友、学校里的朋友)谈论灵性问题,毫不奇怪,最有灵性头脑的孩子纷纷表示,他们会和朋友讨论灵性问题,并认为这些谈话非常私人化,很重要,而且他们的发现十分宝贵。出于对朋友的尊重和保密,这些青少年通常不与他们的父母分享这些讨论。

我们又问他们和自己的父母讨论个人灵性的频率和开放程

度，孩子们的回答表明，那些愿意和子女讨论灵性的家长可以放心，因为孩子会继续和同龄人探讨灵性方面的大问题。事实上，研究证明，得到父母的启发之后，青少年更有可能与朋友一起参与灵性活动。

我们的研究还表明，同伴的影响还会增强孩子的好奇心，使其继续第一个十年中你为他们启动的探寻之旅。青少年喜欢和朋友们在一起过夜、登山或独处时讨论这些问题。所以，孩子来找你交流固然是好事，和朋友交流也很有意义，总之，请全力支持这样的友情。

从工作和研究中，我发现大多数青少年很高兴谈论和分享他们的灵性见解，当被问及相关话题时，他们显得非常兴奋、好奇、充满活力，他们似乎知道自己的新认识标志着一个新的冒险的开始。然而，他们也会注意到，除了自己的朋友，似乎没人关心他们的发现——我们在研究过程中发现，只有少数家长会关心这些。而且，由于很多家长可能还没有意识到青春期的正常发展包括灵性因素，他们的青少年子女可能不理解灵性体验是青春期的正常现象，是内在的事实。当被问及灵性问题时，孩子们发表的见解表明这些问题经过了他们的深思熟虑，说明他们渴求灵性，并且很高兴终于有人问他们这些问题。青少年敏锐地意识到存在一种神圣的生命力量，他们将它视为真实的东西来宣讲。

访谈：青少年如何看待灵性？

如我们在第八章所看到的，越来越多的研究，包括 MRI 等研究表明，青春期的大脑功能朝着支持超然体验和前后脑联系的方向发展。这些变化相当于从座机调制解调器到高速互联网服务免费升级，青少年处理信息的大脑带宽突然扩大了很多，同时知觉感官提高，这是与同龄人和社会连接的高端驱动器，还能引起情感共鸣和反应。生活仿佛以高清分辨率呈现在青少年面前，促成其个体化，他们也经常意识到这种一体化的过程。随着前后脑连接开始建立，负责分析、提问的前脑从负责直观、感官的后脑接收反馈。你可以从以下两位真诚的女孩身上看到这一点，她们对意识的不确定性的突破是青少年中常见的思考方式，明觉和头脑觉知起初是不同步的，但孩子努力希望将分析与直观协调一致：

◇ 我喜欢每一个徒步旅行的伙伴——每一个人对我来说似乎都很特别——但你觉得这是真的吗？（艾莉，16 岁）
◇ 我觉得上帝是存在的，但是这符合科学吗？（杰西卡，17 岁）

还有一位 18 岁的男孩，他显然在寻找语言来表达自己对终极意义等大问题的看法：

> 我想，每个人都希望找到生活和事物的意义，因为它们要证明自己的存在是合理的，但我觉得也有点不真实，因为虽然对个人来说那些东西有意义，但完全是一个向内和向外的视角的问题。

当被问到上帝是否存在的问题，青春期发展出来的自我观察的元认知能力和前后脑的连接可以从 15 岁的汉娜身上得到体现：

有这么多的东西都比我们伟大,怎么能说没有别的东西存在呢?它可能也不是上帝,但我也不知道,我怎么会知道?这些东西有点吓人,我们不是最高存在,我不知道那是什么,但它肯定存在……因为如果没有上帝,大脑怎么会那么奇妙?那么多不可思议的事情发生在人身上,你根本不明白这是为什么,科学也创造不出这样的事情。但我非常相信科学,我知道进化什么的——我知道,也相信。真的。

这些声音反映出青少年的灵性追求,渴望超越平凡,体验"更伟大的东西",思考生活中的复杂问题。无论身在何处,青少年都会遇到各种复杂重大的生活问题,有时候,灵性觉醒是通过质疑辛苦地实现的。有时是在朋友的启发下,有时是通过在大自然中思考,或者在汽车等绿灯的时候获得顿悟,头脑就是这样工作的,精神亦是如此。这些寻求开辟了体验的空间,回答了他们的问题,对于许多青少年来说,它们与自己或他人的生命、死亡、苦难、斗争、挫折有关。我采访过的许多青少年都表示,与其说他们的灵性觉醒是一种巨大突破或"高峰体验",不如说是自我试验或自我发现之路。

在研究访谈中,我们问他们是否有过灵性体验,结果发现青少年对灵性时刻的定义是多元化的,但也总是真诚而深刻的。在这类谈话中,我总是被他们自我探究的深度而感动,他们的观点生动、充满创造力和智慧,并善于从生活中获得塑造个体灵性的启示。每个孩子都是灵性之旅上的与众不同的英雄,他们的反思也有共同的主题——自我发现、灵性觉知的成长。以下是他们的心声:

◇ 我现在正在发展成为一个成年人，我的心已经变了，我过去真的只是一个跟随者，相信人们告诉我的东西，从来没有真正质疑过什么。我认为上帝存在，只是因为人们这样告诉我，我从来没有真正想过这个问题。后来我又想到今天在世界上发生的事情，我从来没有想过这个问题，从来没有将它们与圣经所说的对比。现在我觉得接触的东西多了，变得更聪明了。据我所知，世界比以前好多了，我给律法和灵性想出了不同的解释。（路易斯，16岁）

◇ 我觉得通过和人们见面，我开始接受各种理念。比如我的父母：他们认为对方是灵魂伴侣，所以我接受了这种信念，并把它变成我自己的信仰体系。我从我的瑜伽老师那里学到一些东西，从教会也学了一些，也从圣经、我的朋友和家人那里学习。（凯瑟琳，18岁）

◇ 快上七年级的时候，我经常质疑。我原来都是听别人的，但现在我父母告诉我，我可以追求各种目标，过去我从不自己思考，现在我真的开始思考什么是我人生中宝贵的东西，我得出了自己的结论。所以我会接受我喜欢的，抛弃不喜欢的，我相信精神上的东西。（扎克，14岁）

有些青少年感到有必要探索其他精神传统或可能性，有的则愿意接受家庭信仰，喜欢深入挖掘其灵性方面的意义。16岁的丽贝卡是犹太人，她接受了家庭的宗教身份，但显然也在灵性方面找到了更属于她自己的东西。

我的灵性绝对已经转化成了我自己的东西，不是任何人灌输给我的，因为我的父母都不是有灵性的人。我可能是我家最虔诚的人，我的灵性需要我自己维护。我去犹太会堂过宗教节日，几年前，我开始每天晚上都祷告，然后去睡觉……这是属于我个人的独特祷告。我发现灵性渗入到我的日常意识中，自我记事起就是这样，这是我的身份的一个组成部分。

15 岁的佛教徒安妮阐释了她的想法。

我认为所有的宗教都是为了明白你是谁，不只是物理意义上的，比方说我是安妮，我是女孩，我是韩国人——不仅如此，我认为宗教告诉你了你是谁。我想所有的宗教都有相同的起源，比方说做好人，有诚信。但佛教能指导你做自己，让你明白你为什么在这里、你的目的是什么。

15 岁的汤姆从小就通过基督教与上帝联结，也会从其他资源中获取所需的养分。

我必须了解世界，收集那些知识的小碎片，我已经做好准备。我不必"了解"我正在处理的东西，上帝在给我慢慢打基础，因为祂说，我们必须自己完成这个任务。我明白生命是个过程，我正在过程中，小碎片每次只来一块，它们来自老师们、各种神圣的时刻或难忘的时刻、人际关系或书籍。

作为唯一的非犹太人，16 岁的塔米参加了朋友的信仰夏令营，从中获得了理解灵性多元化的能力，使她在不同的信仰背景下理解自己的灵性体验。

> 我体验了一个新的宗教……交了新朋友,第一次吻了一个男孩。我觉得自己敞开了心扉,我的世界扩大了,我很兴奋,渴望新的东西,如饥似渴地学习,寻求满足。我意识到,生活中充满了令人兴奋的新事件、遭遇和决定命运的机会,我想充分利用生活的所有供应——尽可能多地看,尽可能多地学习,尽可能多地爱。

在追寻和迎接挑战的过程中,孩子一定会向你提问,然而家长们往往觉得他们是在挑衅,我们可能认为:你生我的气,你不尊重家庭的宗教传统。也许我们还会怀疑孩子的朋友导致他们误入歧途,或者学校在破坏他们的灵性,或是担心他们可能会完全放弃与高层力量的关系,永远不再回来。无论青少年如何去探索,这都不是出于信心的减弱,他们正在完成信仰发展的基本任务,可能需要一段时间,甚至数年的质疑,但光明终将到来。无论对灵性的渴望将他们引至何方,在寻求中他们总会得到灵性的成长。我担心的是太多的青少年根本得不到灵性的引导,甚至不被鼓励踏上追寻的旅途。

现在的宗教依然能为许多青少年提供属灵的供应,有的孩子也接受了,他们以可靠的个人方式通过传统信仰寻找灵性路线图,这与单纯接受父母的信仰灌输不一样,青少年经常创造性地接受引起他们精神上的共鸣的东西,并用它来发现并培养他们的自我超越。

塔米参加的训练营的最后一晚是告别篝火晚宴,从中我们可以看出超然体验对青少年的影响力,以及他们从中学习的能力。

> 与大家聚在一起,知道第二天就要各自回家,是种苦乐参半的感觉,我觉得我的内心有种电流,带着我上升到某种超出身体的境界,把我们化为能量、动力和震动,我意识到,这是人类的本质,是最原始和无限的东西。我体会到一种合一感——与所有的人和事物联结,我能感觉到周围的能量和别人的情绪。篝火的灼热、小虫的声音和歌声、夜晚的气氛,我似乎看到了整个世界和它的本相,推动宇宙运转的能量交换。在那个联结的时刻,我知道这是我需要灵性的原因。

德里克18岁,是大一的学生,经常与舍友一起玩,他们决定看纪录片《科伦拜校园事件》(*Bowling for Columbine*),影片是关于1999年科伦拜高中校园屠杀的,在一篇文章中,德里克写道,观看这部电影对他来说是一种精神上的转折点。

> 电影里有个片段,911电话录音记录下了枪击案发生时学生们的反应,你能听到他们的痛苦、无辜和恐惧。我问自己:为什么?怎么会这样?我从小就相信,如果人做好事,好事也会随之而来。然而,这些……孩子……被枪杀……我发现自己在善恶的概念中挣扎,还有善恶与上帝的关系,如果上帝全知全能全善,如果我们真是按照上帝的形象造的,他怎么可能让坏事发生在好人身上?为什么上帝允许邪恶的存在?

泰瑞斯,19岁,现在是城市嘻哈教会的基督徒说唱歌手,他说,他和一位朋友站在街角的时候,朋友被枪杀了,这是他人生的转折点,以前他上教堂是为了取悦母亲,但朋友葬礼那天开始,某种东西震撼了他的内心,改变了他的生活。

> 我当时在想,哇,被杀的也可能是我……因为我就站在他旁边,也在那个街角,和他一起抽烟喝酒,说说笑笑,真的可能是我,但感谢上帝,不是我。过了几周,我参加了葬礼,牧师说:"教堂的大门是敞开的。"我看了看教堂里面,它似乎在催促我进去。上帝似乎在说"你向我走五步,我就向你走20步。如果你走20步,我就走100步。"

他感觉受到了指引——那声音不是来自牧师或天上,而是来自"我内心的直觉",他说。

> 我慢慢走过去,但步子很坚定,逐渐走向牧师,走到那里的时候,我哭了……我的所有痛苦似乎都得到了释放……就像女孩那样,你知道吗?我的生命不一样了。

这些都是来自精神个体化的声音,来自那段旅途,是一种启示,最终使青少年获得个体灵性。

你可以继续鼓励子女与你交流,帮助他们,鼓励他们完成追寻。问题是,我们不知道这些精神上的感动瞬间什么时候出现,有时候,孩子,尤其是青少年会向你保密,只和朋友们分享他们的灵性顿悟体验。

青少年的灵性发展受自然驱动,但为了保证效果,他们需要鼓励和实践，需要适应灵性的饥渴及其带来的好奇心和紧迫感，需要一个词库来阐明和整合他们的经验，协调内心的灵性罗盘。

许多青少年很乐意分享自己的故事，但只有在得到肯定与重视的情况下才会这么做，因为他们的体验是真实的，你的孩子需要感到自己被人理解，不希望听到成年人"我没听懂"这样的回应，希望家长分享自己的经历。

教师和学校辅导员经常会问："当我遇到这个，我应该怎么办？"美国西南部一所中学的美术老师讲得很好："在我的工作中，我总是能满足学生的各种需要。有一次，我发现一个学生的绘画显然在表达一种精神上的斗争，我就请他告诉我他是什么感觉，如何解释这种感觉。我给了他表达的空间，鼓励他谈论你所说的'灵性追寻'，因为他正在追寻中。我不会谈论我自己的信仰，只是支持他的信仰。"

家长的特权：促进青少年的精神个体化

精神个体化过程中，构建灵性生活的有3个基本组成部分：首先，精神个体化需要青少年认识到自己追寻灵性的需要，知道自己处于精神个体化的过程之中；其次，用刻意练习的方法来打开自己通往超越的道路；第三，欢迎超然体验，将其作为回答疑问或满足饥饿感的方式。

无论青少年在第一个十年是否做过准备，充满爱心的成年人总可以用鼓励、智慧和尊重鼓励他们开启这项工作。个人灵性是精神个体化的结果，始终取决于青少年的自身条件，不能在成人发出的命令或要求下实现，但是大人可以支持青少年自我发现的每一步，鼓励他深思熟虑，通过提供新的词汇和方法来描述他们的感情，帮助青少年解除灵性的饥渴：

- 你有时会感到急躁，沮丧，想要更多或者尝试一下吗？你会如何形容你的感受？
- 有时处理事情的老方法令人不愉快，你已经感觉到还有更多方法，所以保持尝试，时机到了，你会自己发现"更多的方法"。
- 你觉得内心似乎有东西在冒泡，需要你的关注——好像在说"注意我"？你觉得有这种感觉吗？

应该承认孩子对灵性的追求是一种内在升腾起来的感觉，帮助实现这一自然过程，使他们视其为自然和重要的步骤。因为理解了这些会让他们松一口气，他们需要知道这些问题的定义和相关的术语，明白灵性是宏观人生的一部分。然后，你可以说："这种动力可能非常有助于解决你在精神上的疑惑，促使你自己发现灵性的道路。"

父母和从事青少年工作的专业人员要明白青少年处于个性化的过程中。在一些情况下，可以通过现有的或自己发明的仪式启发他们，帮他们了解目前的任务，减轻其难度。与他们讨论灵性追寻，就是和他们的超然自我对话，支持灵性成为其内部意识的命令中枢。

- 现在你是青少年了，你的大脑需要问更多问题，要懂得更多，必须进行一番探索和测试，最后你会全都明白的。

- 这种挑战可以帮你更深入地了解世界吗，如果我们用心注意，生命的意义迟早会向你显现。
- 你的高层自我对事物有明确的看法，可以回答你的各种问题，你可以请他指引你的方向。
- 你可能觉得需要自己解决一些重要的人生问题——也许是逐渐解决的，然后最终会全部解决，无须着急，你不需要马上知道答案，只要尊重自己的感觉和那些问题，你是神话中的英雄，走在探索之路上。

这一整本书的关键就在于尊重和关注灵性生命的深刻意义。我已经将本章内容分享给了自己十多岁的孩子们，为其指明前进的道路，如果你也想让自己的孩子获得这些信息，请让他们自由地阅读，将这本书视为开启你们之间的谈话的工具。

冥想、祈祷、集体灵性实践和仪式都是青少年体验超然的途径，如果得到指引，他们就能敞开心扉，做好与超然存在联结的准备。虽然这取决于他们自己，可一旦他们做出选择，就会获得遨游灵性之路的交通工具，探寻超然存在，灵性路途是真实存在的，来自青少年的自己的意识，是他们个性化过程的燃料。

不妨邀请青少年讲述他们的体验，如果他们愿意的话，帮助他们接受超然存在的现实，你们可以一起反思生活经验的细微差别。

- 你如何听从自己的高层自我？如何在遇到重大抉择时找到心灵罗盘？
- 假期让你有什么感觉？当我们一起度过节日时，不知何故，我觉得人与人之间的关系会发出光来，就像爱的场域，说不定这就是爱的场域。
- 我打坐时，欢迎你加入我，你也可以自己找时间和地方打坐，你可能会觉得自己的内心变成世界的一部分，不再感到孤独和隔离。
- 你已经祷告一段时间了，而我才刚开始，虽然一开始让人有些尴尬，但当我获得了祷告的力量，就会觉得自己变得很充实很完整。

整合（真正连通前后脑）是构建超然联系、使其指引生活的关键。整合因人因时而异，有些青少年通过深化信仰得到问题的答案，问题促成了与高层力量更紧密的联系；有的则不停挣扎思考，通过某种体验、祷告或冥想突然获得顿悟。

我们可以带着最崇高的敬意倾听孩子的诉说，例如他们的生活日常、具有挑战性的选择和学校的压力，引导其回到超然联系的框架。与青少年的诚实和开放的讨论可以是这样的：

青少年：我认为梅丽莎很卑鄙，她在走廊上遇到我的时候，如果是和那些受欢迎的孩子或其他朋友一起走，就不理我，或者赶快招招手，然后从我身边走过去，我想知道我有什么对不起她的？

家长：你的心怎么说？当你召唤高层自我、与超然的关系联结时，你感觉怎样？你的内心对话告诉你什么？

你的孩子可能会做出下列回应，如果不是的话，那么就请倾听和探索他的想法，然后有针对性地启发孩子：

> **青少年：** 我的内心说，我有我的价值，而且我是被爱的。这是梅利莎的错，不是我的。我没有对不起她，我只需要继续做我自己。

这种召唤高层自我并与超然联结的能力是青少年的力量、指引和抉择的来源。

"分离—整合"：在精神个体化中深挖个人意义

在心理上，第一个十年到第二个十年的过渡意味着从父母为中心、家长指引下的体验切换到青少年自行控制他们的体验，说明他们发展出了自我认同感。精神个体化的过程亦是如此，他们需要亲自体验现实，从中学习，然后在青春期晚期或成年早期尝试协调灵性和现实环境。在一定程度上，每个青少年都要经过先分离，后整合，最后获得完整认识的过程。

每个青少年都需要自行理解人生的意义和目的：这是个人灵性的精髓，他们必须使旅途个人化，以便构建有价值的人生，如活出自我，实现更大的善。他们需要解决自己所面临的道德或伦理难题，做出选择，与后果做斗争，他们需要练习用灵性镜头——高层自我和超然联系去看世界。

这一重要的自我认知是通过解决第二个十年的发展挑战和任务获得的，当他们在各方面了解和接受了自己，一种强大的自我认同感就出现了，它包括：性别、性倾向、个性、品位、欲望和兴趣。所有这些"自我"的层面都需要支持。所有我们从基本的心理学获知的事实并未改变：青少年需要爱和被爱，他们想联结。而现在，灵性科学与心理科学告诉我们，他们渴望超然，为了做到这一点，他们需要接受自己和被大家接受。

人本主义心理学的创始人亚伯拉罕·马斯洛（Abraham Maslow）看似颇有灵性，他在重要著作《宗教、价值观和高峰体验》（*Religions, Values, and Peak-Experience*）中指出，如果欠缺了灵性，精神世界就不完整。"将彼此相互关联、共同组成整体的两个部分分离，这种碎片化相当于同时扭曲和污染了两者，最终甚至使它们不能存活。"

我们将在后面的章节中看到，碎片化的自我会导致青少年灵性的割裂，而他们能感受到内心的割裂，知道自己是谁，想成为什么样的人，希望被朋友、家庭或社群接受，无论其种族、民族、宗教、性取向、情感和信息差异。这种割裂只会导致青少年认为自己毫无价值，与世隔绝，而自我身份（学生、朋友、运动员或艺术家、家庭成员、追寻者和怀疑者）的协调是完成青春期发展任务的灵性基石。有位博士生曾经告诉我："作为一个青少年和年轻的成年人，我首先需要了解和热爱自己——我是个黑人女性，然后认识到我是宇宙的一部分。"她所说的话概括了全体青少年的心声——他们需要感受到爱，知道自己是宇宙的一部分，他们必须能够了解和爱自己，接受自己，觉得获得了接纳。

过度追求外界激励的后果

青少年愿意与生活中的重大问题做斗争，这种追求对他们有意义，即使他们明白，回答这些问题的过程并不简单或快速，也愿意继续探索和讨论。然而，很多时候，我们会在问题变难时让孩子"自行解决"，不管他们是否拥有心灵罗盘等穿越迷茫森林必要的灵性工具。

青少年就像新手波音747飞行员，如果没有必要的指导，可能觉得特别困扰，一位高中女生在参加学校座谈会之后告诉我："知道我并不需要立刻知道答案，这是一种解脱。"

尤其在以绩效为导向的文化中，人们通常希望孩子快速找到正确的答案，否则就会感到担心。然而我们希望孩子知道，有时候你花一生来思考的问题，往往是最重要的，所以无须马上知道答案。灵性给我们的空间坐下来体验这种不舒服的感觉，弄明白道德的细微差别、歧义和我们的终极潜能，这些大问题不是考试题，必须立刻解答出来，我们需要支持孩子寻求更深层次的探索。

我采访过一位常青藤盟校的前院长，他见过许多遇到各种危机却缺少内心指引的大二生，他们连应对内心风暴的一点力量和工具都没有。他解释说，因为他的学生们总是希望在外部表现上取悦别人，竞争各种奖项以获得外界的认可，根本没找时间或允许自己审视内心，建设一个强大的内心世界。

迷茫、手足无措、蓬勃发展的精神要求未得到满足——青少年的挣扎常常被人误解。研究表明，青少年抑郁成为痼疾的一大主因并非得不到药物的治疗，而是在精神个体化过程中得不到支持和鼓励。在后面的章节中，我们将更加密切地讨论青少年发育性抑郁的体验，以及家长如何满足其需要，帮助他们渡过难关。

第10章

发育性抑郁：青少年的流行病

19岁的凯特琳在新英格兰的一所学风严谨的学术院校上大二，她勤于思考，性格积极，大一时非常合群。从柏拉图、亚里士多德、尼采到各种科学、哲学和神学的论著她都有所涉猎，在课堂上也讨论过现实的本质、善恶观念、上帝存在与否、"高层力量"真实与否等等问题。凯特琳喜欢思考大问题，认为它们可以刺激智力，然而，令她惊讶的是，在大二的秋天，这些关于意义和目的的哲学问题突然开始阻碍了她。

这些问题对她而言不仅是学术上的，她会不断思考现实和意义的问题：自己在"地球上的目的"是什么？其"普遍重点"是什么？甚至上帝是否存在这种问题似乎都令她无法回答：你怎么会不知道你是否"相信上帝"，为什么那么多聪明人都无法证明上帝只是信仰者的想象？这些悬而未决的问题驱使她陷入郁闷的沉思，甚至开始影响到她的身体，她早晨无法下床去上课，与交往一年多的男友分手。最后，无法走出低谷的她与学校附近的一位心理治疗师见面。

治疗师很快确定，凯特琳符合重性抑郁障碍（Major Depressive Disorder, MDD）的临床症状，并告诉她，如果不治疗，她就要休学。凯特琳开始在服用抗抑郁药的同时定期进行心理治疗。到了春季，她可以去上课了，但仍然感到空虚和不安。暑假她回到家与父亲在马里兰海边居住。在那里她被爱和鼓励包围，然而挣扎并没有消失。有天下午，事情发生了转变。

"我在海边散步，朝码头走去，我看到的水面上光芒闪烁。"凯特琳说，"突然，我明白了一切。造物主当然存在，世界是光明的，充满爱，一切都是有灵性的！"

她感到来自内心和更高处的平静，有种与神圣存在联结的、令人振奋的感觉。她像是吃了定心丸，这感觉与宗教信仰无关，因为她的体验是真实的，她知道这是真的。在那一刻，她说她的智力不再无视直觉，并且开始承认有"更伟大的东西"存在，她感觉到与它重新联结，领悟到宇宙的统一与万物的神圣，所有的感觉在一瞬间降临。她想起小时候也有类似的感受，而现在这感觉从阴暗的怀疑中、从精神的恶战中浮现出来。虽然接下来她还需要时间来治愈，但凯特琳确定在码头上的那一刻是抑郁症的转折点，发光的水面上似乎有种东西，比如画的美景更美，它打动了她，鼓舞了她，将她升华到一个充满爱的空间。

凯特琳的精神挣扎在青少年中并不少见，实际上很普遍。这是一个寻求突破和唤醒灵性联结的过程，是青少年的"狂飙时期"，不乏痛苦和困惑，它早已被古代文化所理解，认为这是青春期特有的灵性觉醒的表现。这些认识不受时间和空间限制，存在于各种文化和宗教仪式中，敦促青少年寻找意义和答案——这些问题也向哲学家、神学家和千百年来的人类提出挑战。

你要认识人的生命的价值——你自己的生命价值，明白你整体存在的目的以及你周围的、整个世界的意义。这种追寻是精神个体化的核心工作，它充满对心灵和灵魂的挑战，追寻过程可能极为缓慢，一路上暗淡无光，充满混乱、沮丧、迷惑和绝望。甚至还有完全黑暗的时期，让你觉得抑郁，这也许是令你最痛苦、最无助的时刻。这种抑郁通常不是疾病，而是精神挣扎的自然结果，有时甚至是促成精神个体化的助燃剂，是半成年阶段陡峭的上坡路——青少年的必经之路。在这期间，青少年的前后脑已经联结，他们必须结合现实，构建出复杂的精神路线图。

高校辅导员、青少年工作者、心理咨询师们经常告诉我，他们的工作有很大一部分涉及帮助青少年渡过"灵魂的黑夜"，走出家庭问题带来的挣扎，解决艰难的道德矛盾。经历过这些之后，他们的人生往往"完全改变"。有时这种抑郁的斗争是由对生命的终极目的的深刻、严肃的反思而引起的，外部事件也可能成为导火索，无论如何，这些问题是精神个体化的根基。但很多时候家长却没有发现孩子的疑惑或灰暗的思维模式，即使发现了，也简单认为他们需要药物治疗，而不明白这些"症状"其实是精神追求以及道德的复杂性带来的，是协调超然与现实的迹象。这种动荡和痛苦是极为重要的过程，任何临床诊断标准都无法确切描述它，也没有多少治疗或预防措施可以指导临床医生、家长、教师防止青少年发育过程中所产生的抑郁。

传统的抑郁症的概念（尤其对于青少年发育性抑郁而言）是不完整的，西方医学在很大程度上仅仅认为抑郁症是一种疾病，是化学物质的不平衡导致的，属于病态或心理功能障碍，我则认为不然。新的精神科学表明，青少年发育性抑郁意味着更多东西：内在灵性追寻的过程启动了。

对青少年抑郁普遍的错误认识

导致抑郁的原因很多，有些是医学原因（如化学物质失衡），而青春期抑郁只在某些情况下是疾病，更多时候是精神个体化的表现。在家里、在学校、在网络与内心里，青少年正在挣扎着构建他们将来的路线图。

如果将青少年抑郁症仅仅看作是一种疾病，这种想法是危险的，它不利于青少年的长期心理健康和蓬勃发展。要知道，我们对青少年抑郁现象做出正确有效的应对是至关重要的。如果我们本能地将抑郁视为疾病，等它发展到"足够坏"，然后用药的话，就可能忽略了青少年的精神需求。研究表明，这样做或许会引起更严重的抑郁症。药物可能消除发育性抑郁所引起的情绪和身体的症状，可大多数研究表明，一旦停止服药，症状又会回来。相反，如果将发育性抑郁看成发展的机会，鼓励青少年适应这种积极的痛苦，反而可以使他们成功抵达彼岸。但如果忽视这种应对发育而提出的挑战，不仅会让他们被"误诊"，更糟糕的是，他们可能有终生患上抑郁症的风险。

就其本身而言，发育性抑郁是促进青少年成长的机会，使其初尝成年人的痛苦滋味，促使他们找出一条路来实现个体目标，寻求存在的意义、灵性联结和指引。如果在这方面得不到满足，发育性抑郁会迅速发展为更深层次的抑郁——更令人痛苦，治疗时间更长，更需要药物。

无论诊断是否确切、"症状"轻微或严重，我们的反应是治愈青少年的发育性抑郁的关键，这一过程事关他们当下和未来的健康与幸福，如果得不到正确的引导，他们成年后的抑郁程度会加剧。

如前所述，大量科学文献表明，青春期是发生抑郁的窗口：病因混合了基因、生理、心理和发展等各项因素，使青少年格外脆弱。当抑郁症在青春期发生时，我们往往不知道这恰恰为青少年的内在成长创造了机会。

青少年抑郁一直是医学之谜

青少年抑郁症在我们的文化中被广泛讨论，可实际上心理健康科学并不能透彻地理解它。抑郁非常普遍，但原因各异，无法用单一的模型来表现。数十年来，顶尖的研究团队也无法抓住抑郁的本质。例如，研究表明，如果同一个病人去拜访两位合格的心理健康专家，他得到相同诊断的可能性是28%—66%。

无法确诊的部分原因是，一些症状是如此普遍，反映不了任何特定情况，而且具体的症状因人而异，呈现许多不同的面孔——临床亚型抑郁。根据《精神疾病统计诊断手册》第五版（DSM-5），重性抑郁障碍的诊断是基于某些普遍的症状，然而这些症状也是因人而异的，不是每个重性抑郁障碍患者都感到非常疲劳、无法下床，有些反而是隐藏真实感觉的工作狂——到了晚上痛哭失眠，或者用酒精或药物麻痹自己。抑郁的时候，你和你最好的朋友的症状很可能不同，但我们知道抑郁的症状在血亲之间相当一致，例如，如果一个母亲焦虑或抑郁的时候不吃饭，她的孩子更有可能这样做。而且，对于个人，抑郁障碍新一轮发作的症状可能与过去大致相同。尽管存在这些潜在的一致性，抑郁障碍的临床表现使精神卫生专业人员甚至科学家都难以判断。

研究表明，约20%的青少年可能会在25岁左右患上重性抑郁障碍，另外30%—40%的人处于阈下水平的抑郁（SD）[①]，没有重性抑郁严重，但也比较痛苦。总之，**这些统计数据意味着大多数青少年会在某个时段经历抑郁。**

阈下抑郁可表现为情绪低落、自尊下降、急躁和钻牛角尖，尽管阈下抑郁被描述为相对温和，但它毕竟会影响青少年的人际关系、正常生活和工作，我们知道这些，是因为此类青少年也同样可能像重性抑郁障碍的青少年那样去寻求心理治疗。

根据彼得·卢因森（Peter Lewinsohn）领导的对俄勒冈州1700名青少年的研究表明，35%阈下抑郁的青少年会出现焦虑或药物滥用的情况，阈下抑郁牵扯到的问题很多，比如可能导致并发症。阈下抑郁症患者患上重性抑郁障碍的概率是正常人的2.5—6倍。

青少年抑郁的表现看起来并不总是悲伤或自我封闭的，他们常见的抑郁症状往往被误认为是挑衅、品行障碍或对立行为。

无论常规的诊断方法多么不完善，研究结果向我们揭示了在青少年抑郁中非常重要的一项临床特点：对终身发生率和抑郁诊断情况的调查表明，抑郁的开端经常发生在青春期。既然如此，针对抑郁症在青春期首次发作的处理就成了关键，其解决方式对

[①] 阈下抑郁（Subthrehold Depression, SD），又称亚综合征性抑郁或轻度抑郁，是指个体具有一定的抑郁症状但不满足重性抑郁障碍（MDD）诊断标准的一种状态或一类个体。——编者注

整个成年期抑郁症的发作及其风险控制都有显著影响。

肯尼斯·肯德勒进行了关于抑郁症的双胞胎研究测试：在"引发"的过程中，发现每发作一次抑郁，便更容易引发下一次。抑郁症首次发作后，如果青少年没有发展出应对负面生活事件更强的复原能力，则更容易被本不足以引起抑郁的压力引发第二次发作。肯德勒接着指出，重性抑郁障碍发作到第三阶段，并不需要一个重大的生活事件就能将患者推入抑郁的深渊，抑郁已经成为他们本能的反应，而在青春期经历过抑郁的人，要么发展出抵抗力，要么变得特别容易抑郁，青春期的初始抑郁发作以及内心对该情况的处理决定了他们的反应模式。

这意味着，在与抑郁症的最初斗争中，青少年要跨过"门槛"，学会处理负面生活事件的方法，建立正确的生活姿态，应对生活中的颠簸。青春期抑郁实际是为了回答问题：要拿出坚韧还是绝望的态度应对困难？这一切都取决于精神个体化的疑问是否得到解决：**我是谁？这个挑战过去后，我将成为怎样的人？我存在的意义是什么？要怎么理解生活中的困难？**青少年得到的鼓励越多（灵性是重要的工具），对这些困难的理解更深，处理能力更强。

研究数据和我们对灵性发展的不断认识表明，我们需要运用新颖、灵活、可变和细致入微的模型来理解青少年抑郁症，我们需要更挑剔地理解抑郁症，从而能够概念化发育性抑郁症的本质是通往超然的道路被堵塞，而灵性觉醒在这时具有强大的保护作用。事实表明，灵性觉醒和发育性抑郁基本上是同一枚硬币的两面。从数据来看，抑郁的本质是精神性的，因此灵性潜在解决抑郁的能力。匿名戒酒会的调查和各种研究表明，灵性疗法对饮食失调和药物滥用的治疗效果非凡，有助于患者的恢复和痊愈。

对于家长来说，青少年出现发育性抑郁正是需要他们介入的信号，必须帮助孩子搞清"存在的意义"，建立生活的路线图。我们要找到适当介入的方法，而鉴于青春期是成年的门槛和防治抑郁的关键，我们首先应该了解一下相关的科学理论。

是精神疾病，还是普遍的发展过程？

最近的科学研究从发展角度研究抑郁症，特别从天生的灵性及其发展，以及青少年精神健康方面加以考察，我们已经知道灵性大脑科学和青春期发展的以下事实：

- 天生的灵性在青春期迅速发展，成熟度达到50%。超然功能得到充分发展。
- 如果能运用超然联系来驾驭迅速发展的灵性，就能更好地抵御抑郁，效果比任何已知的医学或社会科学方法更好。
- 精神个体化有助于建立基于承诺、爱和召唤的联系，从而发展出健康有意义的人生蓝图。

鉴于青少年大脑中的超然功能迅速发展，由此产生的灵性追寻会使他们经历到奇妙的顿悟时刻，也可能使其体验令人震惊的绝望。一项综合性研究提出两个关键点：首先，发育性抑郁与灵性密切相关，是青少年精神能力激增，从而学习控制这种能力的表现。发育性抑郁并非需要孩子"克服"的普通障碍，而是孩子的灵性机能走向成熟，开启了精神个体化。其次，发育性抑郁尽管表现为焦虑、低迷，但青少年的内心却在积极发展，向经验敞开大门，只是需求没有得到满足而已，这是前后脑（解释大脑和经验大脑）连通的迹象。

我在第二章和第八章提到过我与米尔娜·韦斯曼的合作，我们研究了三代人：抑郁的祖母、父母和正在成长的孙辈。我们的合作始于共同观察这些样本，并且超过10年。当第二代还在青少年时期时，他们经历着患上终生抑郁的风险。我们持续观察到他们的成年期，经过跟踪研究和检视韦斯曼及其团队20年来的数据，我们看到了灵性发展与终身抑郁在成年中期产生了交织，我们发现了一些能够改写青春期抑郁定义的惊人事实。

我们的数据分析发表在多家主流心理学研究期刊上，它们显示，人的一生灵性和抑郁的关系有着清晰的模式：

- 灵性程度高的青壮年（平均年龄26岁）普遍在青春期有过抑郁史，在16—26岁之间，他们比灵性水平低的青壮年更容易患上抑郁，抑郁症状似乎是灵性成长所带来的。如果应对适当，灵性就能得到深度发展，使其终身受益。
- 那些认为自己灵性程度高的青壮年，在走向成熟期的阶段（35岁之前的10年），有75%的人成功抵御了抑郁的袭击。90%的有家族抑郁史的人也克服了抑郁的复发，尽管他们带着诱发抑郁的基因，生活在阴云密布的家庭环境中，灵性却成功地保护了他们。
- MRI发现，有抑郁家族史的人在某些脑区的皮质较薄，但如果在近5年内其个人灵性程度较高或虔信宗教的话，脑区的皮质会变厚。那些虔诚信奉天主教或新教的女性的这些脑区的皮质也比刚入教的信徒厚。
- 针对同一批灵性较强、从抑郁中恢复的研究对象的脑电图数据显示，其高振幅 α 脑波（与冥想状态有关）的波长与其他实验室测量的，通过百忧解等 SSRI 类药物[①]治愈抑郁的患者的波长是相似的。冥想中的僧侣以及以多种方式体验超然状态的人也拥有同样的波长。看来，精神个体化具有抵御抑郁的生理功能，能够达到 SSRI 类药物的效果。
- 超然状态下，人体神经递质多巴胺和血清素等物质分泌增多，如果这些物质的水平低则会出现抑郁或相关的并发障碍。

这意味着韦斯曼的样本中的 16 岁青少年克服了抑郁，获得了强大的个体灵性，对抑郁的抵抗力更强。通过灵性参与，他们积极地塑造了大脑，使其主动抵抗重度抑郁发生，起到保护神经的作用。从脑电图检查结果来看，这可能是因为他们的灵性参与"训练"大脑自觉地进入安宁的合一状态，就像那些积极冥想的僧侣一样。

鉴于阈下抑郁在青少年中十分普遍，有必要探讨其疾病模型是否适用。45%—70% 的青少年抑郁真的需要药物治疗吗？或者说，是否可以将亚阈值抑郁视为一种正常的发育过程，只有在被忽略和缺少引导的时候才会发展为更严重的抑郁症？

从我自己的临床角度看，根据青少年们的意见，我发现大部

[①] SSRI（Selective Serotonin Reuptake Inhibitor），选择性 5- 羟色胺再摄取抑制剂。SSRI 类药物是 20 世纪 80 年代开发并试用于临床的一类新型抗抑郁药物。——编者注

分青春期抑郁的现象是精神个体化的表现，只要度过这个阶段，他们就可能发展出强大的灵性，在以后的人生中具有更强的韧性。几乎每一个青少年都会表现出发育性抑郁的症状，这是成长的一般规律，而不是个别情形。精神上的个体化意味着挣扎和苦思，对终极意义的怀疑带来空虚和黑暗。对于严重的抑郁，药物治疗可能会有帮助，但精神个体化的工作也需要继续。至于那些症状较轻的青少年，他们也面临挑战，只是没有被发展的需要压倒：也许他们的灵性资源已经足够充裕，至少足以帮他们管理各种能力。研究表明，无论挑战和抑郁的程度如何，青春期的灵性发展将对抑郁的终生过程产生巨大的影响。

总而言之，研究数据支持灵性与抑郁存在生理关系的理论：简单地说，抑郁的倾向能够得到控制，并将其转化为灵性的觉知和超然体验。

有了这样的认识，不妨将发育性抑郁视为重要的机会，承认它能促成心灵的成长发育，甚至看成是青春期到成年期的必经阶段。从神经学、心理学和精神角度看，灵性和抑郁症表现为同一枚硬币的两面。

对抑郁不同的理解产生不同的回应

如果大多数青少年至少会经历一次阈下抑郁，那么我们必须将其视为常规化的过程：它不是一种疾病，而是发育过程的一部分。对因家庭因素而特别易患抑郁症的青少年，也不应该反应过度，因为我们可以利用抑郁现象的敏感性去加以控制。我们要从文化上承认发育性抑郁，为高中生的"青春期烦恼"正名，因为它是一种精神适应的表现形式，大二的学生经常出现"二年级萎靡"这样的精神症状，原因亦同此理。选择专业，以及未来职业的压力往往是导火索，他们需要为自己的身份和个性寻找坚实的基础，如果尚未充分认识自我，学生就很难做出重大的抉择。

我们要区分各种类型的短期重性抑郁障碍，识别异常或过度反应，因为它们的压力源各有不同：有的来自"适应障碍"，有的来自"情境压抑"，这取决于导致抑郁的条件和心理健康状况。同样地，科学也告诉我们，某些"障碍"实际上是青春期大脑、身体甚至灵性机能迅速发育的表现。

如同任何考验一样，发育性抑郁促使青少年的大脑利用其所有资源克服困境，因此，发育性抑郁是成长的机会，青少年提出的每一个问题都是成长的机会。一位高中男生思考之后说："对我来说，问题并不令人抑郁，令人抑郁的是不提出这些问题。"

从我们的访谈中可以简单了解发育性抑郁：

◇ "我的意思是，这一切的意义是什么呢？你在高中努力学习，然后上大学。在大学里努力学习，然后找个好工作、赚钱。然后又怎么样呢？你的孩子再按照这条老路走一遍吗？"

◇ "我想知道是否有上帝，不是因为这是好事，而是因为我想知道真相。知道真相之后我才能规划我的人生。"

◇ "你的存在有没有意义？我的存在呢？没有。其他存在有没有意义？"

这些深刻的问题不一定反映了疾病的症状，也不只说明这个阶段需要得到大家的理解。我们还需要听取孩子的问题和意见，他们对存在的疑问是正常的，受到自然发展的驱动，这不一定是化学物质失衡，或身心失调（一种完全不同的抑郁症）。我们在该过程中起到的作用其实很简单：不需要回答孩子的问题，只需支持他们的探索。

总之，如果你能正常看待青少年在情绪和行为方面表现出的抑郁症状，就会发现大部分孩子都要经过这样的发展阶段，这是常态。只有极少数青少年在第二个十年的精神个体化期间不会遇上黑暗时期，不怀疑奋斗的意义和目的。青少年的抑郁经历（无论什么样的）是通向成年的跑道：决定了未来挣扎与发展的轨迹。

发育性抑郁症的治疗目标：激发精神韧性

现在我们已经明白，青春期是学会应对困难的门槛，所以我们要激发孩子应对困难时的积极态度，化解消极情绪。而这种激发是在抑郁的过程中出现的，肯德勒的数据显示，抑郁症发作频率越高，复发就越容易。

科学还告诉我们：反之亦然。对消极情况的积极回应增强了我们下次面对这些问题时的韧性。在压力、挑战或损失面前，具有韧性的看法是：投入生活，不要走出生活，要深入生活，找到意义，发现不可预见的机遇，沿着道路继续走下去，开启新的或不同的大门。这些都能激发精神上的韧性，使人蓬勃发展。这时人们的内心活动是：我会接受教训，克服困难，从中学习。与此同时从经历中汲取意义：我会接受教训，但如果这件事不发生，我就不会遇到这个人或者做这个新工作，或是走上这条旅途。

帕格门特发现，当我们在艰难的时刻，韧性能让我们与上帝或高层力量的协作关系更紧密。在这种协作关系中我们可以尽情发挥能力、寻求指导或帮助，并在双向的超然沟通中获得支持；即使祈祷得不到回应，也会有一种被支持、被引导的力量感。在一些情况下，例如生病、受伤或遇到我们无能为力的事，这种协作关系会使我们做出"托付"，它并非放弃，而是"**我已经祈祷上帝赐予奇迹，但我也准备好接受任何结果，我已经尽了力，现在我将这件事交到上帝手中。**"

青少年越重视超然联系，在身体和情绪方面就越有韧性，越有可能克服疾病、失落和伤恸——这些是生活中迟早会遇到的东西。坚韧的灵性会告诉我们：**这是我人生的意义、呼召和道路。**精神托付不是宿命论，宿命论认为人生是一场游戏，没有任何意义、价值或目的。人的韧性来自灵性觉知：**我有价值，我的人生有价值，无论环境如何。**这是发育性抑郁的真正潜力，无论它出现在青春期、中年或任何时期，它总代表着深化灵性觉知的机会。无论那时你的灵性程度多么高，适当品尝痛苦或抑郁可以让你获得新的成长与机遇，这种可被理解的孤独感是为获得治愈打下坚实基础的第一步。

帕格门特等人的研究表明，在抑郁的情况下，即使人们看不到机会，那些感受到超然协作的人也常会有发自内心的**安定感**，而非深层次的绝望。**即使事情不按照我所希望的发展，我也不会有怨言，我的人生照样充实。**这对于挣扎中的青少年来说是非常令人欣慰和有益的。

研究还表明，因为遇到不可控的情况而产生抑郁、焦虑、应激障碍，以及对食品、酒类和烟草的依赖时，完美主义者会这样想：如果我够聪明／够敏捷／够好，我应该能解决这个问题。或者因无法控制而产生内疚：如果我能解决这个问题，那么别人也不必受苦。这对于已经背负重担的青少年来说更是进退两难的困境。

当世界没有如他们所愿，与高层力量的协作关系也会让青少年看到价值和完满，其内在价值、个人意义和呼召仍然存在，虽受到挑战，但在压力下不会丧失韧性。

积极心理学将这些观点总结为：积极情绪和策略是累积而成的资源。累积得越多，你的韧性越强。事实上，越来越多的研究显示，强大的个体灵性能建造出强大的毅力和逆境中的乐观精神。

理解了抑郁就像灵性挣扎的门槛，而发育性抑郁是青春期精神个体化的普遍标志，我们就能运用灵性镜头观测到青少年的更深层次的挣扎，以及看见他们如何迅速将挣扎变为扭转战局的关键因素。

发育性抑郁的三张面孔

你的孩子坐在餐桌旁边，衬衫上钉着各种症状的列表，他们可能也不愿意拉过一把椅子，坐下来和你讨论生命的意义，但是你可以聆听抑郁的回声，从中发现青少年内心的挣扎，感受他对自我或他人阴暗的看法，或者从语言和行为中发现他们正经历绝望、无助或愤怒。

◇ "我从来没有做对任何事情，我不知道我为什么要担心这个。"

◇ "我不知道我是怎么了。"

◇ "我是个失败者。"

◇ "我知道我不合群,连我的朋友们都无法忍受我了。"

◇ "我存不存在并不重要,就算我明天死了,也不会改变任何事情或任何人。"

◇ "我恨我自己。"

◇ "他们都是白痴,和他们待在一栋楼里都让我感到恶心。"

◇ "你们都是失败者。每个人都是失败者。"

我们将在下面看到发育性抑郁的 3 幅快照,从中了解抑郁可能由外部事件引发,或者由内部的发展触发,总之,在青少年的发展过程中,这样的敏感点很多。

科里: 我不擅长做别的事情

16 岁的科里是足球队员,他在一次练习中严重受伤,结果无法参加赛季比赛,也影响到他未来的运动生涯。经过手术和康复期,伤势出现好转,但他无法再从事竞技运动了,医生认为,就算他的伤好了也不能强壮到重返赛场。起初科里很愤怒,后来不想上学,在家也很萎靡,消极情绪影响了他的学习,甚至影响到队友,他的成绩急剧下降,这促使他的父母寻求帮助。

这次受伤很痛苦,但最终打倒科里的是他觉得自己失去了一切——一切能够定义他的东西。他无法从事自己热爱的运动,而运动让他感到自己的活力和价值,因为他的生活(社交关系、自我感觉、生理和心理的规律)是围绕运动和球队建立的。离开球队,意味着失去了一切,球队是他存在的理由,受伤在一瞬间让这些理由消失了。

先不说这种丧失对现实,甚至对社会和情感方面的影响,它是一种更深入的个体化危机。觉得自己毫无价值、没有归属,是一种十分孤独苦闷的感觉,而个体化,尤其是精神个体化能帮助你看到自己作为人类的价值,以至于你有一个所有人组成的大家庭,可以找到新的发展途径。

青少年在进入成年之前所培养出的应对负面事件的方式为将来他们处理此类事件定下了基础。对于科里而言,新的现实意味着"老我"的死亡:新环境剥夺了定义他过去身份的东西。在青春期,身份确认和个体化过程仍在进行,所以这种丧失的感觉好像自我灭失一样,新的现实让科里觉得空虚和恐惧,但这也是他的精神个体化的机会。凭借父母的直接支持,他可以在更深层次的地方发现自我和人生目的,找到真正有意义的东西。

这种事可以发生在任何青少年身上。例如搬到新环境或转学会让他们重新开始迎接各种挑战;财物损失会给一个家庭沉重的打击;失去一位家长或亲密朋友等等,而抑郁总会在这些时候敲门,打开门直面抑郁不失为一种扩展生命的勇气和能力的方式。

肯德拉:这到底是谁的生活?

为什么你得到了所有想要的还会抑郁?这个问题一直困扰肯德拉,不仅是他父母,还是朋友们都在说,他也这样问自己。他是学校里的成功者,分数名列前茅,获得了各种荣誉,被人羡慕,最重要的是,他在大学入学考试中获得最高分,被梦想中的学校录取。没有什么比这更好的了!然而,大一时他过得很艰难,寒假回来后就萎靡不振,焦虑抑郁,内心深处总觉得自己是个不可原谅的失败者。

为什么你得到了所有想要的还会抑郁?

答案是这样的:在学校里承受了多年的压力,特别是在高中青少年需要争取各种外部的成就来填补他们的简历,获得大学录取的推荐信,而成绩优异的孩子往往更要抛开深层次的追求和个体化的工作。正如常青藤盟校的那位院长所说,他们觉得自己应该全力追求分数,参加各种社团,熬夜完成作业,并在早上6点(或更早)起床赶公共汽车或骑车上学。

结果呢?当大龄青少年进入大学,他在某天早晨醒来,发现自己的个体化任务尚未完成,反而将发展的能量全部用到追求外部成功方面而忽略了内心世界的建设,不知道自己最深层次的目的和激情是什么。

如果精神个体化以及对意义、目的和超然联系的追求没有得到满足,发展就失去了核心,像肯德拉那样,发展任务未完成导致了深度抑郁和焦虑。有些学生会辍学或请病假来治疗抑郁,有的则通过沉思静默或者继续追求外部成功来缓解内心的焦虑,然而学历无法治愈抑郁,青春期未解决的发育性抑郁在未来几年很有可能复发。

无论是通过外部成就获得自我认同的科里,还是内心不满足却不知如何解决的肯德拉,灵性上的个性化需求迟早会浮现,如果继续否认,青少年可能会寻求逃避或用物质麻痹自己。而对同性恋男孩麦克斯而言,在高中文化中饱受压迫的他将睡觉视为逃避的出路。

麦克斯: 我不被接受

麦克斯从小就是个天才舞者。可在一个保守的社区,作为同性恋者，他从 12 岁开始受苦到 16 岁。在高中他不断遭到嘲笑和奚落，他感到痛苦，但他努力依旧寻找自我、联结和成就感。在学校的大多数日子里，他中午会去足球场的看台下方躺着睡觉，寻找简单的安宁，这些是他过了 20 年后才告诉我的。他觉得被困在痛苦中，只能祈祷，但他的信仰坚定，不断地祷告，祈求能够感觉到上帝和与世界相连。日复一日，虽然他不觉得建立了想要的联结，但他有一个深刻而持久的信念，他不会放弃。他告诉我，从 12 岁开始，他每天祷告，持续到 16 岁。

他 16 岁那年，他离婚多年的母亲再婚，继父是个牧师，非常善解人意。继父来找他说："我得过抑郁症，知道你的痛苦。"他继父和母亲一起加入了他的祷告，给他完整的接纳和爱。麦克斯说，是"爱"点燃了他的灵魂。一次，他们参加了一个宗教祷告的"按手礼"（laying on of hands）仪式，麦克斯通过那个神圣的仪式感到了母亲的爱，他还记得当时的感觉："我感到我母亲温柔的灵魂和我的灵魂拥抱在一起，这是多年来的第一次。"当他们背诵《圣经》中爱与同情的诗句时，他也感受到继父的爱。

他说，在这个治愈和爱的仪式中，他听到有些东西碎裂了，感到迫害他的东西倒塌了。在那个超然的时刻，他体验到与某种比他的苦难强大得多的力量相连，正是苦难让他多年来与世隔绝。他说虽然后来的日子并不是没有磨难，但他再没有感到精神上的孤单，他从未失去那种与神圣空间相连的感觉。麦克斯将那一刻描述为他灵性的重启，认为与家人的灵性联系和爱的场域消除了他的抑郁症。

改变或挑战引发的身份危机、个体化过程的停滞或遭到拒绝，这些只是发育性抑郁的 3 个切面，我们需要注意发育性抑郁的多面性。

家长是孩子遇到困境时的灵性大使

家长是孩子的灵性大使，引导孩子过上精神协调的生活，这点对于和发育性抑郁做斗争的青少年尤为重要。正如我们前面看到的，研究发现，儿童与上帝或宇宙精神的联系事实上与亲子关系极为相似，到了青春期也是这样。父母无条件的爱和接纳的程度决定了青少年眼中的上帝形象。研究表明，父母无条件的爱让青少年感觉"我能在困难的时候求助高层力量"，获取指引和方向。

当涉及帮助青少年对抗发育性抑郁的时候，灵性大使的责任是演示，而不是导演。家长可以分享他们自己在逆境中的灵性发现，包括克服抑郁的经验。不妨将这些困难时期视为人类灵性增长的源泉：虽然难过，但最终会产生有价值的观点。这些时期怎样改变了你的生活和对他人的认识？也许你变得更加容易理解他人和你自己了。

抑郁症或内心的挣扎可能已经在敲门，要么留下破坏的习惯，要么唤醒更好的生活方式，无论如何，这给青少年带来的是机会和曙光。超然联系将带他们进入一个灵性的世界，如果认真对待，抑郁可能帮助他们建立持续终生的深刻的超然联系和灵性觉知。研究还表明，超然联系将成为应对患病、损失、死亡、离婚或感情危机、抑郁的终身指南和力量来源。

作为父母，灵性大使这个职位将对青少年将产生深远的影响，尤其是对那些与发育性抑郁斗争的孩子。我们可以调整自己的做法，尊重青少年追求他们的个性，同时承认他们正走在一段艰难的路途上。作为协助孩子克服抑郁的灵性大使，我们可以：

- 鼓励孩子纪念这段历史性的时刻，视其为爬上陡峭的山坡的过程，提醒孩子不要忘记观赏美景。赞美他们辛勤的工作，避免只是说一些"克服它""挺过来"等不负责任的话，这些话只会引起孩子的怨言。
- 参考别人的奋斗史，特别要向那些弱者和有缺陷的人学习，引导孩子同情他们。对于不完美的人，家长要表现出爱心，而不是评价。
- 直面你自己的精神个体化过程，因为它贯穿你的一生，要承认"我也遇到过困局，不知道该怎么做，但我从未泄气，因为我知道上帝站在我这一边"。这是父母可以提供给孩子的最有用和最慷慨的礼物，而且还会越来越充盈。
- 每一天开始和结束都要带着赞赏的表情感谢生活和家人，为正在经历最具挑战性学习和挣扎的孩子提供精神支持。
- 在孩子面前祷告、冥想或进行集体精神仪式，即使最初他们会说"你是怪人"，但以后这些活动会给他们带来帮助。
- 以身作则，告诉孩子面对逆境或挑战的时候，"听到敲门声，就开门。"

如何帮助孩子：提问、对话、参与

对发育性抑郁和青少年精神个体化有了细致入微的理解后，我们可以对他们提供更有用的帮助。患有发育性抑郁的青少年可以求助于将灵性发展与主流治疗模式整合的心理治疗师。心理学领域最近才将"青少年焦虑"和"二年级萎靡"视为发育性抑郁，但这样的认识已经成为专业标准。美国心理学会出版了刊物《灵性临床实践》(Spirituality in Clinical Practice)，一些专业书籍已经将灵性治疗作为主流疗法，无论患者有无宗教信仰。家长、教师、辅导员等应认识到发育性抑郁症的本质并提供积极的支持，应该明白这是青少年灵性发展的自然（不是强加的）结果。

如果抑郁带来的痛苦太强，或者青少年有自我伤害的危险，又或者可能伤害他人，药物是非常有益或必要的。药物可以有效避免他们越陷越深，但解决的办法是不仅包括药物，还需要心理治疗和家长的支持配合，这样才能保证孩子长期的心理健康。如果单纯依靠药物，一旦停药，抑郁可能复发，家长需要在确保孩子服药的同时协助他们做好精神个体化的工作，发展出强大的灵性核心。仅靠药物不足以帮助孩子建立灵性生活的终身基础。

与发育性抑郁斗争的青少年渴望感到被理解，需要知道自己并不孤单。得到父母的支持和爱之后，他们往往会好转许多。相对简短的集中治疗（比如说2-4个月）也可能使其受益，与此同时最好再用灵性疗法加以配合，通过感受超然存在去协助青少年发展灵性。

在治疗当中，我们仍然可以通过营造有支持作用的环境来帮助孩子完成精神个体化。除了心理治疗，我们不妨鼓励他们参与冥想、社区服务、加入灵性社群等活动探讨日常生活中遇到的道德和灵性问题。

我们已经在前面的章节探讨了一些方法，在抑郁症面前，与灵性有关的疗法是相当有效的，如冥想、祷告、宗教活动、正念实践、瑜伽、超然冥想以及许多更传统的、根植于宗教的沉思形式，这些行为能够对情绪和认知等方面起到积极作用。研究表明，冥想能清扫和加强灵性体验的神经通路，帮助我们"重新预想"世界，感知超出物质框架的世界，以更广阔的视野认识精神世界。

祷告是强大的。正如前几章罗列的科学成果所示，它是最稳定有效的一种方法，可以反复操作，有助于青少年保持身心健康。"遇到困难时，我向上帝求助。"——学习如何祈祷，特别是从父母或爱的场域的成员那里学习祈祷的青少年，超然联系可以消除发育性抑郁带来的孤独感和无助感。

我的实验室进行了一系列的研究，探讨正念、青少年灵性和发育性抑郁症之间的潜在联系。首要课题是考察正念是否会成为青少年实现灵性的途径；其次，正念是否对改善发育性抑郁症有积极作用。我们的发现是戏剧性的：宗教活动和（非宗教）正念练习的贡献同样大，能以不同的方式促进青少年的灵性发展；而严重抑郁的青少年从正念练习中的获益，是非急性抑郁和焦虑等严重症状的同龄人的 2 倍。

在与梅堤夫积极心理学中心（Maytiv Center for Positive Psychology）的合作中，我们考察了 436 名以色列特拉维夫犹太人的青少年样本，其中有的学生相当遵循犹太教传统，有的则不那么虔诚。埃莉诺·科布（Eleanor Cobb）和爱丽儿·科尔（Ariel Kor）分析了他们的正念和（或）宗教倾向，还研究了每个学生的个人灵性，包括灵性发现、日常灵性体验和超然联系。

令人惊讶的发现表明：正念和灵性之间的概念分歧在青少年眼中并不存在，那些接受正念的孩子也会虔诚地参加宗教活动，灵性程度相当高，宗教活动与正念练习结合起来更能加强灵性觉知和参与。接受正念的青少年（很少有宗教活动）和虔诚信教的青少年（正念接受度低）的灵性水平相当，他们同样拥有超然联系、灵性发现和日常灵性体验，这说明两种方式都能实现个体灵性。灵性水平最低的青少年通常来自于没有宗教活动也不接受正念的家庭。

哥伦比亚大学教育学院的博士生莎拉·祖格曼与威斯康星大学麦迪逊分校的西蒙·戈德堡（Simon Goldberg）和威廉·霍伊特（William Hoyt）合作，研究正念对青少年的帮助作用有多大、哪些人受益最多，为此他们针对20多项科学研究的结论进行了元分析。

他们发现，重度抑郁的青少年从正念疗法中获益最大，那些已经接受药物治疗的孩子，如果同时进行正念练习会有额外的治疗效果，这可成为补充疗法（而不是替代治疗）。抑郁情况严重的青少年从正念练习中的获益是非急性抑郁和焦虑等严重症状的同龄人的2倍。

灵性社群也会通过扩展爱的场域给苦苦挣扎的青少年带去爱心和参与社会的机会，并与其分享灵性价值，无条件的交流和接纳，共同祈祷和进行灵性活动。如我们在第五章了解到的，镜像神经元会使参与宗教仪式者的大脑同步，使其更容易一起体验超然的状态。这意味着集体活动会增强青少年体验超然的能力，有益于发育性抑郁患者。

爱的场域也能为抑郁的青少年提供大量帮助，如果成年人想要帮助孩子，却不知如何做的话，也可借助爱的场域的力量。抑郁症会影响整个家庭，包括兄弟姐妹，我称之为"家庭旁观者的压力"，家人应该理解青少年的状态，比如"啊，乔治其实是抑郁，他不恨我。""告诉卡拉'看到事情的光明面'可能没有用，或许我可以问'那是抑郁症在说话吗？'""你是不是抑郁了——有什么事困扰你，正在敲你的门吗？门外也许是有价值的东西呢。"家庭、教师、顾问和神职人员也要经常和青少年交流，同情和帮助他们，使他们觉得被接纳、被爱，他们属于高层力量的一部分。

那么，家长如何开启与孩子的谈话呢？一位家长曾经问我："如果孩子不回应怎么办？"

青少年可能会说："这很愚蠢。""我不在乎。""你不知道我经历了什么。""每个人都很肤浅。""没人理解我。"

作为家长，你可以直接针对孩子的体验做出回应，或者分享你自己的经验，告诉他们这些剧烈的内心挣扎是正常的，我们可以通过灵性体验等资源帮自己渡过难关。开启对话的方式包括：

- 你的体验当然是你自己的，但我可以告诉你，我上高一的时候也有一段愤怒（悲伤、绝望）的时期，我在这里听你说话，你可以发泄、倾倒或分享任何东西，我都觉得没有关系。
- 大多数——超过2/3的青少年都会在某些时候感到沮丧，这意味着你在解决工作生活中的大问题，这些问题当然很难，还能伤人，但这并不意味着你有病，或者被孤立了。你正在面对人生的转折点，我不会告诉你该怎么想或怎么做，但我在这里听你倾诉。
- 我爸爸几年前去世了，但我在不知道该怎么办的时候还会跟他说话。

- 有时当我感到不知所措或担心的时候,我会出去看夕阳,或者在夜空下坐坐,即使几分钟,也可以帮我恢复平静。

提供机会让孩子与你共处。对青少年而言,如果听到父母说,你的痛苦是真实的,我理解你,那么那个置身"时代广场"的他就不会觉得那么混乱和恐惧,而会将那里视为一个学习的场所和走上灵性道路的过渡。

第 11 章

治愈被切断的灵性

如果我们真的能倾听青少年的心声,就会发现他们的灵性挣扎和发展,然而我们习惯听到其他的东西,认为他们喜怒无常,喜欢做违反道德的行为,难以管束。前文提到青春期是灵性觉醒、个体化和将各种能力融入生活的关键时期,这涉及两个主要的发展任务:第一,青少年必须联结头脑的认知和感受,去整合灵性和分析能力;第二,他们必须整合自我存在的各个方面(社交、情绪、智力、性),使其融为一体,将灵性作为发展的命令中枢。

我们也知道,即使青少年与家长分开,也需要我们的支持才能完成这段行程,但有时要么是孩子不明白这一点,要么是父母有意或无意地忽视了孩子的灵性追求。不管是什么原因,缺少了支持,精神个体化的过程就会出现差错:(1)如果感受被破坏,就失去认知的重要来源;(2)如果青少年的身份被割裂或者隐藏,他的自我就不完整。

以下两个故事带我们近距离了解灵性被切断的青少年为了更好地理解现实而经受的痛苦。这些故事显示了灵性如何帮助青少年的自我恢复完整。马琳患上重度抑郁的故事说明灵性觉知遭到了破坏，科特的精神崩溃是因为他的灵性与性的联系被割断从而隐藏了他身上所谓的不能被接受的部分。我们也将看到获得支持的青少年被治愈的可能性是多么大，所以作为家长，我们要帮助每一个孩子搭建头脑与心灵的桥梁。

我们这个时代最常见的所谓的失调症状可以从灵性发展的观点来重新定义。女孩马琳和男孩科特都表现出抑郁的症状，我们习惯将其视为病态，却不理解这些现象与灵性的发展有关。

马琳： 发掘被埋藏的灵性天赋

马琳已经差不多30岁，在采访中，她讲述了自己在高中对抗发育性抑郁的经历。大一的时候，她的症状进展为重度抑郁。她生动地回忆了自己是如何在15岁左右"陷入黑暗"的，现在她将这个时期视为灵性作家早就形容过的"灵魂的黑夜"。她的故事反映出女孩是如何在灵性之旅中度过黑暗的。

> 我不清楚悲伤是什么时候到来的，但它一定是在我大约15岁的时候出现的，它来得越来越频繁，直到我17岁上大学时，我被确诊抑郁症。我能为这个结果找出很多原因，比如我有抑郁症家族史，而且我自己在进入青春期后就遭遇了身份认同危机。
>
> 我记得自己四肢沉重的感觉，连拿起铅笔和抬头似乎都没力气。一次，母亲让我打扫房间，我感觉她好像在逼我爬

上一座陡峭的高山。我脑袋里似乎有棉花，无法清晰地思考和社交，我觉得自己毫无价值，我大部分时间都躺在床上，试图弄清楚那些困扰我的感觉到底是什么。我就像得了心灵流感，所有情绪都涌出来，根本没法控制，一天到晚眼泪汪汪。我想象自己是一棵柳树，长在被悲伤诅咒的河堤上，在无尽的绝望中弯腰驼背，哀悼着还没到来的日子。我知道有什么东西不对劲，但我无法用语言形容它。

然而，因为马琳仍然成绩优秀，每门功课都是A，没人注意到她的异常。高中时马琳已经感觉到她不是唯一的陷入这种状态的人，其他女生似乎也有过类似的黑暗情绪，却始终没能摆脱它。她必须拼命学习来压制它，努力像其他人一样。进入一所女子学院后几个月，她找到了同病相怜的同学：她先是来到校园健康诊所，医生诊断她得了抑郁症，开了抗抑郁药，除此之外并没有和她多做交流，马琳的心路历程没有得到关注，医生也没提到这是发育性抑郁，只是把她的症状视为一种疾病，得知需要吃药，她猛然醒悟，认为这是"严重的警钟"，她很快发现，自己的舍友（有时是全宿舍的女生）也有抑郁症状，需要服用药物。

我们就像同步了一样——不是月经周期同步，而是精神上的苦闷，我们都试图理解一些负面的东西。有个女孩曾经做过模特，她增重了40磅，认为自己"丑"；还有一个女孩经常消失，其实她去了健身房疯狂锻炼，吃得很少。我最喜欢的一个女孩开始写诗，一身黑色衣服——黑贝雷帽、唇膏和指甲油都是黑的。我们显然不善于应付生活，我们的痛苦是非常真实的，大家的船舵似乎失灵了，迷失在了大海上。

像许多女孩一样，马琳的内心苦苦挣扎，缺少指引。

> 我希望找到回家的路，我开始祷告、倾听、与内心的混乱抑郁对话，它告诉我，必须改变一些事，在某种程度上，我视其为一种充满爱的存在并试着接受它，虽然我不喜欢它阻碍了我与现实世界的互动，但我也感激它带领我了解自己的灵魂，建立一种全新的生存方式。那个声音坚持要我停止一直以来的挣扎，接受我自己，相信我的天赋……听从自己的心声。我不知道转折点是什么时候到来的，但我感觉到它是上帝的恩典，我终于理解，曾经的伤痛是我获得重生的必要条件。

通过这种反思，马琳逐渐走出了不负责任的父亲带给家庭的阴影，她眼中的父亲是冷漠、严厉，有时会伤人的，不仅对她这样，对她母亲和兄弟姐妹也是如此。她现在意识到，父亲对她的直觉的"完全否定"导致了她的心灵罗盘拒绝接受现实。

> 我知道我的父亲一直爱我，但他有时非常不厚道……他会以一种强烈的方式歪曲事实，我感知到的现实似乎不存在。他甚至觉得我不应该乐观——因为我不如他了解生活，认为我"情绪化"，是盲目乐观，太天真，我对上帝或宇宙的信仰是愚蠢的。

马琳的父亲否定了她的认知方式,尤其是心灵感受,他认为那不科学,认为她对意义和灵性目标的追求毫无价值。随着她渴望实现"至善"的愿望不断加深,马琳体察到灵性。这本应成为她追寻灵性的指引,却被父亲否决了她这种最重要的认知方式,结果她得了抑郁症,元气大伤,无法运用灵性工具认识自我、设定方向,内心变得沉默而无力回答关于意义、目的的问题,曾经明亮的情感陷入黑暗,在抑郁中迷失。

在多年的灵性挣扎中,马琳没有从家庭、学校、心理治疗或社区中找到精神支柱,只好孤军奋战,与抑郁对抗,直到进入大学才意外获得帮助。马琳大二那年暑假获得了由3位女考古学家组成的团队工作的机会,她们去苏格兰偏远海岸的一个小岛上挖掘古物。她们的学术精神、对直觉与技术的运用给马琳留下深刻印象,马琳也被信任(托付和指导她负责重要的工作)打动,她说,"在我觉得自己被低估的时候,她们认真对待我"。

> 我遇到了我灵性上的母亲:3位纯粹的考古学家用她们的智慧教导了我,让我知道重要的东西虽然存在于表面之下,但可以被接触。一天,在荒凉的乡间散步时,其中一位停下来,以绝对肯定语气说她的脚下是一处古代碉楼的遗址。我们拿起铁锹,很快便挖出一堵石墙。

马琳被她们的直觉震惊了——竟然可以根据内心的感觉确认发掘地点。她发现了心灵在工作中不可或缺的价值和重要性:她的感觉有价值,她本人有价值,世界也有价值。抑郁告诉她,没有东西是重要的;考古学家们却说,一切都是重要的。她们脚踏实地的智慧向马琳揭示了一个她可以信赖的宏大的灵性真理,"她们是在向我展示:一切东西都有生命力,即使是被遗忘的、被埋藏的东西。也许它们恰恰是最重要的。"

马琳继续在心灵之旅上展开更深层次的挖掘,通过瑜伽和冥想重新发掘"明觉"。随着时间的推移,她听到了自己内心的声音,这种内在的智慧使她改变了自己的专业——从父亲迫使她选择的医科转向了历史。历史是让她深深感到共鸣的学科。在研究东方和西方思想文献的时候,她意识到:关于存在的深层次问题和答案就在我们的灵性生活之中。她还发现这些问题也曾困扰许多伟大的先知,使其经历了分离、幻灭和灵魂的黑夜,但最后他们带着深邃的洞察力和启示走了出来。"他们认真对待自己的痛苦,借助它锻造出一段忠实关系,这段关系联系着普世之爱的指引原则。"马琳说,同时她觉得自己也在这个旅程中。现在,灵性已经成了马琳精神的主宰,告诉她什么是真实和有价值的。

通过不断的学习和沉思,马琳逐渐在灵性探索中活跃起来。经历了内心的自然愈合,不再"等待黑暗来绑架我",然后再次陷入深深的沮丧。她开始培养自己的灵性,因为她发现自己的抑郁本质是一种灵性追求。

> 我通过自然和我的灵性互动,相信上帝一直透过大自然跟我说话,不仅在乡村,也在城市,无处不在。我体验到合一和同步……你可以采取这种想法和态度,在哪里都可以。我相信,这些考古学家告诉我的是,没有什么是不重要的,要从爱的视角看待一切。

马琳能找到自己的前进方式,并非通过父母,而是通过上帝与她的直接、个人的双向联系。正如我前面提到的,当父母缺位,爱的场域不可用的时候,像马琳那样,孩子可以与高层力量建立超然联系,或者接受自然的灵性指引,或者接受他人提供的支持,进而发现生活中的至善。马琳从全部3个方面得到了帮助:与上帝直接对话(她称之为内心的神圣自我)、向充满智慧的考古学家学习、接受日常体验中的灵性指引。

马琳的故事指出一个重要的挑战:当她倾听内心的智慧、感受超然存在时,身边的成年人(以父亲为代表)却告诉她,心灵不是认知的来源。

经历了陷入抑郁的痛苦,最终她坚持下来挽救了心灵的天赋,从多年的治疗和有意义的精神探索中获益,恢复了与生俱来的权利,与高层力量建立了强而有效的个人联系。从某种意义上来说,她不再依赖于别人的认可。

目前抑郁症在现代女性群体中流行,女孩抑郁的概率是男孩的2倍,但我们知道,灵性尤其能够保护女孩不受抑郁伤害,我们也知道,随着青春期的开始,这种保护还会增加50%。我们可以从许多土著传统中看到女孩的灵性觉醒对她们的保护作用。例如纳瓦霍族(Navaho)[1]会让月经初潮后的女孩进入灵性小屋,在那里认识自己的灵性。马琳的例子也反映出许多女孩的经历,她们的灵性和觉醒最初被破坏了。由于缺少这一理解生活的核心元素,当她们面对发育性抑郁时,就无法调用自己的精神资源。发育性抑郁不仅没有成为精神个体化的手段,反而给灵性带来了危

---

[1] 是美国西南部的原住民。——编者注

害，更有甚者，我们的文化也在否认女孩的心灵感受能力，破坏她们青春期刚刚出现的灵性觉知。

马琳的故事也向我们展示了一个巨大的机会。如果父亲或母亲积极对待青少年的灵性发展，就能支持她们解决各种存在问题，使青少年的内心对话有助于精神个体化，防止因疑问得不到解答而感觉痛苦不安，或者怀疑自己的认知和理解力。女孩的直觉是她们的重要力量源泉。

库尔特：耀眼男孩隐秘的一面

库尔特是5个孩子中的老小，他的家庭虔信宗教。高中时期，他是学校里一颗耀眼的明星，大家心目中的完美少年：帅气、受欢迎、成绩好、学校的音乐剧明星、乐队鼓手、班长、毕业时获得各种荣誉。他还是教会里的青年领导者，无论老少都喜欢他。然而库尔特眼中的自己却并非如此，他的"真实"身份在整个青春期一直困扰他，因为他沉迷于色情作品，这是个不可告人的黑暗的秘密。

11岁时，一个朋友给他看色情作品，他很快就上瘾了，可他同时还在教会服务。"色情成了我生活的一个重要组成部分……从11岁直到我20多岁"，库尔特说。在他的教会，12岁的男孩已经具有'神职'资格，负有特殊的服侍责任，这一转变加剧了他内心的矛盾。

> （色情）真的和我的信仰无法协调，它成为我灵性道路上的考验。11岁看到色情作品，12岁担任神职，我在灵性方面互相冲突，一边是信仰，一边是这些东西。后来我又担

任了更高的职务，我越来越不懂得该如何处理这种矛盾了。

沉迷色情作品动摇了他的是非观。最初使他感到刺激的地方是，他要瞒着父母观看色情作品，后来父母开始怀疑他使用家庭电脑访问不该访问的网站，就每天把电脑的接线拔下来带着去上班。于是库尔特骑着他的自行车到附近的电脑店，用自己的零花钱买接线拿回家用，在父母下班回家前拔掉接线藏好。

库尔特的行为最初是好奇心和追求独立的愿望使然，好奇女性的身体、性交或自己想要弄清楚一些事。这些都不是坏的冲动，虽然偷偷摸摸是不被鼓励的，可它是个性化的一种常见的方式。孩子一方面想要独立探索，另一方面他知道他仍然在你的保护和关注之下。库尔特却很快脱离了这个安全区域，远离了灵性核心和成年人的保护范围。当他体验到内心的分裂——被接纳的出色的自我和不受接纳的隐藏自我——他甚至开始下决心脱离家庭。他那萌芽的灵性自我无处安放"性"。虽然父母和他讨论过吸毒和酗酒等等青少年常见的问题，可没有和他讨论性和色情。实际上他从来没有与他的父亲或母亲或任何其他成人就这方面进行过任何有意义的讨论，因此他不明白健康的性欲是灵性自我的组成部分和表达渠道。他的父母感觉到某些事正在发生，所以拿走了电脑线，可是他们的回应只有这些。

当进入青春期，他不可告人的习惯和模范的外在形象（学校、教会的领导者）在库尔特的内心形成深层次的分歧，这是一种精神上的分裂。他的灵性在迅速发展，然而他并没有考虑那些人生大问题：我自己的性观念是什么？它如何与我宗教神圣的目的一致？什么是爱以及我们如何表达它？并借此确立健康的性观念。反而,"隐藏的自我"不断困扰他,阻碍了他进行自由的灵性探寻。

十三四岁时,库尔特的外部自我和隐藏自我之间的分裂已经相当明显。

> 我非常肯定,那个时候,色情作品和自慰成了我日常生活的重要组成部分……我开始变得十分擅长自我割裂,因为一方面你希望尽职尽责,对上帝负责,另一方面我又非常享受那些东西……我每逢星期日还去教堂,和同龄人参加与教会相关的活动,我仍然很愿意和精神社群在一起。但另一个自我却说"如果你真的了解我,就不会喜欢我",这种想法根深蒂固。我一直觉得,如果别人真的了解我,就不会喜欢我。我把这句话告诉了上帝——上帝,如果你真的了解我,你不会喜欢我,你不会爱我。

觉得自己不被高层力量所爱是个很残酷的想法,带着这种想法,库尔特自然而然地隐藏着自己,不让别人知道他的秘密爱好,他那隐藏自我开始发号施令。库尔特试着不去想这一切,因为越想越感到绝望,觉得自己比以往任何时候都要孤立。

> 好像你脚下的地板突然不见了,没有立足之地,你视为真实的一切都不真实了,变成了彻头彻尾的谎言。我的一部分相信上帝爱我,但我的另一部分觉得上帝不会爱我——如果他了解我的话。所以在此期间我的生活和上帝断开了,他离我很远,似乎在美国的另一头,我可以给他打电话,但他

没有与我同在，治愈我的心伤。

在3年的时间里，他与色情的关系发展成对性的上瘾，像酒瘾或毒瘾一样麻木自己不去直面青春期的各种痛苦挑战，避免追寻各种意义。

凭着我仅14岁的大脑，根据我对生活的理解，性成为我脱离现实的途径。我认为它是安全的，既简单又安全，保护我不受任何感觉的伤害……我在躲避生活，生活很痛苦，我又对痛苦很敏感，而你在性高潮时可以释放自己，阻隔外界的影响，把那些带来痛苦和困难的事情挡在门外。因为我的伤口一直没有愈合，暴露在外，变得十分敏感，只能麻木它，把它隐藏起来。

它甚至与性无关，只是获得我想要的东西的方式，人们难以理解，是因为他们说这是性瘾，你沉迷性爱。可色情就像电视机遥控器，像电灯开关和你的车钥匙一样，它和图片里的裸女无关，而是关乎如何得到你想要的东西，让你自我感觉良好，消除痛苦。它是一种驱动力。这就是色情教我的东西，它教会了我谎言：有一个办法可以让你不再感到疼痛，让疼痛消失的办法。这个方法能消除任何不舒服的感觉，同时它也毁掉了你的能力，因为你现在没有任何理由去做别的事，不能爱、不能恨，无法以任何形式与别人联结，因为你什么都感觉不到。而你习惯了没有感觉，以至于一旦感觉到什么，就会马上把它归类为不好的东西。这就是我的体验。我变得完全不像一个人类。

一天，库尔特和父亲在教堂附近散步，他们经过一家二手车经销店的时候，父亲说了一些关于性的话题，他警告库尔特不要为了发生性关系而结婚，性不是结婚的理由。他的本意是婚姻除了性还意味着更重要的东西，比如爱和灵性上的合一，他原本想和库尔特谈谈他的问题和内心的冲突，可库尔特却觉得父亲的意思是"性是不好的""为了性而结婚是不对的"。年轻的库尔特甚至更进一步，得出结论：如果性是不好的，色情就更不好，所以他的性欲是一件坏事，或者像他所说的那样，"不是上帝希望我做的事"。

对于所有的青少年，其内在的灵性路线图是处理各种人生关系的罗盘，对库尔特，他的性观念，包括他对色情的涉足，不属于这个罗盘的范围。

"虽然觉得很羞耻，但它是我的一部分"，他说，"我在性方面的做法不代表我的身份，我不承认这一点，它虽然属于我的一部分，但不是得到上帝允许的部分。"

最终，库尔特发现，他的父亲和哥哥们也会看色情作品，他曾经质问过他们这种做法不符合这个家庭的宗教价值观，但彼此的对话没有取得进展。他试图和教会里的辅导员交谈，也毫无帮助。15岁时，他意识到自己已经对色情上瘾，然而别人只关心他在高中里的成功，所以他尽管外表光鲜，内心却是一团糟，生活越来越分裂。

> 在别人看来，我是非常正常的，可我自己却觉得正好相反。我非常缺爱，如果人们了解我，他们不会喜欢我。回想起来，我接触过很多人，我们做了很多事情，但我从来没有

真正和他们联结起来。

19岁时，库尔特认为他正在自行解决这些问题，"我觉得这些事你不能交给上帝，因为他帮不了你，他帮不了哥哥，帮不了爸爸。"

我们透过超然自我看世界，将它作为组织和整合心智与精神的核心，以此来认识世界和自我。库尔特已经完全与他天生的灵性分离，虽然他曾经与上帝建立联系。他的发展网络中心已经全军覆没，其他的能力也受到影响，在处理灵性方面他孤军奋战，同时又不得不面对一个性观念失控的自我。失去了超然力量的协助，库尔特感到孤立和绝望。被切断的灵性总是会让我们远离那些爱我们的人，库尔特就远离了他爱的上帝，而他小的时候体验过上帝的爱。*如果你了解我，你不会爱我。*这是多么孤独的宣告。

我们希望青春期的男孩培养出坚忍、淡泊的"男子气概"，可我们的文化中的"男子汉规则"却让他们感到深深的孤独，让他们惩罚自己甚至伤害自己。"隐藏的男孩"是很普遍的现象，许多孩子把一些隐秘的自我隐藏起来，认为自己没有价值，不被别人和自我接纳。这种自我分裂也许是性观念引起的，比如他是同性恋或者因为好奇而尝试了色情，他也许陷入了焦虑或抑郁，认为自己的身体或智力有缺陷，或者无法按照他的想法"成为男子汉"。他也许偷偷酗酒吸毒，或者从事一些危险行为。当一个小男孩把他的秘密藏在心里，他的自我就躲进了寂静黑暗的地窖，当深层自我沉默失语，就无法指引他认识世界。我们必须真诚面对自我，了解自己的灵性本质。如果自我身份的一个重要部分被隐藏起来，孩子就无法发展出完整健康的自我。最重要的是，与超然自我的疏离导致他灵性上的孤立和流放，感觉不到上帝的同在。

为了帮助他们，我们必须确保男孩在成长的道路上得到灵性的指引，必须承认他们生活中的现实。我们的文化长期以来只认为身体力量、性吸引力和坚忍不拔是理想男性的特点，而没有意识到男孩也需要情感满足。在这种环境下，服务或贡献的地位仍然居于领导力之下。愤怒被认为是男性化的情感，而亲切和脆弱则不被鼓励。性征服得到推崇，没有感情和亲密的性却没有人质疑。色情作品成为性成熟的青少年的常见选择。孩子生活在这样的环境中，在灵性方面得不到我们的支持，很容易觉得痛苦和没有价值，在情感和灵性上隔绝。

我详细讲述库尔特的故事是因为我们很少听到男孩如此详尽地描述自己的内心体验。越来越多的青春期前和青春期中期的男孩都开始接触色情作品，库尔特的感受对于家长、老师和青年顾问来说是很宝贵的，有益于我们向男孩们提供帮助。

我们知道，库尔特的灵性挣扎很有代表性，无法被忽略，许多接触色情作品的人以及成年性瘾者都有各种程度的灵性分裂。最近我的博士生爱丽儿·科尔针对2300名男子进行了研究，其中许多都对色情作品上瘾。她发现如果宗教信仰能够满足个人对存在和灵性方面的需要，色情上瘾会得到缓解。对于库尔特，宗教没有满足他的心灵需要——他的个体灵性意义缺失——这也是许多男人和男孩情绪失控和痴迷色情的原因。

如果不和男孩们讨论性、灵性和社会上（尤其是在男性文化中）无处不在的色情作品，就很可能出问题。西方国家互联网上35%的下载内容来自色情网站，许多男孩面对色情内容没有自己的判断力和控制力。他们第一次接触到互联网色情的平均年龄是11岁，正是库尔特当时的年纪。灵性成长中的男孩受到色情的刺激，以至于无法调和自己的这两个部分。我们的宗教社群可以帮助男孩们运用灵性价值理解自己，让他们知道性是正常的，与他们讨论性观念方面的问题，进行开放式的对话从而帮他们应对色情内容。我们不希望孩子隐藏自我。

库尔特需要更多人理解他，向他提问：在你的性观念中，关系属于哪一部分？灵性和意义在哪里？他需要全面思考，将性与内心的灵性生活整合起来，加入意义、目的和联系。然而，当他找到成年人谈论这些时，成年人却退缩了。

最终，一次失败的订婚促使他面对自己的性瘾，将其视为培养自己的信念和与上帝对话的方式，从而获得支持和治愈。库尔特最终在自己的帮助下，做了他小时候本应在别人帮助下做的事情：将灵性和性观念放到同一个房间里，让他的个体灵性指引性观念和关系的发展。是什么帮了他？库尔特说："原来，我一直希望有人问我：'你的高层自我对性的看法是什么？'"

我相信有很多男孩都有自己觉得黑暗和不可接受的部分，希望有人能坐下来和他们谈谈，不论断、不惩罚，接受他们，帮助他们理解自己的挣扎和追寻是灵性成长的一部分。

性只是自我的一个方面，它可能与灵性这个命令枢纽割裂，使孩子想隐藏自己。我们需要支持他们的精神发展，使他们有勇气不再隐藏，将生命中的各个部分带到灵性这个枢纽面前。库尔特最终通过他的宗教信仰和爱情（后来他和一个与他相爱的女人结婚了）实现了这一点。无论秘密是什么，不要让孩子隐藏，分裂的自我是可以通过灵性治愈的。父母要用灵性路线图指导孩子发展自己的个体灵性，满足青春期的各种需求，成为男子汉。

家长要借此机会，引导孩子与高层自我对话，重新整合自我的所有部分，听从灵性枢纽的指导。我们的每个部分都是有价值的、好的：我们的思想、我们的身体、我们的性、我们的冲动和欲望。我们可以接受和讨论所有这些方面，并将其视为自我的重要部分而加以整合。我们的灵性是指挥中心，可以帮助我们接受和积极地利用这些冲动。通过坦率的交流去支持和鼓励孩子，不羞辱他们，帮助他们审视内心，透过高层自我理解世界。

无论灵性如何被割裂，我们都可以支持青少年获得精神上的完整，实现灵性的个性化，整合生活的更高方面。哪怕仅有的一点支持都可以使他们获得益处和指导，反之，哪怕最轻微的否定态度也可能打破他们的灵性觉知，割裂灵性与生活的其余部分的联结——我们很可能忽略了青少年的内心挣扎的痛苦程度，认识不到它的本质。其实在很多时候家长无须多问，只要给孩子提供支持，鼓励他们探索灵性，明白治愈建立在完整性的基础上就已经足够。

第 12 章

灵性觉醒

前几年我的孩子还小的时候,一位母亲和我在咖啡店里交谈,话题很自然地转到做母亲是如何改变我们的生活上去。她说她从未在学校或工作中找到人生的意义,而且在人群中显得很害羞,不自信。后来她有了孩子,终于发现了自我,开始觉得和世界的相处变容易了,她更加自信和有能力。她对我说:"做母亲让你感到充实和强大,非常有力量,可以做任何事情。"

为人父母之后,你很可能觉得自己走进了一个广阔得多的天地,无论这是否属于你的计划,无论你对此感到快乐或不确定,这种深刻的感觉总会到来。

"你好像成为一个全新的人。"一个小男孩的母亲告诉我,许多父母也如是说。

孩子是"宇宙打来的叫你起床的电话"汤普森说,他的女儿和儿子都进入了青春期。"人们总是说'做完那个 X 射线扫描,我的生活改变了',或者'我很糟糕''我病了''我损失了全部的钱'什么的,他们甚至把生孩子比作革命性的事件……宇宙好像对你说'应该重整旗鼓了'。"

有关成人心理发展的文章有不少,其中大部分与年龄变化和职业相关,也有的是讨论父母从养育子女到空巢老人的转变。中年人的灵性生活得不到多少关注,即使有也集中在独居、个人成长和内心安宁方面。而这本书中的目的是绘制儿童和青少年的精神发展路线图,其核心是展示家长在塑造孩子灵性过程中的作用。明白了这一点,我们进一步考察有关父母养育的问题,看看我们的灵性是如何与孩子的灵性并行发展的。

一个孩子来到我们的生命中,通常会唤起我们的灵性觉醒,无论我们是否意识到这一点。做了父母之后,难道大家不都"发现了更多的东西"、体会到一种难以形容却真实存在的感觉吗?很多父母,特别是父亲告诉我说,孩子出生前,他们"什么都不相信"。天生患有严重疾病的婴儿或有其他特殊需要的儿童的父母告诉我,孩子的苦难考验了他们的信仰,带他们认识了更深刻神圣的东西,或者认识了上帝。有些人怀着矛盾的心理开启了有生以来首次灵性对话。成为父母为我们带来了灵性发展的机会,唤醒了自己的超然能力,这种能力还与孩子的灵性发展息息相关。

一旦成为父母,我们就永远改变了。无论孩子如何进入你的生活,是亲生还是收养的,当上父母或祖父母(或是面对朋友和陌生人的孩子)之后,你的爱的场域自动向孩子打开。我们需要用无条件的爱、积极的参与、灵性反思和对话、日常生活中的正确行动来构建爱的场域,使其成为孩子灵性发展的立足点,也成为你和你的家庭的灵性现实。

灵性养育的朝圣

生儿育女是一种精神朝圣,你就像一位孤独的僧侣,为了寻找启示,向山顶攀登,一路上不免艰苦和磨难,有时不确定方向,甚至迷路,对自我失去信心,最终学会不再以自我为中心,而且现在你的生命中出现了比自我更珍贵的东西——孩子。

现在请把镜头转回家庭,将僧侣变成在尿布、婴儿推车、汽车座椅、洗衣机、购物清单、厨房、快餐店、停车场、浴室、睡前故事中间团团转的父母。孩子病了需要他们照顾,卫生需要他们清理,还要工作,时常睡眠不足,然而不知何故,无论有多累,养育子女的过程并不会让我们磨损多少,反而有更多收获,让我们更有荣誉感和控制力。通过各种斗争和灵魂的考验,我们明白了哪些是重要的,哪些不重要。

"养育过程完善你的自我"某位唯一神论牧师在星期天布道时说,它摧毁你的"老我",让你甘愿脚踏实地,并且"扩大了你对自我的定义,弱化了它的界限,促使你接纳他人。为人父母是生命的礼物,爱悄然进入我们的生活,接管了它。"

当我们努力让孩子认识我们眼中的现实的时候,就相当于通过他们的眼睛和内在的灵性看世界,倾听他们也使我们成长,对幼儿无微不至的照顾使父母没有孤独的时间,反而给我们很多机会去认识自己和孩子的灵性本质,与他们分享这段旅程,一起成长。我们的孩子最早获得的精神财富可以重新唤醒我们自己爱的能力和共情能力,并与我们的灵性罗盘相连。

追赶孩子的灵性可以唤醒我们的精神世界,认识到我们的人生意义和目的,使世界看起来在各个方面都有所不同,包括我们自己的育儿互动和如何体验世界。无数父母告诉我：

◇ "她散发出的喜悦是纯粹的喜悦，很有传染性，我也能感觉到。"
◇ "我再也没有关于存在的疑问了，那张脸回答了一切。"
◇ "她看着我，注视着我。她让我想成为一个更有爱心的人。"
◇ "我的心感到满足。甚至当我累极了或沮丧的时候，也会感受到这种稳定的爱。"

为人父母让你以新的、开放的方式体验世界，这种新的开放性加上你对孩子天生的灵性的支持，带给了你思考、体验和发展自己灵性的机会。所以在支持和鼓励孩子的同时，不妨允许自己花时间了解自己的灵魂。

在这些方面，孩子是成年人的指路人。在爱的场域，亲子之间的灵性觉知和追寻是双向流动的。

为人父母的三个灵性阶段

育儿在本质上给予我们变革的机会，使我们敞开灵性，更清醒地认识自己在世界中的位置，也许还能和高层力量建立合作伙伴关系。为人父母的三个灵性阶段通过消除我们的脆弱和意识失控来扩大我们的灵性参与，提供我们所需的重铸自我的资源，使我们在灵性养育之旅中变得更为强大。

控制： 少就是多，放弃的力量

从孩子出生开始，从摇篮到大学，父母要学会放弃，我们不是孩子人生中的"公车司机"，我们自己的成年生活可能秩序井然，但不能因此去控制孩子的生活。

作为 A 型性格的人，琳达精心策划并执行着她的生活计划，甚至还把自己的结婚生子计划印出来分发给家庭成员。然而有了宝宝之后，她所有的计划都被打乱了。

他似乎在说："好了，妈妈，你真的很酷，但你不能计划一切了。我会没事的，但你必须停止试图控制一切。"这是一个很好的教训……有时没有计划也不要紧。这是为了我更好地学习，你知道吗？

我们再也无法控制所有的细节，无法控制孩子具有什么样的禀赋和天性，随着控制权的丧失，家长往往觉得他们在某种程度上损失了什么——许多母亲这样告诉我。有时候她们会疲惫不堪地赶来参加我的讲座，衣服上还有土豆泥印子，觉得肉体彻底崩溃了，认为自己不胜任、没效率。事实上，生儿育女就意味着父母的"老我"死亡，是放弃控制和自我虚荣的过程，最终走向灵性觉醒，与大自然的韵律相协调，向超然敞开心扉。孩子打消了我们控制一切的幻想。通过放手，我们解放出来，并且会发现有一股强大的力量携带着我们前进。

需要帮助： 养育高于父母

婴儿降生后的几个小时里，我们完全被他们吸引，我们想要或需要的一切都在他们的眼睛里。在忙不过来的时候，我们意识到自己需要别人帮助，这是交出控制权的开始，也是大多数父母自我调整的开始，尤其对于完美主义者而言。他们开始学会寻求帮助，并开始依赖，包括请保姆来大扫除、叫外卖，在公园里遇到需要帮忙照顾孩子的父母，我们也会伸出援手，不再将其视为陌生人。我们使用所有可以得到的帮助，甚至依赖它们应对更多更深层次的挑战。然而，当我们发现自己耐心减少、不知所措或怀疑自己不是"好"的父母、需要在困难时鼓起勇气、重建信心的时候，我们该向谁求助呢？

比尔是两个年幼的孩子的父亲，他在需要应对育儿挑战的时候向灵性社群求助。

在我怀疑自己做不到某些事情的时候，我的信仰变成我的舵，保持船不翻倒，指引我去教会求助，因为只有礼拜日我才能在比我更加巨大的传承力量面前卸下我的所有情绪和恐惧，从中得到安慰。对我来说，每天照顾孩子就像在战壕里打仗，我怀疑自己无法成功抚养他们，因此我求助超越日常琐事的神圣力量。它向我证实我能做到这一点，而且会做得很好。教会是我的精神支柱，虽然我在那里没有什么"顿悟时刻"，但它让我觉得内心安宁，知道自己可以做得更好。

比尔发现了与上帝联结的精神堡垒，这是在养育儿女的动荡过程中获得和平与安宁的一个重要经验。除了比尔，还有很多父母通过育儿首次发现了灵性或者重返自己的宗教根源，加深了与高层力量的超然联系，或者向灵性社群寻求支持。

联结：爱的场域的拓展

做母亲之前，有 5 年时间我都在一家杂货店看到一个女人，她做的是收银员的工作，态度总是很冷漠和不耐烦，只想收下一个顾客的钱。但后来我带着还是婴儿的以赛亚去结账的时候，她脸上出现一个巨大的微笑，似乎很想和我还有我的孩子说话。

孩子会让爱的场域得到几何级的扩展，每段联结都是理解人与人之间的沟通并从一个新的角度认识世界的机会。

马丁是一位同性恋爸爸，他分享了自己和伴侣带着 6 个月大的婴儿到东欧度假的故事。一天，他们在某个广场上坐着，一个老太太不以为然地盯着他们看，上下打量他和他的伴侣。过了一会，两个人想把孩子放进婴儿车，他们需要第 3 个人来搭把手，于是请老太太帮忙。

> 她看着我们的儿子，眼神亮起来，她抱起孩子，似乎立刻爱上了他。后来她看看我们俩——这对同性恋情侣，仿佛在说，"我明白了。"

马丁和他的伴侣有两个孩子，他们接触过的许多人都是通过这种方式理解他们的。

> 孩子无意间成为我们与世界联系的大使，还有随之而来的奖赏。我们遇到很多了不起的人，还意外地交上了很多朋友……他们会主动来找你。

无论是对杂货店的员工、疏远了的家人，还是有偏见的陌生人，儿童以其开放的心灵和坦诚的态度推倒冷漠的高墙，让成年人成为朋友。

一位两个少年的父亲对我说："你的心似乎跟着他们四处走动，你需要允许孩子带着你的心前进，孩子让你的心在世界面前显得开放而脆弱。"

孩子唤醒家长：跟我一起成长！

正如我们所看到的，养育幼儿往往重新唤醒我们自己的灵性。此外，我们的想象力也被激活，我们的头脑被重新唤醒，我们和孩子有目的地联结，分享故事和美食，爱抚小动物、说话、走路和爬山，在这些过程中开启我们自己的心灵感受，在融合中共情，与生活的各个层面建立联系，听大自然的声音，与书本和孩子们的想象力对话。我们自己的想象力也随之而来，对那些工作中需要想象力和创造力的父母而言，这一点尤其是个惊喜。

丹妮尔给她的大儿子诺亚创造了一个故事的世界，他很喜欢他们的故事时间。"他看着我的眼睛，说：'妈妈，给我讲个故事吧？'"丹妮尔说。每天晚上她都会编造一些很长很长的故事，请诺亚给里面的人物起名字。她笑着给我分享了一个他们的故事。

> 诺亚把故事主角命名为普波·派波，主角的表弟叫噗噗·浦浦斯，它们的狗叫梅撒，我们一起编了好几个月的故事，他加进了很多角色，给它们安排了很多冒险。我一直以为它们是人，可几个月后，他说："不，妈妈，它们是动物！"普波是一只老鼠，噗噗·浦浦斯是条狗，帕夏和拨叉

是牛，崔罗是只狐狸，男孩弗利萨是它们的监护人。他们都有自己的冒险，比如在森林里发现了神奇的熊和爬山什么的。

听着丹妮尔告诉我故事的细节，我突然意识到，她本人也在瑰丽的想象世界中遨游。

> 有一次故事主角们徒步上山，在林间空地发现一朵奇妙的花，征得主人同意后，他们摘下了花带回家。在每个故事的结尾，普波都会去睡觉，它睡前给父母讲当天的故事：做了什么、发现了什么，比如捡到魔豆、追赶动物、有动物跟着它等等。一天，普波笑着跟在小狗后面，小狗跑到一块石头上叫，普波抬起石头，看到下面有个小人，接着又发现很多小人，他们生活在地下世界，有人发现了紫色的魔法花。

丹妮尔告诉我，他们会到北卡罗来纳州的山区度假，她经常和诺亚在散步时想象各种故事。

> 我们在大河边玩，受此启发我想出了美丽的小溪的故事：小溪里的水有了生命，会伸出手来拍打爬山的人，接着又发生了很多奇妙的事情。

当她说话时，丹妮尔在自己和儿子的视角之间顺畅地切换，从北卡罗来纳州切换到富有想象力的世界，在那里大自然也会说话。讲故事时丹妮尔的眼神充满了热情和兴奋，爱的场域是这对母子互动的基础，引领她和诺亚更深入地融入世界，发现自己的精神现实。

在抚养她的孩子（2个儿子和1个女儿）的过程中，丹妮尔说她"跟着他们走"。她观察每个孩子的个性化过程，视其为年轻的灵魂并尊重他们。

这与你自己或你打算把他们变成什么人无关，而是如何帮他们成为他们心目中最完善的人，明白他们存在的目的和意义。你的脚步会慢下来，倾听孩子的声音，你会想：这就是真正的你。他们是如此的与众不同，我也是这样长大的，世界上没有别的东西可以让你明白什么是人类，就像看着一朵花以令人难以置信的慢动作在你眼前开放一样。

青春期和中年共享灵性通道

青少年精神觉醒的出现与父母在卡尔·荣格（Carl Jung）所谓的"人生下半段"中重新追求灵性的过程类似。对于父母，中年期的灵性增长（在许多方面与青春期类似），通常在我们取得一定外部成就、实现了一些物质目标以后出现，它让我们将注意力集中到内心。这种转变是"中年危机"发生的核心原因，同时也会重新引起"发育性抑郁"：空虚、不安和不满情绪。一些人认为，这个阶段并不给人危机感，只是存在一些疑问和惊奇，心态会更开放地接受"更多的东西"。这种内向型审视不仅反映了我们对生活意义的思考，也是对我们自己的人生意义的反思。对成人来说是个自然的过程，可以借此机会与青少年积极互动，主动倾听彼此的想法，不论断、不催促，亲子之间可以放心地一起探索。

◇ "我的生命的终极意义？嗯，我已经想了很多，近期也在想。你正在开始走你的路，我也在自我反思，希望在这个世界上留下我的印记。从某种意义上说，我们都在一条船上寻找生命的终极意义和目的。我很愿意与你分享看法。"

◇ "是的，你的问题是非常重要的。我们的目的是什么？有时候，我在想能否利用自己的长处启发和帮助别人。你有没有顿悟的时刻？发现你正在用自己的长处让自己感到生活的充实？"

◇ "我不知道你内心的指南针将你指向哪里。但对我来说，就我自己来说，我要成为爱的来源去分享爱。我爱你和你的母亲。爱触动了我内心深处的智慧，它非常真实强大，我知道我们的家也是真实和强大的。"

面对人生第二轮的精神个体化，我们要全面投入。很多人到了时候会自然而然地审视内心，对于我们中的一些人，这种内心的旅程并不陌生，而有的人则不怎么熟悉。无论我们是否遇到了阻碍，第二轮的个体化将给我们机会找到构筑人生下半段灵性生活的基石，接受自己的灵性本质，也让我们真诚对待子女，向他们提供最好的帮助。

"最重要的事情"是什么？

我父亲就愿意花时间陪我做到这一点，我曾经告诉自己的孩子，青春期"只是一个阶段"，不要想那么多，可我的父亲却尊重我当年提出的问题。他会放下自己的工作，倒一杯茶，和我坐在地板上享受阳光、谈心。他永远不会主动结束交谈，每个星期我都会提出无数问题，比如舞会、衣服、比赛、考试分数等等，他并不关心这些琐事，但每当遇到涉及生命的意义的问题，他就会被吸引住，坐下听我说。他真的在听，对他来说，内心的旅程是最重要的，关乎寻找人生的意义和目的。

我父亲一生都极为重视内心生活，但他并没有声称知道人生的答案。他以明智的、学术的语气说："很多文化和很多民族提出过很多的答案。很多人都试图回答这个问题。"

所以，当我问起这些问题，他的回应是："没错，就是这个问题！"悬而未决的问题是有价值的。它重要吗？"是的，这是一个非常重要的问题。"他永远不会阻止我问，他会说："是啊，很多人都一直在思考这一点，连我都没答案。"然后他会谈起自己的精神旅程，"对于我来说，我通过工作获得意义，让我忙起来。关系是建立在爱和信任上面的。"在他眼中，除了工作和爱，还有更伟大的东西。

他常和我坐在地板上分享他的体验，比如做了一个生动的梦。

我记得他母亲去世一周后，他坐在那里，我当时9岁左右，我记得他坐下来和我说："这周我做了一个梦，奶奶埃莉在里面。在这个梦里，奶奶埃莉穿着套装，就是日常的灰色西装，她的打扮总是很优雅，但在梦里不是。她穿着这样的衣服和我走在得梅因的中央大道上，我们去过那里很多次。我觉得这个梦的意思是，她是我的母亲，也将永远是我的母亲，会继续走在我的身边，从任何意义上来说都是这样。"

他是个总是充满怀疑的学者，然而却相信这个梦。我觉得他似乎想通过分享这个梦来告诉我他生命中最重要的事情。这些经验成为我的模板，现在我也和自己的孩子这样分享我们的体验，包括那些了不起的事情。父亲给我讲他的梦，那是一个非常有爱的时刻，当时我们都在悲伤之中，试图弄明白生命的意义。虽然他没有回答，我没有答案，但我们知道这样做很重要。他带我走进这种爱的关系，走进内心的灵性世界和象征性的生活现实。那是一个神圣的时刻，既亲切又真实，像生活本身一样重要。

第 13 章

灵性养育的七个重点

在足球场、汽车旁、学校、科学展览、咖啡店和我的诊所里与我交谈过的那些家长，经常提出同一个问题：**我该怎么办？**这个问题来自不同的传统和背景的父母，无论他们是否有宗教信仰，灵性程度如何，都说明家长们都在寻找的思路和方法帮助孩子建立自己的精神生活：

- 我该如何帮助孩子的灵性成长？我能让他们变得有灵性吗？如何才能让他们保持自然的灵性？
- 如果我不喜欢宗教怎么办？我有灵性但不信教怎么办？我该怎么和孩子交流呢？从哪里开始？

在这一章中，我会讨论 7 种方法，你可以根据自己的条件用它们来鼓励你的孩子。对你的孩子来说，你是最重要的专家，只要多和他们交流，就能分享许多经验，让他们明白许多道理，而且，最伟大的教育时刻往往会出其不意地到来，它们是礼物，请带着放松和信任接受。但这并不是说，只要这样做就能改变孩子的生命，我们需要打开我们的心去尝试。育儿和灵性不是一个记分卡，要把它们看成是爱的浪潮，我们正在学习冲浪，随着日复一日的尝试（精神上、感情上、身体上），我们终将带着敞开的心扉前行。

我们可以创造灵性对话或活动的空间和时间，但具有灵性意义的时刻往往是不能计划的，生活为我们提供了机会。有一些我们可以预见，有些则是随机的，需要由我们来认识，并给我们的孩子指出来。这些机会可能出现在最快乐的时候：婴儿诞生、婚礼、特殊的家庭晚餐，或者对个人里程碑或转折点的表彰。困难的时候则更需要我们向孩子展示勇气、沉稳和同情，以满足当时的需要，例如孩子在学校被冷落或感到被老师羞辱，家庭成员或朋友住院或生病，令人不安的新闻事件唤起孩子对世界的担忧或怀疑自己的选择，这些都是灵性反思的关键时刻。

◇ "柜台里的那位先生问候了你的哥哥，他是多么善良，他真的关心别人，这就是生活的意义。"

◇ "你看，那只小鸟在我们的门廊顶部筑巢！它每天都能看到你，它一定知道这是个安全有爱的地方，适合养大它的孩子。我们每天都出去和它打招呼，让它高兴吧！"

◇ "这难道不是奇迹吗，这只小狗刚被送到慈善协会，你就来领养了他，你们互相找到了对方。"

你并不需要研究灵性或明白灵性的科学就能给孩子精神觉醒

提供有效资源，你并不需要有正规的宗教训练，或者100%想通那些灵性问题，只要愿意分享自己的经验，与你的孩子真诚互动，表现出兴趣和最大的尊重。你们自己的灵性状态（无论是否稳定或存在）都无所谓，无须达到怎样的标准，灵性从本质上讲就是丰盛的爱，无法用任何标准衡量！这也不是什么考试，而是对话，是个开放和接纳的过程。

你自己的内心罗盘是灵性育儿的最终指引，世界上的任何专家都不如你了解你的孩子，这里的7件正确的事供你自己探索和思考，抓住机会利用它们，加入你自己的知识和创造力，提前做好准备。

一、说话：使用灵性语言

"用你自己的话说。"我们经常这样告诉我们的小孩，坚持让他们用自己的语言来表达他们最强烈的情感，仿佛我们平时也是这么做的。我们知道语言是非常重要的，不仅要通过语言让别人了解我们的经验，也要让自己了解。将语言和经验联系起来相当重要，而用语言表达灵性和超然体验有一定难度，有时即使联系了也难以表达或难以理解，然而一旦我们确定了用于描述灵性的语言，就可以使用它更顺畅地表达我们的精神。

下面的语言都在灵性上有所指代，可以成为你与孩子灵性交流的工具：爱的场域、直觉、心灵感受、头脑觉知、内心罗盘、灵性罗盘、爱的文化与评判的比较、合而为一、同步、神圣、与灵魂联结。你也可以创造自己的语言，或者在自己宗教传统语言中找到启示。

这种语言最初可能让你感到陌生，但随着用它来阐明自己的体验的次数越多，你便会越来越流利。直接的灵性语言最适合描述这些经验，当你使用这些词，就是在帮助孩子与经验联结，给他们提供通过语言和象征找到生命意义的方法。

在日常生活中使用灵性语言可以帮助孩子了解自己的行为，进行灵性反思。例如，为老人开门不只是表现礼貌（遵循礼仪规则），也是表达自我观念和与人相处的原则的方式。我们可以有目的地"指出他们富有同情心的行为（爱、大方或体贴）"，这样他们就可以看到自己的行为方式。

◇ "不管同学们怎么说，你都决定不从学校的冰箱里拿冰淇淋，这样很好，你听从了你内心的指引！"

◇ "约翰的母亲告诉我，在班上每个孩子都取笑他流鼻涕时，你没有，你的感觉和心灵罗盘让你做了正确的选择，约翰回家告诉他的妈妈了。"

◇ "我看到你拿起那只小蚂蚁放在纸巾上，把它带到了后院。你爱和尊重每一个生命，你的心灵是如此美丽。我从你照顾神圣的生命中受到了启发！"

二、分享：灵性经历

在繁忙的世界里，我们经常表现出急躁、失望或者对孩子的不满，无论我们是否准确地表达了这些情绪，他们经常反映出紧张或消极的情绪，每到这样的时刻（和无数其他时刻），我们都需要向孩子展示通过灵性力量应对挑战的方法，让他们学习运用灵性去解决日常问题、维护关系、理解生活和环境。让他们知道灵性可以作为支持的来源：

- "莎伦的表现让我伤心，但是我想了想应该怎么做，做喜欢做的事情会让内心深处有什么感觉，就立刻意识到我可以原谅她，忘记那件事。"
- "那家餐厅服务太慢，让人生气！我本打算少给小费，但后来我意识到服务员太忙了，少给小费会让他们心情更糟糕，我应该有同情心。"
- "他永远也不会发现问题是我的错误造成的，但我不能只是静静地坐着看着别人受指责，我的高层自我知道要做正确的事情。"
- "他的话让我很生气，我花了点时间冷静下来，发现世界还是很美好的。"

这些不仅是情绪问题，也是灵性问题，对待挫折和挑战的态度在处理重大挑战（如失去工作、疾病或死亡）时显得尤为重要，是发展灵性的机会。

- "失业使我们处于困境，但最重要的是我们拥有彼此。作为家庭的一部分，我感觉得到你们的爱，它帮助我找到了坚持下去的力量和乐观。"
- "祖母去世对我们所有人是一个打击，人死不能复生，但我发现，爱的场域可以让人活在记忆中，当我们心里有某个人，他就与我们同在。"

◇ "有时候我祈祷只是为了感谢上帝对我生活各方面的祝福，有时我祈祷是因为我想得到帮助，我不认为上帝什么都帮我修理，但我需要鼓励和勇气来找到答案。"

坦诚的态度说明我们愿意告诉孩子我们如何通过灵性关系应对痛苦无奈、伦理问题以及做抉择的。无论你是否信教、有无灵性，都可以这样做。不必刻意学习书本上的话，用你自己的话发自内心地与孩子沟通，这是分享灵性的最好方法，例如你可以说：我们去湖边钓鱼吧、我们喘口气吧、我们散步吧、我们遛狗去吧。

请不要有压力。问题的关键在于，你要真诚地分享你的经验，深入挖掘生活的意义，孩子会看到你在抓住灵性机遇，倾听生活的忠告。

我们可以体验世界的喜悦，发出感谢的声音：

"日出太美丽了，我觉得我每天早上都想把它照下来，生活在地球上真是享受。"

我们可以感谢生活：

"我看到你和弟弟一起跑步，你们两个都在笑，做你们的妈妈我觉得太幸运了，我每天都为你们和你们对彼此的爱心存感激。"

我们可以道歉：

"我很抱歉，在这个美好的日子，我却表现得那么敏感和紧张。你很善良，我觉得我浪费了我们在一起的时间，所以我做了一个祈祷，请求上帝原谅我浪费了时间，我希望你今天能高兴起来，原谅妈妈的暴躁。"

给孩子讲你自己的灵性故事，它不必是完美或高贵的，它的力量来自于真实。告诉他们你也有疑虑的时刻，也能感觉到神圣的存在，也向上帝提问过，也曾觉得上帝很遥远，有过痛苦，但你现在已经找回了自我价值。

关键在于告诉孩子，你认为这段旅途是神圣的，即使它没有让你一下子想明白所有事。人无完人，但我们可以不断学习，告诉孩子生活是学习、灵性觉醒和发现的过程。

"让你的生活说话。"贵格会（Quaker）的人喜欢这样说来鼓励我们倾听心灵，关注我们内心的指南针，在高层力量的指导下创建有意义和目的的生活。如果你能坦率地和孩子交流精神之旅，你也可以让你的生活以另一种方式说话，让你的孩子充满信心：你可以做到，你将在旅途中看到独特的风景。

三、联结：顺其自然地

8岁的以赛亚坐在轿车的后座上，以我以前从未听到过的紧张的语气讲话。

"妈妈，查理说你不是我的亲妈。你根本不是我妈。我不姓米勒。而且我不是犹太人。"他看着我，等待我回答，大眼睛里满是焦虑。

我对他的绝望感到惊讶。以赛亚很清楚他是领养的,而且我们对他的收养是个奇迹,是最了不起的事情。

"以赛亚,你还记得妈妈、爸爸、亨利爷爷和哈莉艾特奶奶是怎么为以赛亚祈祷的吗?大家都为以赛亚祈祷。"我对他说。

以赛亚顿了顿,他的焦虑仍然留在空气中,我的回应不知何故未能达到效果。"是啊,是啊,"他说,然后急切地问,"但那个放弃我的女人怎么样了?她呢?"

现在我听懂了他语气中的绝望,这个问题我早预料到了,我一直都知道它最终会被问起:她为什么要离开我?作为一个心理学家,我知道这是个脆弱而深情的问题,是危机和关键的标志,它的解决意味会带来价值、意义和目的,让孩子看清世界的本质。

我停下来,吸了一大口气,不知道该怎么回答。

以赛亚却说话了,语气很确定:"哦,我知道了!是这样的!上帝在她耳朵旁边说,你在为我哭泣。"

果然,孩子会直接从源头来回答这些大问题,我很高兴,因为我不必给他解释"她很年轻,她的国家面临困难,她想让你得到照顾。"以赛亚找到了更深层次的答案。

灵性是一种生活方式,一种体验空间,它是有生命的现实,是和困苦相处的方式,也是和喜悦相处的方式,我们经由它体验世界上的每一刻。所以我们应该顺其自然地尊重孩子,不同的孩子有不同的视角,有自己看待困难的方式,他们会自动从灵性中找答案,你可以引导他们认识真正的灵性价值,灵性的钟表始终在滴答作响。

青少年的热情(无论是跑步、写作、打篮球或友谊)都很奇妙,需要得到尊重,并且鼓励着他们从自我体验出发探讨灵性维度。想赢难道不对吗？我写的东西让人生气怎么办？我没有晋级——这不公平！你的任务是鼓励孩子运用灵性思考这些疑问，在灵性觉知上给他点亮一盏灯。

顺其自然还意味着你要宽容他对灵性的怀疑。我在田纳西州举行完一次灵性讲座后收到一封感人的来信，信是一位青年牧师写的，他说，他不相信能把"信仰灌输给青少年"，于是选择了"支持他们自己找到意义"，他凭借这种顺其自然的哲学指引教会里的青少年，结果使青年团契的人数大幅增长。这令人印象深刻。他说，"这些处于青春期的孩子的灵性水平和精神满足程度令人震惊。"

一些学生分享的人生经历真实感人，正是这样的一些故事让我选择了神职工作，我会干一辈子。我现在仍然在学着了解人——他们的知识、教会的教义、风俗和习惯当然很重要，但我坚信跟随耶稣是最重要的，不能只是知道而已。所以我们希望更坦诚深入地与青少年交流，而不是告诉他们肤浅的条文，我们这样做能改变他们的生活。

顺其自然还包括用爱和兴趣来回应孩子的灵性问题，倾听那些不熟悉或令人不安的经历，就算你也不知道答案，也请享受那个时刻。

我们的孩子也许会问：

◇ "人们伤害别人的时候，上帝也会爱他们吗？"
◇ "为什么那个男人睡在大街上？"

◇ "为什么詹妮弗的母亲死了？你会死吗？"

我们往往毫无准备，并且很可能用一些简单的话搪塞这些令人痛苦的问题，因为我们不知道答案，但他们不是要求你的答案，真的，他们是在思考。理想的回应是帮助孩子学会面对生活中的灵性，从灵性角度理解世界。他们提出来的都是与生死是非等生命难题有关的核心问题，我们不应感觉焦虑或愧疚，也不该回避，应视其为一种邀请，并积极参与。我们只需要鼓励对话、开放的观念和探索，并愿意带着同样的开放和好奇心倾听孩子的心声。

◇ "我小的时候也想知道这一点，我很高兴你与我分享这些想法。"
◇ "哇，你把这么的重要问题带到全家人面前了，你帮我们想想该怎么回答，我们为什么会生活在一起？"
◇ "你是如此的正确，我们真的很重要。我该怎么对待你和你的兄弟，还有那些无家可归的人，这显然很重要。"

你的孩子可能分享一些对他意义重大的、感人的灵性体验：如祖父母来梦中找他，或者他觉得自己很快乐、很有爱，或者他感觉有些事曾经发生过或将要发生。这些经验是几乎总是光明的和积极的，对孩子的自我认识和灵性基础有着重要而长远的意义。你并不需要答案，只需要尊重他们的体验：

◇ "哇，这是一个动人的美妙体验。"

◇ "这么多喜悦和爱！你能多给我讲讲吗？"
◇ "这听起来非常重要，我非常感谢你和我分享。"
◇ "奶奶一直爱你，现在仍然爱你，无论你走到哪里都爱你。"
◇ "我还记得，当我还是个孩子的时候，我也有类似方面的经验。我能和你分享吗？"
◇ "我们应该好好接受这些特殊的礼物，这些经历，你一生都有可能回想起它们。"

四、教导：共同参与

实践使我们以一致的方式关注灵性，如果父母能与孩子一起练习，它带来的这种灵性的一致性足以创造出更强大的爱的场域。

家庭实践可以采取祈祷或冥想，或共同参加某些仪式、典礼。经常与家人一起练习，为孩子的终生灵性铺平永久性的道路，帮助你的孩子应对各种发展和变化。

邀请孩子进入你的空间，无论你在打坐还是祈祷，让他们看到你刻苦修行以及对灵性洞察力的锻炼和对灵性增长的重视。每到星期天可以举行一个感恩仪式，家人之间互相表达谢意或歉意，教给孩子如何处理生活和怎样以灵性为基础构建生活。

除了练习，家庭礼仪也非常重要的，如洗礼、命名、新生儿派对等将家人聚在一起，是一种尊重爱的场域的表现，在新年夜拿出祖母的酒杯可以将几代人联系起来。围着圣诞树，我们可以讲述自己童年时代的假期故事或拿出保存了40年的圣诞树装饰品，所有这些都是带领孩子学习我们的灵性实践的办法。

五、培育：与动物和大自然建立联系

有一天我走在街上，一个剃光头穿长袍的尼姑过来喊道："你好！你好！"接着她高兴地对我的小狗佩妮说："你好吗，小家伙？"她直接把小动物看作是灵魂，我明白这一点，因为我们家也是这样看待佩妮的。

通过表达对大自然的喜悦来让孩子拥抱生物，鼓励他们了解动物（比如你们家或邻居家的宠物）、和动物说话。告诉孩子大自然是神圣的，它供养了你的家庭和整个世界，听树木说话，看风给你表演，知道天气不会阻隔我们。和宇宙合而为一的关键是尊重大自然，爱护动物，让孩子向各种生物学习智慧、判断和情感。

在迈克尔·汤普森（Michael Thompson）的书《思乡与快乐》（Homesick and Happy）中，他写道：

> 大自然比我们所有人都伟大，它让你感到自己的渺小，让你跳出自己的视角去看待它。毫无疑问，日出、日落、夜空中的星星都会提醒你自己在世界上的位置，令你思考……在大自然中反思自我。

给你的孩子时间，让他们亲自了解自己与大自然的关系。

六、维护：照管爱的场域

家庭需要建立爱的场域，使其成为生活的一部分，给每个人带去祝福。请大声告诉孩子这些想法：我很幸运，因为我是你的妈妈！我们家是我每天的快乐源泉。爱是最重要的事情。怎样才能把我们的爱带给世界？从灵性发展来看，承认和接受家庭的神圣会让你的孩子找到安放灵性的位置，他可以以这个"精神家园"为基地，走向世界。家庭的支持让孩子发现世界其余部分的爱与包容，并把这些感觉带给世界。

埃默里大学的研究员马歇尔·杜克（Marshall Duke）及其同事证明，如果孩子认为自己在家庭血缘关系中处于重要地位，就更容易茁壮成长，他们称其为"代际自我"。对祖先的归属感也会通过家族故事进行传递。

孩子们希望了解自己在家族中的地位，无论是身体上和精神上。家族史是非常重要的，它解释了孩子的出身渊源，许多家庭还有自己创造的"神话"，孩子可以借助这样的故事进入爱的场域，故事的重点在于它的象征意义：告诉孩子他是以何种方式进入了这个世界的。

这是我小时候母亲给我讲的神话：当我的外祖母哈莉艾特快70岁的时候，她被查出了癌症，预后比较差，虽然进了最好的治疗中心，但肿瘤学家也束手无策，他们认为治愈的机会非常渺茫。我妈妈告诉我，她想给奶奶"一点活下去的希望"，于是她和我的父亲提前要了孩子，怀了我。外祖母是个信仰坚定的女人，非常爱她的家人。当她的肿瘤开始缩小的时候，医生们惊呆了，他们在医学杂志上写文章，说这个虔诚的女人战胜了癌症。外祖母哈莉艾特又活了38年，在有生之年看到了曾孙。

家庭的神圣表明它是更伟大的东西的一部分，这东西超越了物理存在。明白了这一点，就能理解为什么家庭和灵性会交织在一起。讲故事是家人进行灵性沟通的重要而美妙的方式。

◇ "你的曾祖母从爱尔兰只带了一个皮箱来美国,箱子里有她的《圣经》和一本笔记,笔记本是她母亲的,所以我们会在特殊的节日把它们拿出来。"

◇ "家庭对爷爷来说最重要,所以他一直坚持我们要一起吃晚饭。在他生日那天大家都来为他庆祝,爱使我们成为一家人。"

◇ "你奶奶小时候没有鞋穿,因为她家里很穷,所以我们要捐赠鞋子和衣服给那些需要的人,每个人都需要有安全感。"

◇ "我们家的祖先是从另一个国家里逃出来的,那里不许人们祈祷,他们只想安全地在家里大声祈祷,所以,他们来到了这里,我们感谢祖先为家庭所做的事情。"

要让你的孩子觉得自己是家族中的一分子。例如,我最小的孩子莱拉每年光明节都会在班里演讲,给同学介绍这个犹太节日。大部分同学有别的信仰,而莱拉会点燃犹太灯台,解释说:"这是我的曾曾祖母从俄罗斯带来的烛台,然后传给了在爱荷华州的曾祖母,曾祖母又把它传给祖母马戈,祖母把它传给我的妈妈,妈妈又传给了我。"无一例外,同学们和老师都会被几代人之间的灵性传承的力量感动。

家庭的神圣也让我们感激地承认每个人在家庭中的作用,享受作为一家人的特殊性。周日家庭聚餐、安息日晚餐或周二晚上的比萨之夜等时刻,都可以用感恩的拥抱、感谢的祷告或彼此的感激所充满,拥抱、欢呼、握手,说:"我喜欢和欣赏你",或者"谢谢你……"

我认识的一对信奉不可知论的情侣有4个小孩,他们每个星期天都有一个感恩仪式。每个孩子画一张画或在小纸片上写下（如果他们能）对家人的感激之情。所有的纸片都放在袋子里，家庭成员轮流拿出来，宣读上面的话，问问都是谁写的。

正如我们已经说过的，孩子的灵性甚至能够维护家庭关系。所以，当家庭关系以某种方式变化，例如离婚、再婚，或婴儿的出生时，我们需要承认事实，对爱的场域给予明确关注、尊重和维护。此外，家长并非完美，也会犯错，如果犯了错，不要试图向孩子隐瞒，家庭的任何变化或中断都是重新联结和交流的机会。

◇ "作为你的父亲，我很抱歉，我没有很关注你和你的母亲的感情。我首先向你和妈妈道歉，然后我也要向爱的场域道歉，是它保护了我们的家庭。我希望修复我们之间的爱，让它变得更强大。"

◇ "家庭和我们的爱的场域是生活中最重要的部分，它维护了生活本身，鼓励我们前进。我很抱歉，我对你大喊大叫了，因为我担忧工作的问题。我想让你知道，你、我们的爱和家庭中的灵性都是最重要的，家是第一位的。我能带领大家进行一次冥想来修复爱的场域，使我们比以往任何时候都更亲近吗？"

◇ "奶奶去世已经两个星期了，但我仍然感觉到她与我和你在一起。也许你也会觉得她在你的身边，她还可能会在梦中出现。奶奶对我们的爱就在这里，永远在我们家的爱的场域里。"

◇ "宝贝鲁丝诞生了！我们的爱的场域增加了新成员！她爱你，你爱她。她爱妈妈，妈妈爱鲁丝，当然，妈妈也爱你。爱一天比一天多!"

七、努力:接受生活的启发

邮局里的顾客排成了长队,因为不满意工作人员的效率,很多人翻起了白眼,我能看到柜台后面的柜员怒视着每个走上前的顾客。然后轮到我了。

突然,她脱口而出:"这是我有生以来最糟糕的一天。"我说:"最糟糕的一天?我很抱歉。"听到我们的对话,后面排队的顾客转瞬之间变了态度,表情从愤怒变成了理解,不再对柜员抱有敌意,开始露出同情的微笑,而不是不耐烦地前倾身体。我又一次见证了爱的力量,排队的人们似乎在说,让我们鼓励这个地球上的灵魂,这个邮局工作人员,她很孤独,工作很忙碌,超出了她的承受能力。大家显然都在给那位不堪重负的柜员加油。

在我们的文化中,有时候行为和道德标准是如此之低,只是略高于法律的准绳,灵性价值则拥有高得多的伦理标准,高于日常生活。让我们免去讨论"地板伦理"的尴尬,而可以直接谈论"天花板伦理"——人可以表现得非常高尚,我称其为启发生活的灵性。通过这种标准,我们和宇宙中的其他生命联结,与高层力量联结。启发生活的灵性总是存在的,我们始终可以效仿,它假定人都是善良的,能够乐观地生活,传播爱和理解,就像那些在邮局排队的顾客。我们可以把这些积极的伦理标准传递给孩子,只有在受到启发的生活中才能看到每一刻的超然意义和更宏大的图景。

受到启发的生活尊重我们内心深处的罗盘和高尚的行为标

准，不仅让人遵守学校或工作场所的规则，也使我们能够畅想一种充满良善的生活。

我们经常谈论正确的行动，比如走出去以我们的方式来帮助别人或到无家可归者收容所做义工，但正确的行动也有另一种形式，那就是修复世界、解决问题，这就是犹太传统所谓的"修善世界"。如果我对星巴克的收银员发火，就要道歉，哪怕硬着头皮，也要回去说"对不起"。道歉、解决问题。我们越是这样做，就越容易做到，甚至开始感觉良好。

莉娅出生那年，我从园艺店买来了一棵树栽在她的窗外，那是一棵开粉红色花的佛罗里达杜鹃，树龄非常小。当第一个春天来临的时候，它没开花，最顶端只有一些微小的花蕾。我很失望，想把它送回去，但最后还是决定再给它一年的时间。第二年春天有几个花苞，可它们是黑色的！我想把树拔出来换种别的，但莉娅现在1岁了，我不由得想起小树和她的年龄相同，是个刚刚萌芽的小生命。很显然，我不会让别的孩子取代莉娅，所以我保留了那棵树，给它取名阿扎莉，和它说话。每到花季，树上就又出现几朵花，我能感觉到它在努力，但从来没有繁花盛开的时候。

去年冬天，已经是少年的以赛亚看到邻近的小树在雪地里弯曲了，就给它绑了一根绳子，另一头系在没有花的阿扎莉上，以赛亚和我感谢了阿扎莉，后来几个月因为天冷就没再去看它。春天来了，没开花的阿扎莉发出五条新树枝，恰好长在与那棵小树相反的方向，虽然没有花，但它努力生长新枝丫，想要保持爱的场域的平衡，帮助另一棵树。它是我所爱的高贵而安静的英雄。

我们过上受启发的生活的机会永远存在，就在你面前，甚至不必等到你的孩子从学校回家，或者等到进餐或睡前。生活的正确行动包括简单的祷告、与超然的双向对话以及与其他人和生物的灵魂交流。在这个意义上说,日常生活的每一刻都是一种灵性机会,供你和你的孩子互相鼓励、加油,将愤怒转化为幽默和联结。有时,最糟糕的情况都能成为发展灵性的机会。

受启发的时刻始于家庭中,在你和你的孩子之间。通过例子和以开放的心灵和头脑倾听,拥抱孩子的天生的灵性,鼓励孩子去感受"更伟大的东西",反思内心,听从高层自我的指引,借以确定人生目标。安慰有困难的同学,忽略别人不合时宜的衣服或糟糕的态度,看着他的眼睛问:"你好吗?"如果你能做到,也要这样对待脾气暴躁的同事,问他在想什么,好奇什么,问问他过得怎么样。

爱的文化传播得非常迅速,因为我们给周围的人创造爱的机会时,大家都想跳进来参与,就像邮局里的那些顾客,我们一起抬高道德标准,创造受启发的生活。孩子让父母的天生的灵性重新焕发,他们也可以重新唤醒我们的文化关注人的天生的灵性。

我们可以让孩子真正影响我们,提醒我们认识自我,进而改变我们。作为一个社会,我们要培养集体灵性,知道它是真实的、重要的,对这些观念、价值观持开放态度,我们要知道如何运用,我们可以改变世界。从每个孩子开始,从孩子与生俱来的灵性开始培养灵性儿童。

我的一位同事和朋友是产科医生,每周都要接生好几个婴儿,她强烈地专注于自己的工作,经常整晚值班,每天早上5点才下班。最近我遇到了她,问她:"嘿,有什么新闻吗?你接生出新的活佛了吗?"对此她笑着回答说:"是的,他们都是活佛。"

致　谢

每一个孩子都是由许多人塑造而成的，从而携带着独特而强大的能量。《灵性孩子》在许多人的影响下得以成书，这些人都是才华横溢的专家。

我深深感谢那些在我多年来的正式研究、实地采访、交流和信件联系中与我分享生活与灵性经验的人，你们成就了这本书。

特雷莎·巴克尔，你对《灵性孩子》美妙的撰写将我15年的研究变成一段美丽的旅程，提供给关心孩子灵性的父母阅读。你是真正的艺术家，有着敏锐的头脑、激情和优雅兼具的文笔。

感谢圣马丁出版社的妮可·阿吉瑞斯，你是一位非常优秀的编辑，本书的高质量有赖于你。《灵性孩子》体现了你的思想、编辑能力和对读者的负责。

本书得以诞生，要感谢圣马丁出版社领导者的智慧，他们从一开始就对本书有信心：萨利·理查森（他甚至帮忙取了书名）和乔治·维特。另外，我深深感谢已故的马修·希尔。

感谢圣马丁出版社的优秀团队及其非常有效的合作。衷心感谢营销团队的劳拉·克拉克、卡尔林·希克森和斯科蒂·鲍迪，以及高效的宣传团队，特雷西·盖斯特和艾莉森·弗拉斯卡多。

感谢帮助我推出这本美妙的书的那些有创造力的人：丽莎·波姆皮罗、米歇尔·麦克米兰、伊丽莎白·卡塔拉诺、丽莎·戈里斯和海伦·奇恩。此外还要感谢处理各种事务、能力卓越的劳拉·查森。

感谢库恩项目的大卫·库恩，你是文化的创造者。我带着15年的研究资料找到了你，希望分享最好的育儿科研成果，你把《灵性孩子》介绍到出版界，深知它对科学与文化将会产生何种影响。大卫，你是思想的炼金术士。

伊丽莎白·什里夫，你是一个非凡的公关！感谢你的战略洞察力和干练的执行力，你推行了一项优秀而深远的宣传计划。

每个孩子都是灵性儿童。我很荣幸成为3个灵性儿童的母亲，他们是莉娅、莱拉和以赛亚。这本书是献给你们的。你们的爱和天生的灵性每天都在启发我们的生活。希望你们长大以后，天生的灵性可以被世界理解和接受，成为人性的核心。

菲利普，你像英雄一样，一开始就给予我支持，我们共同走过研究生院和学术生涯的旅程，你深深的爱是我永远的后盾。

爸爸妈妈，谢谢你们成为我的灵性父母。感谢马克，你是我忠诚的兄弟，感谢你的家庭。感谢米勒家族的所有人。感谢TC的学生以及我实验室的几代教师和管理人员在这一新领域的合作。感谢读了这本书的爱丽丝。感谢我终生的朋友YC、MA和JBS。

感谢一直指引我的导师：马丁·塞利格曼、米尔娜·韦斯曼、卡罗尔·德维克、莱恩斯·佩里、斯科特·理查兹、加里·韦弗、鲍勃·拉文格、罗恩·杨、苏珊·诺伦·胡克瑟曼、保罗·罗津、汤姆·詹姆斯、比尔·鲍德温、苏珊·富尔曼。

感谢我的科学家同行，谢谢你们多年来的合作，以及分享和见证令人敬畏的宇宙。

向神圣的造物主致以最深切的感谢。

丽莎·米勒

感谢丽莎邀请我合作写这本书，感谢我的母亲玛克辛和我的父亲乔治，他们以开放的心态将灵性注入我的童年，感谢多利的特殊的爱与光；感谢我的朋友们，莱斯利、凯西、苏、玛格丽特、伊丽莎白和温迪。感谢我的丈夫史蒂夫的爱，耐心和支持。感谢我们的下一代，丽贝卡、雷切尔、亚伦和劳伦，以及我的孙女蕾娜。感谢霍利和鲍勃、迈克尔和特蕾莎、凯瑟琳等人的慷慨、智慧和幽默，在我的工作和生活中不断激励。感谢我非凡的经纪人马德琳·莫雷尔。

特丽莎·巴克尔

参考文献

前言

5 *Optimism was shown to be teachable* Martin E. P. Seligman, *Learned Optimism: How to Change Your Mind and Your Life* (New York: Knopf, 1991).

5 *emotional intelligence (EQ)* P. Salovey and J. D. Mayer, "Emotional intelligence," *Imagination, Cognition, and Personality*, 9(3), (1990): 185–211; see also P. Salovey, Woolery, and J. D. Mayer, "Emotional Intelligence: Conceptualization and Mea- surement," in *The Blackwell Handbook of Social Psychology*, ed. G. Fletcher and M. Clark (London: Blackwell, 2001), 279–307; see also J. Mayer, M. Brackett, and P. Salovey, *Emotional Intelligence: Key Readings from the Mayer and Salovey Model* (Port Chester, NY: Dude Publishing, 2004); see also Daniel Goleman, *Emotional Intelligence: Why It Can Matter More Than IQ* (New York: Bantam, 1995).

5 *genetic determinants of human behavior* Dean Hamer and Peter Copeland, *The Science of Desire: The Search for the Gay Gene and the Biology of Desire* (New York: Simon & Schuster, 1994); see also Dean Hamer, *The God Gene: How Faith Is Hardwired into Our Genes* (New York: Doubleday, 2004).

6 *two radically different "mindsets"* Carol Dweck, *Mindset: The New Psychology of Success* (New York: Random House, 2006).

7 *Then in 1997* K. S. Kendler, C. O. Gardner, and C. A. Prescott, "Religion, psychopathology and substance use and abuse: A multimeasure, genetic-epidemiologic study," *American Journal of Psychiatry*, 154(3), (1997): 322–29.

8 *Our own research* L. Miller and M. Gur, "Religiousness and sexual responsibility in adolescent girls," *Journal of Adolescent Health*, 31(5), (2002): 401–06.

8 *while personal devotion is highly protective* L. Miller, M. Davies, and S.

Greenwald, "Religiosity and substance use and abuse among adolescents in the National Comorbid- ity Survey," *Journal of the American Academy of Child and Adolescent Psychiatry,* 39, (2000): 1190–97; see also L. Miller and M. Gur, "Religiosity, depression, and physical maturation in adolescent girls," *Journal of the American Academy of Child and Adolescent Psychiatry,* 41(2), (2002): 206–14.

10 *A significant percentage* Gallup.com, "Religion," (2013); see www.gallup.com/poll/1690/religion.aspx.

10 *Today, more than one-third* Ibid.

10 *Two-thirds of Americans* Ibid.

12 *It is no surprise that* Fetzer Survey on Love and Forgiveness; see www.fetzer.org/resources/fetzer-survey-love-and-forgiveness-american-society.

13 *In 2010, the Fetzer Institute* Ibid.

13 *A Religion and Social Trends* Gallup.com (May 6, 1999), "As Nation Observes Na- tional Day of Prayer, 9 in 10 Americans Pray—3 in 4 Daily"; see www.gallup.com/ poll/3874/nation-observes-national-day-prayer-pray-daily.aspx.

19 *my edited volume* Lisa J. Miller, ed., *The Oxford University Press Handbook of Psychol- ogy and Spirituality* (New York: Oxford University Press, 2012).

第1章 天生的灵性

27 *around the world* P. L. Benson, P. C. Scales, A. K. Syvertsen, and E. C. Roehlkepar- tain, "Is youth spiritual development a universal developmental process? An interna- tional exploration," *Journal of Positive Psychology,* 7(6), (2012): 453–70.

28 *Using a classic twin-study* K. S. Kendler, C. O. Gardner, and C. A. Prescott, "Religion, psychopathology and substance use and abuse: A multimeasure, genetic-epidemiologic study," *American Journal of Psychiatry*, 154(3), (1997): 322–29.

28 *Neuroscientists including* A. Newberg, "Transformation of brain structure and spiritual experience," in *Oxford University Press Handbook of Psychology and Spirituality*, ed. L. Miller (New York: Oxford University Press, 2012), 489–99; see also M. Beauregard, "Neuroimaging and spiritual practice," in *Oxford University Press Handbook of Psychology and Spirituality,* ed. L. Miller (New York: Oxford University Press, 2012), 500–13.

37 *flourishing, healthy, thick portions of the brain* L. Miller, R. Bansal, P. Wickramaratne, C. Tenke, M. Weissman, and B. Peterson, "Neuroanatomical correlates of religiosity and spirituality: A study in adults at high and low familial risk for depression," *Journal of the American Medical Association,*

Psychiatry, 71(2), (2014): 128–35.

37 *regulates our levels of cortisol* T. E. Seeman, L. F. Dubin, and M. Seeman, "Religiosity/ spirituality and health: A critical review of the evidence for biological pathways," *American Psychologist,* 58(1), (2003): 53–63; see also E. A. Dedert, J. L. Studts, I. Weissbecker, and P. G. Salmon, "Religiosity may help preserve the cortisol rhythm in women with stress- related illness," *International Journal of Psychiatry in Medicine,* 34(1), (2004): 61–77.

43 *In a study of spiritual individuation* L. Miller, M. Davies, and S. Greenwald, "Religios-ity and substance use and abuse among adolescents in the National Comorbidity Survey," *Journal of the American Academy of Child and Adolescent Psychiatry,* 39, (2000): 1190–97.

44 *Along with other forms* L. Miller and M. Gur, "Religiosity, depression, and physical maturation in adolescent girls," *Journal of the American Academy of Child and Adolescent Psychiatry,* 41, (2002): 206–14.

第2章 灵性与科学

55 *was there a landmark twin study* K. S. Kendler, C. O. Gardner, and C. A. Prescott, "Religion, psychopathology and substance use and abuse: a multimeasure, genetic-epidemiologic study," *American Journal of Psychiatry,* 154(3), (1997): 322–29.

56 *not just one part* K. S. Kendler, C. O. Gardner, and C. A. Prescott, "Clarifying the relationship between religiosity and psychiatric illness: The impact of covariates and the specificity of buffering effects," *Twin Research,* 2(2), (1999): 137–44.

58 *One meaningful body* C. R. Cloninger, D. M. Svrakic, and T. R. Przybeck, "A psy- chobiological model of temperament and character," *Archives of General Psychiatry,* 50(12), (1993): 975–90.

59 *spiritual philosopher Ken Wilber* Ken Wilber, *Integral Spirituality: A Startling New Role for Religion in the Modern and Postmodern World* (Boston, MA: Shambhalah Publications, 2006).

61 *identified three core components* R. L. Piedmont, "Does spirituality represent the sixth factor of personality? Spiritual transcendence and the five factor model," *Journal of Personality,* 67, (1999): 985–1013.

63 *Together with Mark Leach* R. L. Piedmont and M. M. Leach, "Cross-cultural gener- alizability of the spiritual transcendence scale in India," *American Behavioral Scien- tist,* 45, (2002): 1886–89.

63 *among the Filipinos* R. L. Piedmont, "Cross-cultural generalizability of the Spiritual Transcendence Scale to the Philippines. Spirituality as a Human

Universal," *Mental Health, Religion and Culture*, 10, (2007): 89–107.
65 *What we found* L. Miller, M. Davies, and S. Greenwald, "Religiosity and substance use and abuse among adolescents in the National Comorbidity Survey," *Journal of the American Academy of Child and Adolescent Psychiatry*, 39, (2000): 1190–97.
66 *In a five-year qualitative study* B. Kelley, A. Athan, and L. Miller, "Openness and spiritual development in adolescents," in *Research in the Social Scientific Study of Reli- gion*, ed. R. Predmo, 18, (2007): 3–33.
66 *A biological surge* L. Miller and M. Gur, "Religiosity, depression and physical matu- ration among adolescent girls," *Journal of the American Academy of Child and Adolescent Psychiatry*, 41(2), (2002): 206–14.
67 *The Colorado team found* T. Button, M. C. Stallings, and S. H. Rhee, "The etiology of stability and change in religious values and religious attendance," *Behavioral Gene- tics*, 41, (2011): 201–10.
68 *The Minnesota team* L. Koenig, M. McGue, and W. Iacono, "Stability and changes in religiousness during emerging adulthood," *Developmental Psychology*, 44(2), (2008): 532–43.
72 *"Human spirituality is deeply rooted in relationship"* George E. Vaillant, *Spiritual Evolu- tion: How We Are Wired for Faith, Hope and Love* (New York: Broadway Books, 2008).
73 *Research from Bruce Greyson* B. Greyson and S. Khanna, "Spiritual transformation after near-death experience," *Spirituality in Clinical Practice*, 1(1), (2014): 43–55; see also *The Handbook of Near-Death Experiences: Thirty Years of Investigation*, ed. J. M. Holden and B. Greyson (Santa Barbara, CA: Praeger, 2009).
74 *This is a clinical observation* P. S. Richards, M. H. Smith, M. E. Berrett, K. A. O'Grady, and J. Bartz, "A theistic spiritual treatment for women with eating disor- ders," *Journal of Clinical Psychology*, 65(2), 2009: 172–84; see also P. S. Richards, "Honoring religious diversity and universal spirituality in psychotherapy," in *Oxford University Press Handbook of Psychology and Spirituality*, ed. L. Miller (New York: Ox- ford University Press, 2012).
74 *There is also emerging science that points to the heart* R. McCraty, M. Atkinson, and R. T. Bradley, "Electrophysiological evidences of intuition: Part I—The surprising role of the heart," *Journal of Alternative and Complementary Medicine*, 10(1), (2004): 133–43.
75 *A meta-analysis published* T. B. Smith, J. Bartz, and P. Scott Richards, "Outcomes of religious and spiritual adaptations to psychotherapy: A meta-analytic review," *Psycho- therapy Research*, 17(6), (2007): 643–55.

76 *Mindsight* Daniel Siegel, *Mindsight: The New Science of Personal Transformation* (New York: Bantam, 2010).

第3章 灵性的传递

81 *Weissman's core findings* M. M. Weissman, V. Warner, P. Wickramaratne, D. Moreau, and M. Olfson, "Offspring of depressed parents 10 years later," *Arch Gen Psychiatry,* 54(10), (1997): 932–940.

88 *The data was clear* L. Miller, V. Warner, P. Wickramaratne, and M. Weissman, "Religiosity and depression: Ten-year follow-up of depressed mothers and offspring," *Journal of the American Academy Child and Adolescent Psychiatry,* 36, (1997): 1416–25.

88 *The data showed that if* M. Jacobs, L. Miller, P. Wickramaratne, and M. Weissman, "Family religion and depression in offspring at high risk," *Journal of Affective Disorders,* 136(3), (2012): 320–27.

91 *the power of the parent* P. Granqvist and L. Kirkpatrick, "Religion, Spirituality and Attachment," in *APA Handbook of Psychology, Religion, and Spirituality (1): Context, Theory, and Research,* ed. K. Pargament, J. Exline, and J. Jones (Washington, DC: APA Press, 2013), xxvii, 139–55.

98 *we tend to internalize* L. Miller, M. Weissman, M. Gur, and P. Adams, "Religiosity and substance use among children of opiate addicts," *Journal of Substance Abuse,* 13 (2001): 323–36.

第4章 灵魂降临——孩子养育整个村子

104 *the "sanctification" of family* A. Mahoney, K. Pargament, et al., "A religion and the sanctification of family relationships," *Review of Religious Research,* 44(3), (2003): 220–36; see also A. Mahoney, "The Spirituality of Us: Relational Spirituality in the Context of Family Relationships," *APA Handbook of Psychology, Religion, and Spiri- tuality (1): Context, Theory, and Research,* ed. K. Pargament, J. Exline, and J. Jones (Washington, DC: APA Press, 2013), 365–89.

105 *a series of elegant studies* Paul Bloom, *Just Babies: The Origins of Good and Evil* (New York: Crown, 2013).

106 *Brielle and Kyrie Jackson* http://www.lifenews.com/2014/06/20/their-rescuing-hug -stunned-the-world-now-the-twins-are-all-grown-up/.

106 *a natural set of social-cognitive assumptions* Justin L. Barrett and Bonnie Poon, "Cog- nition, Evolution and Religion," in *APA Handbook of Psychology, Religion, and Spiritu- ality (1): Context, Theory, and Research,* ed. K. Pargament, J. Exline, J. Jones (Washington, DC: APA Press, 2013),

221–37.
108 *in their book,* Super Brain Deepak Chopra and Rudolph Tanzi, *Super Brain: Unleashing the Explosive Power of Your Mind to Maximize Health, Happiness, and Spiritual Well- Being* (New York: Harmony, 2012).
109 *a study of 479 five-year-olds* Anat Shoshani and Ilanit Aviv, "The pillars of strength for first-grade adjustment: Parental and children's character strengths and the transition to elementary school," *Journal of Positive Psychology*, 7(4), (2012): 315–26.
122 *nonlocal mind as an aspect* S. Schwartz and L. Dossey, "Nonlocality, Intention, and Observer Effects in Healing Studies: Laying a Foundation for the Future," in *Oxford University Press Handbook of Psychology and Spirituality*, ed. L. Miller (New York: Ox- ford University Press, 2012), 531–47.
122 *As the healer started to work* J. Achterberg, K. Cooke, T. Richards, et al., "Evidence for correlations between distant intention and brain function in recipients: A func- tional MRI analysis," *Journal of Alternative and Complementary Medicine,* 11, (2005): 965–71.
125 *Buddhist thought holds that* http://www.sgi.org/buddhism/buddhist-concepts/one ness-of-self-and-environment.html.
131 *a child initiated discussions* C. Boyatzis et al., "Parent-child communication about religion: Survey and diary data on unilateral transmission and bi- directional reciprocity styles," *Review of Religious Research,* 44(3), (2003): 252–65.

第5章 爱的场域——创造灵性养育的空间

137 *the neurological wiring of the* social regulation system Stephen W. Porges, *The Polyvagal Theory: Neurophysiological Foundations of Emotion, Attachment, Communica- tion, and Self-Regulation* (New York: W. W. Norton, 2011).
138 *transcendence is prominent* George Vaillant, *Spiritual Evolution: A Scientific Defense of Faith* (New York: Broadway Books, 2008).
138 *from accepting and loving parenting* W. N. Bao, L. B. Whitbeck, D. R. Hoyt, and R. D. Conger, "Perceived parental acceptance as a moderator of religious transmission among adolescent boys and girls," in *Journal of Marriage and the Family,* 61(2), (1999): 362–74.
139 *when parents and children invoke* G. Brelsford, "Divine alliances to handle family conflict," *Psychology of Religion and Spirituality,* 3(4), (2011): 285–97.
141 *passes through our neurological wiring* Andrew Newberg, *Principles of Neurotheology* (Burlington, VT: Ashgate Publishing, 2010).

142 *The Art of Possibility* Rosamund Stone Zander and Benjamin Zander, *The Art of Pos- sibility* (New York: Penguin, 2002).

143 *a natural "sanctification" of family* A. Mahoney, "The Spirituality of Us: Relational Spirituality in the Context of Family Relationships," in *APA Handbook of Psychology, Religion, and Spirituality (1): Context, Theory, and Research*, ed. K. Pargament, J. Exline, J. Jones (Washington, DC: APA Press, 2013), 365–89.

143 *the brain literally perceives* J. A. Coan, H. S. Shaefer, and R. J. Davidson, "Lending a hand: Social regulation of the neural response to treat," *Psychological Science*, 17, (2006): 1032–39.

144 *transmission of spirituality from parent to child* S. Hardy, J. White, Z. Zhang, and J. Ruchty, "Parenting and socialization of religiousness and spirituality," *Psychology of Religion and Spirituality*, 3(3), (2011): 217–30; see also K. C. Leonard, K. V. Cook, and C. J. Boyatzis, "Parent-child dynamics and emerging adult religiosity: Attachment, parental beliefs, and faith support," *Psychology of Religion and Spiritual- ity*, 5(1), (2013): 5–14.

145 *When spirituality is transmitted* L. Miller, V. Warner, P. Wickramaratne, and M. Weissman, "Religiosity and depression: Ten-year follow-up of depressed mothers and offspring," *Journal of the American Academy Child Adolescent Psychiatry*, 36, (1997): 1416–25; see also S. K. Spilman, T. K. Neppl, M. B. Donnellan, M. Brent; T. J. Schofield, and R. D. Conger, "Incorporating religiosity into a developmental model of positive family functioning across generations," *Developmental Psychology*, 49(4), (2013): 762–74.

147 *Ritual conducted by one person* Andrew Newberg, *Principles of Neurotheology* (Burling- ton, VT: Ashgate Publishing, 2010).

156 *any committed loving source* D. Zhang, Y. Barton, and L. Miller, "Psychological ad- justment among left-behind children in rural China," submitted.

157 *cynical people have* E. Neuvonen, M. Rusanen, A. Solomon, T. Ngandu, T. Laati- kain, H. Soininen, M. Kivipelto, and A. M. Tolppanen, "Late-life cynical distrust, risk or incident dementia and mortality in a population based cohort," *Neurology*, 10, (2014).

157 *We know from Harold Koenig* H. Koenig, L. George, and P. Titus, "Religion, spiri- tuality and health in medically ill hospitalized older patients," *Journal of the American Geriatric Society*, 52(4), (2004): 554–62.

第6章 第一个十年——头脑与心灵的教育

164 *medical schools show her video* G. Fox, "Teaching normal development using

stimulus videotapes in psychiatric education," *Academic Psychiatry,* 27(4), (2003): 283–88.
166 *ritual creates a special bond* Joseph Campbell with Bill Moyers, *The Power of Myth* (New York: Random House, 1991).
169 *When we talk about educational curricula* E. J. Tisdell, "In the new millenium: The role of spirituality and cultural imagination in dealing with diversity and equity in the class- room," *Teachers College Record,* 109(3), (2007): 531–60; see also L. Miller, "Present to possibility: Spiritual awareness and deep teaching," *Teachers College Record,* 111(12), (2009): 2705–12.
171 *When we neglect* Nancy Eisenberg and Janet Strayer, *Empathy and Its Development* (New York: Cambridge University Press, 1987).

第7章 灵性六大优势

179 *children made more spontaneous spiritual remarks* Chris J. Boyatzis, "Parent-child communication about religion: Survey and diary data on uni-directional transmission and bi-directional reciprocity styles," *Review of Religious Research,* 44(3), (2003): 252– 65.
185 *this "sanctification of family"* A. Mahoney, "The Spirituality of Us: Relational Spiritu- ality in the Context of Family Relationships," in *APA Handbook of Psychology, Religion, and Spirituality (1): Context, Theory, and Research,* ed. K. Pargament, J. Exline, and J. Jones (Washington, DC: APA Press, 2013), 365–89; see also K. Kusner, A. Ma- honey, K. Pargament, and A. DeMaris, "Sanctification of marriage and spiritual intimacy predicting observed marital interactions across the transition to parenthood," *Journal of Family Psychology,* 28(5), (2014): 604–14.
188 *Native American system* Bobby Lake-Thom, *Spirits of the Earth: A Guide to Native American Nature Symbols, Stories, and Ceremonies* (New York: Plume, 1997).
192 *The biggest mistake* "Tricycle Talk with Rita M. Gross," *Tricycle,* February 29, 2012; see http://www.tricycle.com/blog/tricycle-talk-rita-m-gross.
192 *a child as young as age six* L. Heiphetz, L. Spelke, and M. Banaji, "Patterns of im- plicit and explicit attitudes in children and adults: Test in the domain of religion," *Journal of Experimental Psychology,* 142(3), (2013): 864–79.
202 *A dream often brings* C. G. Jung, "Dreams," *The Collected Works of C. G. Jung,* ed. S. Shamdasani (Princeton, NJ: Princeton University Press, 1974), vols. 4, 8, 12, and 16.

第8章 青春期的灵性科学

209 *personal sense of spirituality are 80 percent less likely* L. Miller, V. Warner, P. Wickra- maratne, and M. Weissman, "Religion and depression: Ten-year follow-up of depressed mothers and offspring," *Journal of the American Academy of Child and Adolescent Psychi- atry,* 36(10), (1997): 1416–25; see also L. Miller, P. Wickramaratne, C. Tenke, and M. Weissman, "Religiosity and major depression in adults at high risk: A ten-year pro- spective study," *America Journal of Psychiatry,* 169(1), (2012): 89–94.

209 *60 percent less likely to become heavy substance users or abusers* L. Miller, M. Davies, and S. Greenwald, "Religiosity and substance use and abuse among adolescents in the National Comorbidity Survey," *Journal of the American Academy of Child and Adolescent Psychiatry,* 39(9), (2000): 1190–97.

209 *Girls with a sense of personal spirituality are 70 percent less likely to have unprotected sex* Miller and M. Gur, "Religiousness and sexual responsibility in adolescent girls," *Journal of Adolescent Health,* 31(5), (2002): 401–06.

210 *Individuation is the process through which the adolescent forms an aware core self* Erik H. Erikson, *Identity and the Life Cycle* (New York: International Universities, 1959; New York: W. W. Norton, 1980 reissue).

211 *Spiritual individuation is the personal determination of spiritual views* James Fowler, *The Stages of Faith: The Psychology of Human Development and the Quest for Meaning* (New York: Harper & Row San Francisco, 1981).

213 *the adolescent brain grows rapidly and gains gray matter* J. R. Giedd, J. Blumenthal, and N. O. Jeffries, "Brain development during childhood and adolescence: A longitudinal MRI study," *Nature Neuroscience,* (2), (1999): 861–63.

215 *This pronounced gap between the teen's felt surge* B. J. Casey, R. M. Jones, and T. Hare, "The adolescent brain," *Annals of the New York Academy of Science,* 1124, (2008): 111–26.

216 *the teen's own personal practices or habits of living* R. E. Dahl, "Adolescent brain development: A period of vulnerabilities and opportunities," *Annals of the New York Academy of Science,* 1021, (2004): 1–22.

216 *neural fibers in the prefrontal cortex can override* Y. I. Sheline, J. L. Price, Z. Yan, and M. A. Mintun, "Resting-state functional MRI in depression unmasks connectiv- ity between networks via the dorsal nexus," *Proceedings of the National Academy of Sciences of the United States of America,* 107(24), (2010): 11020–25; see http://www.ncbi.nlm.nih.gov/pmc/articles/PMC2890754/.

217 *a different intersystem experience when imbued with transcendence* J. H. Jang,

W. H. Jung, et al., "Increased default mode network connectivity associated with medita- tion," *Neuroscience Letters,* 487(3), (2011): 358–62.

221 *"A 'Portrait of 'Generation Next,' "reports that* Pew Research Center; see http://www.people-press.org/2007/01/09/a-portrait-of-generation-next/.

221 *A related Pew Forum report* Pew Research Center; see http://www.pewforum.org/2009/04/27/faith-in-flux/.

223 *Madeline Levine in her book* Madeline Levine, *The Price of Privilege: How Parental Pressure and Material Advantage Are Creating a Generation of Disconnected and Unhappy Kids* (New York: HarperCollins, 2008).

224 *Luthar portrays the developmental path* S. Luthar, S. H. Barkin, and E. J. Crossman, "I can therefore I must: Fragility in the upper-middle classes," *Development and Psy- chopathology,* 25, (2013): 1529–49.

227 *William James, in 1904* William James, *The Variety of Religious Experience: A Study in Human Nature* (Seven Treasures Publication, 2009 reprint; public domain work).

227 *Geppert showed spirituality as a consistent force in recovery* C. Geppert, et al., "Devel- opment of a bibliography on religion, spirituality and addictions," *Drug and Alcohol Review,* 26(4), (2007): 389–95.

227 *The fMRI research of our team and other labs suggests* H. Kirk, J. Downar, and P. R. Montague, "Interoception drives increased rational decision-making in meditators playing the ultimatum game," *Frontiers in Neuroscience,* 5(49), (2011).

227 *63 percent of addicts in recovery from cocaine dependence claim* P. M. Flynn, G. W. Joe, K. M. Broome, et al., "Looking back on cocaine dependence; reasons for recov- ery," *American Journal on Addictions,* 12, (2003): 398–411.

228 *acknowledgment of spirituality* Anne Fletcher, *Sober for Good: New Solutions for Drinking Problems—Advice from Those Who Have Succeeded* (New York, Houghton Mifflin, 2001).

第9章 对人生呼召、意义和目的的追寻

234 *Steinberg speaks of the "exquisitely sensitive" adolescent brain* Laurence Steinberg, *Age of Opportunity: Lessons from the New Science of Adolescence* (New York: Houghton Mifflin Harcourt, 2014).

235 *Erik Erikson* Erik H. Erikson, *Identity and the Life Cycle* (New York: International Universities Press, 1959; New York: W. W. Norton, 1980 reissue).

247 *Katz describes one African community's spirit-based culture* Richard Katz,

Boiling En- ergy: Community Healing among the Kalahari Kung (Cambridge, MA: Harvard Univer- sity Press, 1982).

250 *students who were involved in community service and/or religious community* S. Hardy, Pratt, M. Pancer, et al., "Community and religious involvement as context of identity change across late adolescence and emerging adulthood," *International Jour- nal of Behavioral Development,* 35, (2011): 125–35.

251 *the general ecology of school is even stronger* M. Regnerus, C. Smith, and B. Smith, "Social context in the development of adolescent religiosity," *Applied Developmental Science,* 8(1), (2004): 27–38.

252 *the teen has a hand in fostering relationships* A. Desrosiers, B. Kelley, and L. Miller, "Parent and peer relationships and relational spirituality in adolescents and young adults," *Psychology of Religion and Spirituality,* 3(1), (2011): 39–54.

266 *Abraham Maslow... in his seminal book* Abraham H. Maslow, *Religions, Values, and Peak-Experience* (New York: Viking, 1970; reissue: Penguin, 1994).

第10章 发育性抑郁：青少年的流行

272 *it is part of the hard work of individuation* S. N. Ghaemi, "Feeling and time: The phe- nomenology of mood disorders, depressive realism, and existential psychotherapy," *Schizophrenia Bulletin,* 33(1), (2007): 122–30; see also N. Mascara and D. Rosen, "Ex- istential meanings role in the enhancement of hope and prevention of depressive symptoms," *Journal of Personality,* 73(4), (2005): 985–1013.

272 *risk is very high for a subsequent, more severe depression* D. N. Klein, S. A. Shank- man, P. M. Lewinsohn, and J. Seeley, "Subthreshold depressive disorder in adoles- cents: Predictors of escalation to full-syndrome depressive disorders," *Journal of the American Academy of Child and Adolescent Psychiatry,* 48(7), (2009): 703-10.

273 *precarious edge of a lifetime risk of depression* D. S. Pine, E. Cohen, P. Cohen, and J. Brook, "Adolescent depressive symptoms as predictors of adult depression: Moodi- ness or mood disorder?" *American Journal of Psychiatry,* 156 (1999): 133–35; see also J. Fogel, W. W. Eaton, and D. E. Ford, "Minor depression as a predictor of the first onset of major depressive disorder over a 15-year follow-up," *Acta Psychiatric Scandina- via,* 113, (2006): 36–43.

274 *likelihood that the patient will get the same diagnosis* R. Freedman, D. A. Lewis, R. Michels, et al., "The initial field trials of DSM-5: New blooms and old thorns," *American Journal of Psychiatry,* 170(1), (2013): 1–5.

274 *a subthreshold (moderate) level of depression* D. M. Fergusson, L. J. Horwood, E. M. Ridder, and A. L. Beautrais, "Subthreshold depression in adolescence and mental health outcomes in adulthood," *Archives of General Psychiatry*, 62, (2005): 66–72.

275 *35 percent of the time, subthreshold depression* P. M. Lewinsohn, S. A. Shankman, J. M. Gau, and D. N. Klein, "The prevalence and co-mordibity of sub-threshold psychiatric conditions," *Psychological Medicine*, 34, (2004): 613–22.

275 *each successive episode of major depression makes us more sensitive to being triggered again* K. Kendler, L. M. Thornton, and C. O. Gardner, "Stressful life events and previous episodes in the etiology of major depression in women: An evaluation of the 'kindling' hypothesis," *American Journal of Psychiatry*, 157(8), (2000): 1243–51.

278 *showed clear patterns of the relationship between* L. Miller, "Spiritual awakening and depression in adolescents: Two sides of one coin," *Bulletin of the Menninger Clinic*, 77(4), (2013): 332–48.

278 *Highly spiritual young adults* L. Miller, P. Wickramaratne, C. Tenke, and M. Weiss- man, "Religiosity and major depression in adults at high risk: A ten-year prospective study," *America Journal of Psychiatry*, 169(1), (2012): 89–94.

278 *75 percent protected against recurrence of depression* Ibid.

279 *families at risk for depression instead showed* L. Miller, R. Bansal, P. Wickramaratne, C. Tenke, M. Weissman, and B. Peterson, "Neuroanatomical correlates of religiosity and spirituality: A study in adults at high and low familial risk for depression," *Journal of the American Medical Association, Psychiatry*, 71(2), (2014): 128–35.

279 *the same wavelength of high-amplitude alpha* C. E. Tenke, J. Kayser, L. Miller, V. Warner, P. Wickramaratne, M. M. Weissman, and G. E. Brudner, "Neuronal gen- erators of posterior EEG alpha reflect individual differences in prioritizing personal spirituality," *Biological Psychology*, 94(2), (2013): 426–32.

279 *High levels of the neurotransmitters dopamine and serotonin* N. Perroud, "Religion/Spirituality and Neuropsychiatry," in *Religion and Spirituality in Psychiatry*, ed. P. Huguelet and H. Koenig (New York: Cambridge University Press, 2009).

281 *two sides of the same coin* L. Miller, "Spiritual awakening and depression in ado- lescents: Two sides of one coin," *Bulletin of the Menninger Clinic*, 77(4), (2014): 332–48.

295 *For profoundly depressed adolescents in mental health settings, with severe symptoms of depression and anxiety* S. Zoogman, S. B. Goldberg, W. T. Hoyt, and L. Miller, "Mindfulness Interventions with Youth: A Meta-Analysis," *Mindfulness* (New York: Springer, 2014); see http://link.springer.com/article/10.1007/s12671-013-0260-4?no-access=true#page-1.

第12章 灵性觉醒

326 *during what Carl Jung called* Carl Jung, *Memories, Dreams, and Reflections* (New York: Random House, 1961).